本书系教育部人文社会科学规划基金项目"非营利性民办高校举办者权利保护与责任监督研究"（项目编号：19YJA880053）的成果

民办高校内部治理变革

——基于组织发展的视角

施文妹◎著

MINBAN GAOXIAO

NEIBU ZHILI BIANGE

JIYU ZUZHI FAZHAN DE SHIJIAO

上海交通大学出版社

SHANGHAI JIAO TONG UNIVERSITY PRESS

内容提要

在我国实施民办学校分类管理的大背景下，民办高校内部治理已经成为推动其高质量发展的重要因素。本书将组织发展理论应用于民办高校内部治理变革，系统介绍了组织发展理论在教育领域的发展应用和意义，客观分析了民办高校目前所处的时代背景和面临的治理困境，分别从民办高校内部治理结构、内部治理中的群体行为和过程、内部治理中的个体行为和过程三个层面就如何实现内部治理变革进行了重点阐述，运用组织发展有效性评估方法，介绍了民办高校内部治理的效能评估与制度化。本书在最后章节，以Z学院的实践案例，介绍了组织变革模型的具体应用过程。本书实现了理论应用和实践治理的结合，为民办高校内部治理找到实施变革和创新的路径，同时也进一步丰富和完善了高校治理理论。本书适合教育主管部门、民办高校管理者及相关研究人员阅读。

图书在版编目（CIP）数据

民办高校内部治理变革：基于组织发展的视角/施文妹著.—上海：上海交通大学出版社，2023.6

ISBN 978-7-313-28374-0

Ⅰ.①民… Ⅱ.①施… Ⅲ.①民办高校－学校管理－研究－中国 Ⅳ.①G648.7

中国国家版本馆CIP数据核字（2023）第072468号

民办高校内部治理变革——基于组织发展的视角
MINBAN GAOXIAO NEIBU ZHILI BIANGE——JIYU ZUZHI FAZHAN DE SHIJIAO

编　　著：	施文妹		
出版发行：	上海交通大学出版社	地　　址：	上海市番禺路951号
邮政编码：	200030	电　　话：	021-64071208
印　　制：	上海万卷印刷股份有限公司	经　　销：	全国新华书店
开　　本：	787mm×1092mm　1/16	印　　张：	13.25
字　　数：	265千字		
版　　次：	2023年6月第1版	印　　次：	2023年6月第1次印刷
书　　号：	ISBN 978-7-313-28374-0		
定　　价：	58.00元		

前　言
Preface

　　我国民办高校正面临重大而深刻的变革。民办高校内部治理结构实质是各利益相关主体在遵循内部发展逻辑和契合外部环境的互动博弈中实现力量平衡的整套机制与组织结构。组织发展是研究组织发展活动规律的一门新兴学科，是管理学、组织行为学、组织设计学等学科的交叉学科。组织发展作为行为科学，强调系统的全面变革，是提高组织面对不确定性环境的灵活性、适应性、创造性并获得持续成长的有效路径。本书系统介绍了组织发展理论在民办高等教育内部治理领域的发展应用，旨在为民办高校内部治理找到实施变革和创新的路径。

　　本书按照梳理现状、描述过程、分析影响因素以及实践应用四个部分展开，共十一章。第一部分是梳理民办高校内部治理研究现状与发展现状，以期读者有清晰的了解，并为理解和阅读后续内容奠定基础。第二部分是阐述民办高校内部治理过程和变革趋向，民办高校内部治理是由人来完成的，所以人是民办高校内部治理研究中的基本分析单位，内部治理中的人不仅是个体，同时还是群体成员，他们根据分工与职能形成了内部治理的结构。本研究将民办高校内部治理过程分解成了治理结构、群体和个体三个层次。第三部分对民办高校内部治理变革中的影响因素进行了分析，包括举办者权责、现代大学制度、办学自主权和党组织作用发挥几个关键环节，并论述了如何客观评价内部治理效能以评估变革实效。在教育全球化进程中，一些知名私立高校的内部治理也引起我国民办教育界的关注，本部分介绍了七所代表性私立高校的内部治理，以期影响我国民办高校内部治理变革路径。第四部分介绍了组织变革模型在民办高校内部治理中的应用，本书尤其注重理论推动实践，以在 Z 学院的实践应用案例，介绍了组织变革模型的应用过程。

　　本书采用质性分析和量化研究相结合的方法，除运用文献检索与分析法、政策文本分析法、调查研究法外，还重点使用行动研究法、比较研究法和德尔菲法。行动研究法使本研究内容有新的突破，将理论研究的成果运用在自然、真实的教育环境中，对理论成果进行实际的实施和检验，通过实施前后的对比分析，以得出客观研究结论。运用比较研究法，通过搜集美国、日本、韩国、德国、墨西哥、新加坡和香港地区的代表性私立高校内部治理的相关资料，多角度比对民办高校内部治理的内涵、机理及发展趋势。另在本书中采用德尔菲法，依靠专家背靠背地发表意见，经过几轮循环，使分散的意见逐步统一，最后达到较高的预测精度。

本书提供了我国民办高校内部治理变革研究新视角，可以丰富我国高校治理理论体系，充实中国特色民办高校治理理论，提供更多可供借鉴的中国经验和中国模式。本书有较强的实际应用价值，有助于民办高校积极应对变革的外部环境，破解内部治理困境，注重自上而下及自下而上的内部治理机制建设，倡导平等、共享、协商的治理理念，可以为我国民办高校治理探索一条新的变革路径。

本书建立在高校治理领域及民办高校发展领域诸多专家学者研究的成果之上，前人的研究为本书奠定了理论和方法的基石。本书的成稿是笔者基于多年的民办高校管理实践，运用教育学、管理学、组织行为学及组织发展学，在组织发展专业博士论文的基础上撰写而成的。本书的成稿得到了笔者所在高校浙江越秀外国语学院的大力支持，以及北京师范大学、泰国易三仓大学诸多导师的指导和帮助，另外，上海交通大学出版社的编辑也为本书的出版花费了大量的心血，笔者在此一并表示由衷的感谢。本书是笔者学术生涯中的一个阶段性成果，书中的研究可能存在一定的局限性，所存在的错误和疏漏之处，恳请各位读者提出宝贵意见，共同推动我国民办高校内部治理理论和实践的发展。

目 录
Contents

第十一章 组织变革模型在民办高校内部治理中的应用——在Z学院的实践案例

第一章 绪 论

高校治理是一个经久不衰的话题。贾米尔·萨尔米（Jamil Salmi）曾从三个方面描述世界一流大学的特征，其中之一就是治理规范，它不仅能够激发出高校战略愿景、创新和活力，而且能够在进行决策和管理资源上不受官僚作风的影响。[①]我国民办高校发轫于改革开放初期，历经40余年的发展，其生命周期已处于一个关键的时间节点。与大部分有百年以上办学历史的世界知名高校相比，我国民办高校发展尚处于初期；与短短几十年就迅速崛起并屹立于世界一流高校之林的大学（如韩国浦项科技大学等）相比，我国民办高校发展又相对滞缓，但也意味着存在无限潜力。因而扎根中华大地，站在国际视野，遵循教育规律，吸收世界各高校先进的办学治学经验，应用组织发展理论来研究本土民办高校内部治理的变革，是一项立足现实又着眼未来的重大课题。

---

① 贾米尔·萨尔米. 世界一流大学: 挑战与途径[M]. 孙薇, 王琪, 译. 上海: 上海交通大学出版社, 2009: 12-24.

◆ **第一节** ◆

研究背景和意义

一、研究背景

（一）民办高校已成为我国高等教育的重要组成部分

民办（私立）高等教育的发展是世界性的潮流和趋势。放眼全球，几乎没有一个国家能单纯依靠国家投资来支持整个高等教育系统的运行。自20世纪80年代初期以来，世界各国为满足国民对高等教育的需求，扩大高等教育发展规模，从而使私立高校在世界范围内呈现空前的发展态势。当前，许多国家的私立高校不仅在数量上多于公立高校，而且其质量也享誉世界。

20世纪80年代初，我国民办高等教育在中断了近30年后开始恢复。1982年《中华人民共和国宪法》通过鼓励社会力量办学的条款，成为民办教育再次发展的起点。但由于"姓公还是姓私"这一思想疑虑仍存在，初期的民办教育的发展可谓举步维艰。1987年，国家教委发布《关于社会力量办学的若干暂行规定》，提出在政府办学为主体的前提下，提倡社会力量办学，这使我国的民办教育走上了有法可依的法制轨道；1997年，国务院颁布了《社会力量办学条例》，这是一部规范民办教育的重要行政法规；2003年，《中华人民共和国民办教育促进法》（以下简称《民办教育促进法》）正式实施，次年《中华人民共和国民办教育促进法实施条例》（以下简称《民办教育促进法实施条例》）颁布，对促进民办教育的发展起到重要作用。2016年，全国人民代表大会常务委员会对《民办教育促进法》进行了修改并重新颁布，新《民办教育促进法》确立了我国民办教育改革的方向和基调，即建立营利性和非营利性民办学校分类登记、分类管理制度。2017年，《国务院关于鼓励社会力量兴办教育促进民办教育健康发展的若干意见》发布，肯定了我国民办教育有效增加了教育服务供给，为推动教育现代化、促进经济社会发展作出了积极贡献，明确我国民办高等教育已经成为社会主义教育事业的重要组成部分。

国家的鼓励推动了我国民办教育的发展。改革开放后，高等教育改革的步伐也逐渐加快。1999年，高校开始扩招，以满足更多人民群众接受高等教育的需求，同时国家机构以外的社会组织或者个人也可以创立民办高校，因而也出现了一些有识之士创办民办院校。至2021年年底，全国共有民办高校764所，占全国高校总数的25.37%。其中，普通本科学校390所；本科层次职业学校22所；高职（专科）学校350所；成人高等学校2所。民办普通、职业本专科在校生共845.74万人。民办普通、职业本专科在校生845.74

万人，比上年增加54.40万人，占全国普通、职业本专科在校生的24.19%（见表1-1）。[1]民办高校以应用型人才为主的培养体系日益完善，充分运用市场机制，推动形成教育链、人才链，与产业链、创新链的有机衔接，为助力"中国智造"提供人才支撑。民办高校年均财政贡献超过700亿元，拉动消费超600亿元，提供教师岗位30多万个。在创新发展、内部治理、人才培养等方面，民办高校进行了积极探索，为创新教育体制、机制提供有益借鉴，这样一个体量的民办高等教育的办学水平直接影响我国高等教育的高质量发展程度和在国际教育市场上的竞争力。

表1-1　近十年我国民办高校数和在校生数一览表

民办高校（含独立学院）	机构数量/所			在校人数/万人		
	总数/公办	民办	份额/%	总数/公办	民办	份额/%
2011年	2409/1711	698	28.97	2308.51/1803.44	505.07	21.88
2012年	2422/1735	707	28.95	2391.32/1858.16	533.18（含硕士研究155人）	22.30
2013年	2491/1773	718	28.82	2468.07/1910.58	557.52（含硕士研究生355人）	22.59
2014年	2529/1801	728	20.79	2547.70/1960.69	587.15（含硕士研究生408人）	23.05
2015年	2560/1862	734	28.67	2625.30/2014.45	610.90（含硕士研究生509人）	23.27
2016年	2596/1854	742	40.02	3699/3064.94	634.06（含硕士研究生715人）	20.68
2017年	2631/1884	747	39.64	3779/3150.54	628.46（含硕士研究生1223人）	19.94
2018年	2663/1913	750	39.21	3833/3183.25	649.75（含硕士研究生1490人）	16.95
2019年	2688/1931	757	39.20	4002/3292.98	709.02（含硕士研究生1865人）	17.72
2020年	2738/1967	771	39.20	4183/3391.40	791.60（含硕士研究生2556人）	18.92
2021年	3012/2248	764	25.37	4430/3584.26	845.74	24.19

数据来源：2011—2021年全国教育事业发展统计公报。

（二）我国民办高校处于大变革时代

我国民办高校正面临重大而深刻的调整，面临百年未有之大变局：一是我国已建成世界最大规模的高等教育体系，高等教育进入了世界公认的普通化阶段。高等教育在学总人数超过4 430万人，毛入学率从2012年的30%[2]。教育普及化阶段的特点是选择性教

① 2021年全国教育事业发展统计公报[EB/OL]．(2022-09-14)[2022-10-20]．http://www.moe.gov.cn/jyb_sjzl/sjzl_fztjgb/202209/t20220914_660850.html.
② 我国受高等教育人口达2.4亿，高等教育进入普及化阶段[EB/OL]．(2022-05-17)[2022-10-20]．https://sh.people.com.cn/n2/2022/0517/c134768-35273174.html.

育，人民群众对优质高等教育有越来越迫切的需求，民办高校已经过了生源"红利期"，需要在教育市场上与公办高校、国境外高校进行同台的生源竞争，面临着更为严峻的生存和发展挑战。二是教育信息化、全球化发展，对高等教育的办学体制与机制、结构与水平、内容与方式等都提出了新的要求。我国深入推进高校"双一流"建设，鼓励不同层次、不同类型的高校都要在各自领域内争创"双一流"，民办高校理应也是其中积极的一员。三是随着2021年新修订的《中华人民共和国民办教育促进法实施条例》的实施，民办学校分类管理进入依法实际操作阶段，民办高等教育的改革与发展面临政策多期叠加的复杂形势。民办高等教育进入重新"洗牌"期，面对更多的市场不确定性和更高的运行风险，特别是在资金、生源、师资力量、教学质量和就业等方面，面临着更大的挑战和竞争压力。

我国民办高校在这场大变革中，在与全球教育接轨的过程中，迫切需要更新治理理念、提升治理水平和层次。随着分类管理的推进，一部分民办高校走上高水平发展之路，而一部分民办高校依然在低端运行并有可能被市场淘汰。在大变革的关键时刻，具有规范而富有活力的治理架构、高效能运作的内部治理，必然成为民办高校在竞争中胜出的关键因素。民办高校要在竞争中占据有利地位，就要尝试应用新的方法，如著名学者弗朗西斯·培根（Francis Bacon）所说，若想获得全新的成果，就要用全新的方法。

（三）我国民办高校亟须突破自身发展瓶颈

民办高校具有从社会获取资源的能力，能够有效地弱化高校在办学中对政府资源的依赖，这客观上也为民办高校进行组织创新提供了更大的可能性。在40多年的发展过程中，我国民办高校在组织架构上呈现出自身鲜明的特点，法人治理结构经历了从多样到统一的变革过程，从校长负责制、校务委员会领导下的校长负责制、教职工代表大会基础上的校长负责制、主办企业领导下的校长负责制等多种形式，到统一实行董（理）事会领导下的校（院）长负责制；组织内部运行也经历了一个从"任性"（如内部管理体制不健全、办学行为不规范等）到理性、从粗放到精细、从管理到治理的变革过程。[①]

但是由于起点低、基础弱、发展时间短，民办高校在内涵建设方面也明显逊色于公办高校。随着近年来民办高校的快速发展，一些影响组织有效性的问题也逐步凸显。例如笔者和周海涛提出我国民办高校存在董（理）事会组建及运行随意化、行政权力泛化、学术权力异化、内部监督虚化、利益相关者参与弱化等相对突出的问题。[②]王学刚认为我国民办高校存在强调管理控制职能，缺乏管理服务理念；管理部门职能化严重，流程

---

① 施文妹，周海涛.民办高校内部治理的变革特征、基本模式和未来走向[J]. 现代教育科学, 2019(01): 11-17.
② 同上。

运行不顺畅；忽视管理队伍专业化建设，制约管理水平提升等问题。[①]梅莉娟认为我国民办高校存在科层化特征明显，管理过于僵化；集权化程度较高，民主化决策力度不够；部门间相对封闭，缺乏配合与协调等问题。[②]这些内部治理的问题如果不能得到很好的解决，将直接影响中国民办高校的可持续健康发展。

二、研究意义

（一）理论意义

1. 有助于丰富和完善我国高校治理理论

十多年来，我国教育理论界越来越重视高校治理研究，并且通过与国际教育比较，研究适合我国国情的中国大学治理体系和治理模式。我国民办高校相较公办高校，拥有特有的体制、机制优势，为民办高校进行内部治理变革提供了更多自主性和可能性。本研究立足民办高校的特点，研究中国民办高校内部治理，不仅是对现有研究的延续和深化，也是对我国高校治理理论的丰富和深化，有助于建立中国特色民办高校治理理论体系，提供更多可供借鉴的中国经验和中国模式，为我国积极参与国际教育治理提供更多的理论支撑和实践案例。

2. 提供了我国民办高校内部治理变革研究的新视角

组织发展理论的产生和发展源于管理的客观需要，创始于20世纪30年代末的美国，由行为学家和组织管理学家提出，并逐步形成了较为系统的理论。组织发展适用范围广泛，可以应用到个人、团队、社区、国家乃至国际层面，但这也带来了学科属性和应用对象方面的模糊性问题，因而一度产生了接受、传播和使用上的困难。在目前我国经济与产业转型、企业与组织升级的新形势下，在西方生存了将近百年的组织发展理论逐渐在我国生根、发芽、成长。但根据欧美国家的组织发展与变革实践总结出来的一整套理论框架，有些未必适合应用于我国的组织变革，因此需要结合我国实际，通过对国内组织发展的大量研究和实践，构建适合我国国情的组织发展理论体系。本研究就是从组织发展理论这一视角来研究我国民办高校内部治理变革的一个积极而有益的尝试。

[①] 王学刚. 民办高校流程管理体系的构建研究 [D]. 昆明：昆明理工大学，2014：22-23.
[②] 梅莉娟. 论扁平化管理在民办高校中的应用 [D]. 武汉：华中师范大学，2013：14-17.

（二）实践意义

1.有助于民办高校积极应对变革的外部环境

大学是对优质资源高度依赖的组织，这决定了大学必须是一个注重资源利用和管理效率的组织。"外因是变化的条件，内因是变化的根据"[①]这条哲学定律，对大学发展而言亦是如此。然而，民办高校可以从外部获得的资源是相对有限的，获取资源的能力也是有限的。这种双重有限性决定了民办高校必须致力于提高组织整体绩效、增加组织的系统产出、提高组织的反应速度。民办高校的经营管理主体的多元化使得它的内部治理错综复杂，增加了控制环境的复杂性。为此，民办高校必须进行深层次的组织变革。在这些变革中，对组织自身运作系统的变革是提高组织效率与绩效的关键。能适应环境变化的组织是那些能够自我发展、自我提高的组织，是那些不仅能准确识变、科学应变、主动求变，还能领导变革，更能创造变革的组织，是那些能够根据环境变化进行有效变革的组织。

2.有助于民办高校破解内部治理困境

在民办教育宏观政策基本完备的背景下，内部治理已经成为民办高校的主要核心竞争力之一，是实现学校可持续发展的重要影响因素。在民办高校加强内涵建设、实现转型发展的过程中，如何发挥民办高校治理体制和运行机制的优势，优化内部治理，提高治理效能，这些成为民办高校的重要任务。为了保障民办学校办学的公益性，有必要建立清晰的法人治理结构，为学校可持续发展提供重要的制度保证。建立完善的法人治理结构，有利于民办高校实现所有权和管理权的分离，举办方和办学方各司其职，进一步理顺较之公办高校更为复杂的内部治理关系。民办高校的治理结构的改革和完善可以为整个高等教育体制改革提供积极的借鉴意义，有助于推动我国高校治理体制改革、推动现代大学的制度建设。

3.有助于民办高校开辟创新性的变革路径

检验现代大学治理体系建设的成效，最根本的不是在于治理结构与机制是否科学合理，制度设计多么完美，而在于需要认真审视治理过程中各个主体的关系状况是否调动了师生员工的能动性与主动性，是否实现了学校预设的奋斗目标与价值追求，衡量实践与价值初衷间的吻合程度。[②]组织发展在促进组织变革方面发挥着越来越大的作用，它帮助组织评估自己和它所处的环境，重新制定组织的发展战略、结构和过程，以使它们更具有活力；它使组织成员不驻足于表面上的变革，而是不断地改变控制他们行为的设想和价值。组织发展所采取的方法，包括把各类相关人员组织成团队（形成结构），建立沟通交流机制和共同解决相关问题（流程管理）。这一理论和方法更注重自上而下和自下而上的内部治理机制建设，符合平等、共享、协商的治理理念，可以为我国民办高校治理探索一条全新的变革路径。

---

① 毛泽东.矛盾论[M].北京：人民出版社，1956：6.
② 李立国.解决大学治理困局须认真审视什么[N].光明日报.2014-12-16(3).

◆ 第 二 节 ◆

有关概念界定

一、民办高校

关于民办高校的概念，可以从以下文件中找到依据。一是根据1993年8月国家教育委员会下发的《民办高等学校设置暂行规定》(教计〔1993〕129号)，其中指出民办高等学校"系指除国家机关和国有企事业组织以外的各种社会组织以及公民个人，自筹资金，按照本规定设立的实施高等学历教育的教育机构"。这个概念从办学主体、经费来源、办学审批及办学层次这几个方面进行了规定。二是根据2018年12月29日第十三届全国人民代表大会常务委员会第七次会议通过修订公布的《民办教育促进法》，它把民办学校界定为"国家机构以外的社会组织或个人，利用非国家财政性经费，面向社会举办学校以及其他教育机构的活动"。这个定义从两个方面对民办学校作出了规定：一是，办学主体是除国家机构以外的社会组织和个人。按照《中华人民共和国宪法》第三章的规定，我国的国家机构由全国人民代表大会、中华人民共和国主席、国务院、中央军事委员会、地方各级人民代表大会和地方各级人民政府、民族自治地方的自治机关、特别行政区的国家机关、人民法院和人民检察院、人民监察委员会组成、因而民办学校的办学主体的认定范围较之前有所扩大。2021年颁布的《民办教育促进法实施条例》又进一步明确，在中国境内设立的外商投资企业以及外方为实际控制人的社会组织不得举办、参与举办或者实际控制实施义务教育的民办学校；举办其他类型民办学校的，应当符合国家有关外商投资的规定。二是，办学经费是利用非国家财政性经费。对于这一点，《民办教育促进法实施条例》对什么是国家财政性经费进行了限定，是指财政拨款、依法取得并应当上缴国库或者财政专户的财政性资金。

根据以上规定，本书将"民办高校"的概念界定为：国家机构以外的社会组织或个人，利用非国家财政性经费，面向社会举办，并得到教育行政部门批准的，具有独立实施高等学历教育的教育机构。同时为了使本研究更加聚焦于目前民办高校的主要办学形式，即民办全日制普通高校，本研究的研究对象可能涉及但不包含公办高校附设的民办独立学院、高等教育自学考试助考机构、高等教育学历文凭教育机构以及中外合作办学的高等教育机构等。

二、高校内部治理

（一）治理

许多机构或专家学者从不同视角和侧重点对"治理"进行了定义。较早的，如全球治理委员会1995年对治理做出的界定："治理是各种公共的或私人的个人和机构管理其共同事务的诸多方式的总和。它是使相互冲突的或不同的利益得以调和并且采取联合行动的持续的过程。"①

全球治理概念和治理理论的创立者、美国著名学者詹姆N.罗西瑙（James N. Rosenau）把治理定义为："一系列活动领域里的管理机制，它们虽未得到正式授权，却能发挥有效作用。与统治不同，治理是指一种由共同的目标支持的活动，这些管理活动的主体未必是政府，也无须依靠国家的强制力量来实现。"②

英国学者罗伯特·罗兹（Robert Rhodes）在《新的治理》中对治理概念做了如下梳理："治理标志着政府管理含义的变化，指的是一种新的管理过程，或者一种改变了的有序统治状态，或者一种新的管理社会方式。"③罗兹认为，治理可以被看作一种在社会政治体系中出现的模式或结构，它是所有被涉及的行为者互动式参与努力的"共同"结果或者后果。④

俞可平先生根据西方诸多治理概念对治理的基本含义做了如下提炼：治理是指在一个既定的范围内运用权威维持秩序，满足公众的需要；治理的目的是在各种不同的制度关系中运用权力去引导、控制和规范公民的各种活动，以最大限度地维护公共利益；从政治学的角度看，治理是指政治管理的过程，它包括政治权威的规范基础、处理政治事务的方式和对公共资源的管理；它特别地关注在一个限定的领域内维持社会秩序所需要的政治权威的作用和对行政权力的运用。⑤这个描述对治理做了一个比较全面且清晰的界定。

（二）高校内部治理

学界对高校内部治理的定义也存在着多种视角。卡内基高等教育协会（Carnegie Commission on Higher Education）将教育组织内部治理定义为：组织决策的结构和过

---

① 俞可平. 权利政治与公益政治 [M]. 北京：社会科学文献出版社，2005: 113.

② 俞可平. 治理与善治 [M]. 北京：社会科学文献出版社，2000: 2.

③ 俞可平. 治理与善治 [M]. 北京：社会科学文献出版社，2000: 86.

④ 辛西娅·休伊特·德·阿尔坎塔拉，黄语生. "治理"概念的运用与滥用 [J]. 国际社会科学杂志（中文版），1999，(01): 105-113.

⑤ 俞可平. 论国家治理现代化 [M]. 北京：社会科学文献出版社，2014: 14.

程。①杨琼指出，学校治理是上下互动的，治理活动的进行主要通过合作、协商等方式，治理中的权力运作是多元的、互动的。②所以，治理强调协调和共同参与，与传统管理有根本的区别，这也是一些研究者着力强调的问题。别敦荣教授认为，这里的"共同参与"主要包括共同参与举办、共同参与决策、共同参与监督、共同参与分享四个方面。③因此，治理具有不同利益主体参与和价值多元化的特点，若要实现主体间的共同利益，就需要通过相互间的协商与协调。张继延从高校内外部治理的差异的视角出发，认为大学内部治理体系是相对于外部因素而言的，是指在协商、互动、合作、共赢等理念的统领下，由治理的主体、机制、内容和效果等要素构成的有机的、整体的、动态的制度及其运行系统，其核心理念是共治、法治、善治。大学治理这一概念从主体身份内外部关系来看，包含两个维度：一是从大学外部来讲，主要是指社会与大学之间的关系，包括政府与大学之间、产业界与大学之间、用人单位与大学之间等的关系；二是从大学内部来看，其治理则涉及大学对自身价值的定位、权力运行模式、组织机构设置、人财物等相关科层制度。④眭依凡从大学内部关系结构和领导力角度提出大学内部治理体系，即大学内部组织及其权责的关系结构和运行程序，是决定大学兴衰成败的领导力，是决定大学办学治校育人效率的核心要素。⑤屈潇潇从高校内部管理体制的角度对民办学校的内部治理定义，认为它是指学校重大决策的结构和过程，以及组织内部管理结构和相关制度的安排，也就是通俗意义上的内部管理体制。民办学校内部治理一般包含三个方面的内容：一是决策机构（理事会、董事会或其他形式的决策机构等）及其相关人员职位和权力的制度安排与决策过程；二是管理机构（校务委员会、学术委员会及行政管理机构等）及其相关人员职位和权力的制度安排与日常决策过程；三是监督机构（监事会、教职工代表大会等）及其相关人员职位和权力的制度安排与监督过程。⑥

在对学界相关定义进行梳理的基础上，本研究认为：民办高校内部治理是一个内涵丰富的概念，它以平等、协商、共享、共赢为核心理念，以董（理）事会领导下的院（校）长负责制为基本制度，涵盖民办高校内部机构责权利划分、制衡关系和配套机制（如组织结构、决策、指挥、执行、激励、约束和监督机制）等方面，以及组织内各群体、个体的行为过程和互动发展，最终目标是实现学校内利益相关者权责利的平衡和主体作用的充分发挥。这里需要说明的是，本研究所指的民办高校内部治理包括法人

① Carnegie Commission on Higher Education. Governance of higher education: six priority problems[M]. New York: McGraw-Hill, 1973.
② 杨琼. 治理与制衡：学校法人论[M]. 北京：教育科学出版社，2011: 77.
③ 别敦荣. 治理体系和治理能力现代化与高等教育现代化的关系[J]. 中国高教研究，2015, (01): 29 33.
④ 张继延，陆先亮. 大学内部治理体系现代化：理念、路径及内容[J]. 江苏高教，2017(11): 41-43.
⑤ 眭依凡. 转向大学内部治理体系创新：高等教育治理体系现代化的紧要议程[J]. 教育研究，2020, 41(12): 67-85.
⑥ 屈潇潇. 我国民办学校内部治理的政策与制度分析[J]. 高等教育研究，2011, 32(09): 70-75.

治理。法人是具有民事权利能力和民事行为能力，依法独立享有民事权利和承担民事义务的组织。本研究所指的民办高校内部治理包含法人治理的含义，因为民办高校作为法人，是由法律赋予人格的团体人、实体人，需要有相适应的组织体制和管理机构，使之具有决策能力、管理能力，能够行使权利，承担责任。为使本研究更具包容性和广泛性，本研究关于民办高校内部治理的研究并不排斥法人治理的概念。

三、组织发展和组织变革

（一）组织发展

组织是一个多变量的系统，主要包含相互作用的四个变量：结构、任务、人员和技术。[1] 现实社会中有很多类型的组织，从规模上讲，有大型组织或中小型组织；从法人属性上讲，有公共组织或私人组织；从组织形式上讲，有正式组织或非正式组织。组织发展（organizational development）理论是20世纪30年代产生的以提高组织效率为目的的一门新兴学科。正如"组织"和"发展"这两个术语所暗示的那样，组织发展需要组织采取一系列积极的变革行动，以在组织效能和员工福利方面取得更好的发展。

目前关于组织发展的定义有很多，每个定义都有其侧重点。如沃纳·布鲁克（Warner Brnke）认为组织发展是一个通过利用行为科学的技术和理论，在组织中进行有计划的变革的过程。[2] 温德尔·弗伦奇（Wendell French）认为组织发展指的是在外部或内部的行为科学顾问或有时被称为变革推动者的帮助下，为提高一个组织解决问题的能力及其外部环境中的变革的能力而作的长期努力。[3] 理查德·伯哈德（Richard Beckhard）认为组织发展指的是一个有计划的、涵盖整个组织范围的、同时有高层管理者控制的努力过程，它以提高组织效率和活力为目的，该过程利用行为科学知识，通过在组织的"进程"中实施有计划的干预而进行。[4] 迈克尔·比尔（Michael Beer）认为组织发展是一个数据收集、诊断、行为规划、干预和评价的系统过程，它致力于增强组织结构、进程、战略、人员和文化之间的一致性，开发新的创造性的组织解决方法，发展组织的自我更新能力。这是通过组织员工之间及其与使用行为科学理论、研究和技术的变革推动者之间进行合作来达到的。[5]

---

① 《组织行为学》编写组. 组织行为学[M]. 北京：高等教育出版社，2019: 238.

② BURKE W. Organization development: Principles and practices[M]. Boston: Little, Brown, 1982.

③ FRENCH W. Organization development: Objectives, assumptions, and strategies[J]. California Management Review, 1969, 12(2): 23-34.

④ BECKHARD R. Organization development: Strategies and models[M]. Boston: Addison-Wesley, 1969.

⑤ BEER M. Organization change and development: A systems view[M]. Santa Monica, Calif: Goodyear Publishing, 1980.

尽管这些定义存在细微的差异，如布鲁克的描述中把文化作为变革的对象；弗伦奇的定义中关注组织发展的长期利益和顾问的作用；伯哈德和比尔的定义强调组织发展过程。但它们之间还是达成了一些共识，即系统地对组织进行有计划的变革和发展。到目前为止，组织发展仍然被认为是组织变革中最具影响力和适用最广泛的方法。

（二）组织变革

目前，学术界对组织变革的理解和描述众多，但全面概括性的和被广泛接受的组织变革概念依然没有形成。[①]从众学者对组织变革概念的阐述来看，主要有两个视角。

1. 组织变革性质视角下的定义

一些学者认为，组织变革是组织为实现竞争优势、持续发展、提高绩效等目标，而在结构、战略、人员等方面进行的改革，体现在一系列离散的事件上，实际上是一种静止的状态或性质上的构想，从此种视角出发对组织变革的概念进行阐述的有博诺和克伯（Buono & Kerber）[②]、迈耶和斯坦萨克（Meyer & Stensaker）[③]、摩根和泽法恩（Morgan & Zeffane）[④]、安德列夫（Andreeva）[⑤]。卡明斯和沃里（Cummings and Worley）认为，组织是一个复杂的系统，主要包括四个相互关联的变量，即结构、系统、人员和技术。此外，组织变革可以分为四个步骤：结构变革、制度变革、人员变革和技术变革。[⑥]

2. 组织变革过程视角下的定义

较早的如卢因（Lewin）提出的经典的组织变革三阶段理论，即"解冻—转变—再冻结"，就是从变革过程来概括和理解组织变革的。[⑦]而凯德尔（Keidel）则将组织变革概括为探测和强干预两个阶段。[⑧]布洛克和巴滕（Bullock & Batten）在回顾了30多个计划型变革模型的基础上，提出组织变革包括探索、计划、行动和整合四个阶段。[⑨]这一理论，也得到了巴姆斯（Bumes）的支持，他认为该四阶段模型适用于大部分变革状

①　DUNPHY D. Organizational change in corporate settings[J]. Human Relations, 1996(49): 541-552.

②　BUONO A F, KERBER K W. Creating a sustainable approach to change: Building organizational change capacity[J]. SAM Advanced Management Journal, 2010(75): 4-21.

③　MEYER C B, STENSAKER I G. Developing capacity for change[J]. Journal of Change Management, 2006(2): 217-231.

④　MORGAN D, ZEFFANE R. Employee involvement, organizational change and trust in management[J]. The International Journal of Human Resource Management, 2003(1): 55-75.

⑤　ANDREEVA T E. Can organizational change be planned and controlled? Evidence from Russian companies[J]. Human Resource Development International, 2008(2): 119-134.

⑥　托马斯·卡明斯, 克里斯托弗·沃里. 组织发展与变革[M]. 李剑锋, 等译. 北京: 清华大学出版社, 2003: 157-213.

⑦　LEWIN K. Group decision and social change[A]. In G. E. Swanson, T. M. Newcombe, & E. L. Hartley(Eds.). Readingsin social psychology [C]. 2nd ed. New York: Holt, Rinehart and Winston, 1952.

⑧　KEIDEL R W. Theme appreciation as a construct for organizational change management[J]. Management Science, 1981(27): 1261 -1278.

⑨　BULLOCK R J, BATTEN D. It's just a phase we're going through: A review and synthesis of OD phase analysis[J]. Group and Organization Management, 1985(l0): 383-412.

况。[①]再如，科特（Kotter）通过实践总结出了八阶段模型，包括创造紧迫感、建立强大的指导团队、创造变革愿景、沟通愿景、排除障碍、创造短期成功、依赖变革、在企业文化中锚定变革。[②]

本研究沿用学者鞠蕾对组织变革的定义，即组织变革是"组织面对持续变化的内外部发展环境，为实现竞争优势、提高绩效、持续发展等目标，而在战略、结构、人员、制度、文化等方面进行的改革，是持续更新的过程"。[③]

（三）组织变革模型

组织变革模型主要有卢因变革模式、行动调查模式等。这些框架被应用在组织变革过程中，已经成为组织发展领域被广泛关注和认可的模式。以下将对这两种模式进行介绍。

1. 卢因变革模式

卢因认为，组织中任何时候一组具体的行为，都会有两种力量在其中相互作用，一种是努力维持组织原本状态的力量，另一种是积极推动组织变革的力量。如果两组力量是平衡的，那么当前的行为就保持在"准固定平衡"状态。但是为了增强变革的力量，有必要削弱维持当前状态的力量。然而，一般来讲，改变保持状态的力量总会比增强变革的力量能产生更少的紧张度和抵触，因此它是更为有效的变革策略。[④]卢因变革模式主要有以下三个实施步骤。

（1）解冻。该步骤一般通过一个"心理驳斥"的过程来实现，主要目标是减弱维持组织当前状态的一些力量。将组织成员期望达到的状态和表现出来的行为，与当前组织成员表现出来的状态和行为进行对比，将存在的差异通过积极的方式传达给组织成员，以激发其参与变革的动力。

（2）行动。该步骤主要实施干预措施，通过组织结构层面、组织运行过程或组织群体和个体层面的改变，来发展新的价值观、态度和新的行为，从而从宏观、中观、微观三个角度，将组织、部门、个人的行为上升到一个新的水平。

（3）再冻结。该步骤通过重新形成的组织结构、制度规范、组织文化等机制，来巩固组织新的状态，从而将组织固定在一个新状态的平衡位置。

卢因模式为我们理解组织变革提供了一个总的框架。这个模式应用比较广泛，所以有研究者对它进行了详细的阐述。例如，利皮特（Lippitt）、沃森（Watson）和韦特利

① BUMES B. Managing change: A strategic approach to organisational dynamics[M]. Harlow: Prentice Hall, 2004.
② KOTTER J P. Leading change[M]. Boston, MA: Harvard Business School Press, 1996.
③ 鞠蕾. 组织变革对员工工作压力影响机制实证研究 [D]. 大连：东北财经大学，2012：9-12.
④ 托马斯·卡明斯，克里斯托弗·沃里. 组织发展与变革[M]. 李剑锋，等译. 北京：清华大学出版社，2003：26.

（Westley）提出的计划模式，将卢因模式分成七个步骤：调查、进入、诊断（解冻）、计划、行动（运动）、稳定、评估、终止（重新冻结）。[①]

2. 行动调查模式

行动调查模式将计划变革看成一个有序循环的过程。在此过程中，组织的调查是一个重要的步骤，它用以指导下一步的行为，在行动实施后，组织又进行评估调查，再指导下一步的行动。这一模式通过反复的调查，及时发现变革过程中有用的做法或存在的问题，来稳妥地推进组织的变革。这个调查和行动反复循环的过程，需要组织成员和组织发展实践者不断地相互配合、协作，以获得有用而准确的信息，指导下一步的行动。该模式计划变革的循环过程，共有八个步骤。

（1）确认问题。该步骤通常始于在组织中发现若干重要问题，从而引起组织中某个重要的管理者或者组织成员的关注，而解决这一个或多个问题，需要在组织发展实践者的帮助下解决。

（2）向行为科学专家咨询。可利用外部聘用或内部产生的形式，向行为科学专家（顾问）咨询。在这一过程中，组织发展实践者同组织管理者（客户）仔细地相互评估，双方对实践的参考理论或框架、设想和价值观念等信息进行共享并形成一致的意见，双方建立一种坦诚交流和相互合作的工作氛围。

（3）数据收集和初步诊断。该步骤通常需要通过有效的信息收集渠道，如访谈、观察、问卷调查和查询组织业绩数据等，由组织成员共同参与完成。这一步骤需要充分收集信息，以准确确定组织所存在的问题，以及产生问题的根源。

（4）向一个重要客户或团队反馈。调查诊断数据和情况需要及时反馈给客户，一般是以小组会议或者工作团队会议的形式反馈。在这一阶段，组织成员将获得组织实践者提供的信息，这有助于他们更好地了解组织目前的状况，尤其是了解存在的重大问题以及问题产生的原因，使组织成员能够有更清晰、客观的认识，有助于下一步变革的推进。

（5）对问题的共同诊断。在这点上，组织成员讨论反馈过程并与组织发展实践者共同探讨他们是否要继续研究同一个课题。数据收集、反馈和诊断相互之间存在着密切的关系，因为咨询人员将对从客户那里收集到的基础数据进行总结，并将总结过的数据提供给客户，以判断它们的有效性和进一步做出诊断。

（6）共同的行动计划。在充分沟通的基础上，组织实践者和客户需要对采取的行动达成一致。这是行动过程的开始，双方对于怎样达到一个新的准稳定平衡状态形成一个共同的行动计划。影响这个阶段的因素，主要有组织的环境、文化、技术和问题的诊断，以及干预的时间和费用。

---

① 方隽皎. 组织变革中的人力资源管理问题研究：黄石大桥局转制中人力资源管理的实证研究 [D]. 武汉：武汉大学，2004: 6-9.

（7）行动。该步骤主要是实施共同制订的行动计划。它根据需要，可能会包括新方法和程序的设定、对结构进行重组，以及对新行为的巩固和强化。这种行动在组织从当前状态向期望状态转变时并不能一蹴而就，是一个渐进过程。

（8）行动后的数据收集。可以将该步骤看作一轮变革的最后一步，也是下一轮变革的开始，因为行动调查是个循环的过程。在评估和确定行动结果，并将这一轮行动结果反馈回组织之后，就表示新一轮的诊断和行动又开始了。[①]

◆ 第三节 ◆

研究思路、内容与方法

一、研究思路

本研究针对民办高校内部治理变革这一主题，按照梳理现状、描述过程、分析影响因素和实践应用四个部分组织和展开（见图1-1）。

第一部分是民办高校内部治理的研究现状与发展现状，主要是介绍本研究的研究背景和意义，对有关研究进行文献综述，介绍组织发展理论，并对我国民办高校内部治理的发展历程和特点进行回溯和总结，以帮助读者对民办高校内部治理研究和发展现状有清晰的了解，并为理解和阅读后续内容奠定基础。

第二部分是对民办高校内部治理过程和变革趋向的阐述。民办高校内部治理的实施主体是人，所以人是民办高校内部治理研究中的基本分析单位，它不仅是个体，同时还是群体成员，并且根据分工与职能形成了内部治理的不同结构。本研究将民办高校内部治理过程分解成了治理结构、群体和个体三个层次，实现了研究对象的横向到边和纵向到底。

第三部分对民办高校内部治理变革中的影响因素进行分析，包括举办者权责、现代大学制度、办学自主权和党组织作用发挥几个关键环节，还包含如何客观评价内部治理效能以评估变革实效。在教育全球化进程中，世界知名私立高校的内部治理也引起我国民办教育界的关注，本部分也介绍了几所代表性私立高校的内部治理模式，以期对我国民办高校内部治理变革提供可借鉴的经验与模式。

[①] 方隽皎. 组织变革中的人力资源管理问题研究：黄石大桥局转制中人力资源管理的实证研究[D]. 武汉：武汉大学，2004: 7-9。

第四部分介绍了组织变革模型在民办高校内部治理中的应用。本研究尤其注重理论推动实践，以 Z 学院的实践应用为例，介绍了组织变革模型的应用过程。

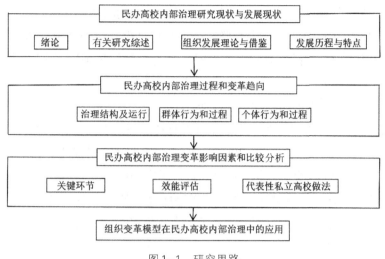

图 1-1　研究思路

二、研究内容

本研究按照研究思路，将具体研究内容分为十一章。

第一章，绪论。本章介绍本研究的研究背景、理论和实践意义，对本研究所涉及的民办高校、内部治理、组织发展和变革三个概念进行界定，介绍本研究的思路、内容和方法。

第二章，民办高校内部治理有关研究综述。根据研究需要，笔者对高校治理、民办高校内部治理、高校组织特征的研究现状分别进行了归纳整理，总结了研究成果并分析现有研究尚存在的问题。

第三章，组织发展有关理论及其对民办高校内部治理的借鉴价值。本研究为民办高校内部治理变革研究提供了一个新的理论视角，即组织发展理论。组织发展理论基于管理学、组织行为学、组织设计学等学科，在过去的几十年里快速发展并得到推广。本章介绍组织发展理论的兴起及其在教育领域的应用，对组织发展理论中能够应用到民办高校内部治理变革的几个重要理论，即组织生命周期、组织结构权变、组织结构的分化与整合、学习型组织进行介绍，尤其突出这些理论对民办高校内部治理的借鉴价值。

第四章，我国民办高校内部治理发展历程及现状。本章回顾了我国民办高校内部治理的相关制度变迁，从民办高校建校基础和类型、内部治理模式及发展特点这几个方面着手，总结和归纳了民办高校内部治理的发展现状。

第五章，民办高校内部治理结构及运行。本章以问题为导向，指出目前我国民办高校内部治理结构存在的一些突出问题，以引起研究者和实践者的关注，并由表及里地分析了制约民办高校内部治理结构完善的政策因素。在此基础上，讨论构建民办高校内部治理结构的价值理念，探寻优化民办高校内部治理结构的路径。

第六章，民办高校内部治理中的群体行为及其过程。组织是由群体和个人组成的，群体行为和群体过程影响民办高校内部治理的效能。本章重点围绕民办高校内部治理中的群体，论述了工作群体和团队的概念与形成、工作群体的组织形式和类型，以及如何打造高效能群体和团队以提高内部治理效能。

第七章，民办高校内部治理中的个体行为及其过程。本章介绍了民办高校内部治理中的个体心理和行为，对民办高校如何进行教职员工职务设计及工作再设计、有效激励个体行为的方式进行了探究，以推动内部治理的纵向到底。

第八章，民办高校内部治理变革的几个关键环节。本章对民办高校内部治理变革中的几个关键环节做了论述，如举办者权力保护和责任落实、民办高校现代大学制度的建立、民办高校办学自主权的赋予与内部治理体系创新、确保民办高校党组织的作用发挥等。它们之间形成互为依存和相互推动的关系。

第九章，民办高校内部治理的效能评估与制度化。本章介绍了组织效能的概念、组织效能的评价方法，以及它在民办高校内部治理效能评估中的运用。

第十章，代表性私立高校内部治理的做法与启示。本章遴选了七所代表性的私立高校，对他们的发展现状和内部治理经验进行了归纳研究。高校内部治理具有类似性和相通性，对推动我国民办高校内部治理变革能够提供有效借鉴。

第十一章，组织变革模型在民办高校内部治理中的应用——在Z学院的实践案例。本章运用卢因的三步组织变革模型，同时结合库特的八步模型，对如何开展自上而下和自下而上的互动式变革进行了行动研究，设计了行动研究的过程，并对行动研究结果进行了分析，得出结论及重要启示。

三、研究方法

（一）文献检索与分析法

文献检索与分析的目的是通过查阅文献，梳理目前已有的关于民办高校发展的研究成果，并对其进行归纳总结。具体文献检索途径包括：一是通过当地图书馆借用相关的专著；二是通过各种数字资源库收集国内外文献，如中国知网、万方数据库、中国教育网等中文数据库，以及中国知网外文数据库、国外高校文献数据库、SCI-HUB外文数据库；三是通过搜索引擎搜索相关文献，如百度学术等。通过文献检索与分析法，笔者获得了丰富的相关议题的背景资料及可参考的研究思路，在此基础上探讨现有研究的不足，并进一步探究解决问题的新思路。

（二）政策文本分析法

政策文本分析通常是教育政策研究的起点。本书分析的政策文本主要是有关民办教育，尤其是民办高等教育的规章、法规以及法律，包含上至《中华人民共和国宪法》中有关教育的规定、全国人大通过的有关教育的法律条款、中央教育主管部门颁布的部门法规，下至各级地方人大通过的有关教育的法律条款及地方教育主管部门颁布的地方部门法规。

（三）行动研究法

行动研究法是指在自然、真实的教育环境中，教育实际工作者按照一定的操作程序，综合运用多种研究方法与技术，以解决教育实际问题为首要目标的一种研究模式。本研究选择了一所民办高校，具体实施本研究提出的一些设想，在实践中进行应用，并通过定性和定量分析得出研究结论。

（四）比较研究法

本研究收集了美国、日本、韩国、德国和中国香港等国家和地区的私立高校内部治理的相关资料，对比我国境内相关法律法规文件、民办高校内部治理现状，多角度分析民办高校内部治理的内涵、机理和发展趋势。

（五）调查研究法

调查研究法是社会科学中应用最为广泛的资料收集方法，主要有问卷法和访谈法。本研究针对研究内容设计调查问卷并进行抽样调查。就问卷调查中难以涵盖的问题，设计访谈提纲，深度访谈民办高校领导、管理人员、师生等群体，力图获得学校的真实情况，为有效实施民办高校内部治理变革找到现实依据。

（六）德尔菲法

德尔菲法是指依靠专家背靠背地发表意见、各抒己见，研究者对专家们的意见进行统计处理和信息反馈，经过几轮循环，使分散的意见逐步统一，最后达到较高的预测精度的一种方法。本研究邀请政府部门负责人、民办教育研究专家、民办高校管理者代表等，就民办高校内部治理现状、存在问题、变革路径等方面进行意见征询，得出较为客观的结论。

第二章 民办高校内部治理有关研究综述

　　我国民办高校内部治理的理论研究随着实践的发展而发展。刘爽认为，国外学者较早地进行了有关大学治理的研究，并指出美国的大学因为引入了公司治理的理念与方法得以在20世纪兴起。[①]我国高校治理及民办高校治理随着高等教育的发展以及治理问题的凸显，在近十年中取得了较为丰硕的研究成果。但是我国高校治理研究总体研究方法较单一，需要开展更多不同类型高校的分类研究，进一步构建符合中国特色的理论体系。总体来说，我国民办高校内部治理研究还处于起步阶段，在这一阶段更关注现有问题的解决，而比较忽略民办高校的组织特征，其内部治理研究体系尚未形成，并且研究较多停留在宏观层面，忽视了发挥微观层面的"人"的治理能动性，这些不足也为后续研究找到了突破点和着力点。

---

① 刘爽. 民办高校法人治理结构研究：基于权力分割与互动的视角 [D]. 长春：吉林大学，2020: 14.

关于高校治理的研究

一、研究现状

"治理"（Governance）是管理学界的一个专业术语，原意是控制、操纵和引导。20世纪30年代在实用主义盛行的美国，治理常被用于组织尤其是企业运行之中。公司治理理论源于制度经济学家和信息经济学家对企业领域里产权状态与决策权结构之间复杂关系的研究。这种复杂的决策权结构就是"企业治理结构"。后来人们发现，委托代理现象并非企业独有，1989年世界银行在讨论非洲发展问题时，将治理的内涵扩展到企业之外，各种非营利组织也被纳入治理研究的范畴。[①]进入20世纪90年代后，治理被广泛运用于公共政策系统分析领域。[②]

随着国家治理体系的建设及治理能力现代化进程的推进，治理概念在我国也逐渐兴起，并在教育领域里得到应用。2013年召开的党的十八届三中全会首次提出"国家治理体系和治理能力的现代化"。2019年召开的党的十九届四中全会通过了《中共中央关于坚持和完善中国特色社会主义制度　推进国家治理体系和治理能力的现代化若干重大问题的决定》，把治理问题提高到了一个前所未有的高度，并赋予其特定的内涵。大学治理体系和治理能力现代化的问题，顺理成章地成为"国家治理体系和治理能力的现代化"的题中应有之义。

根据本研究主题，笔者在中国知网上以"高校 OR 大学 AND 治理"为关键词进行搜索（将学科选择为相关性较高的高等教育、行政学、国家行政管理、行政法及地方法制），共搜索到中文论文 6 444 篇（在 SCI 来源期刊、EI 来源期刊、北大核心、CSSCI、CSCD 期刊上发表的论文合计 2 417 篇），学位论文 588 篇（含硕士 526 篇、博士 62 篇），会议论文 158 篇，报纸文章 130 篇，并搜索相关外文文献 2 094 篇，其中学术期刊 1 986 篇，会议论文 85 篇。

（一）主要及次要主题

在搜索到的论文中，笔者使用知网提供的文献题录信息统计分析工具（Statistical

---

① 龚怡祖. 漫说大学治理结构 [J]. 复旦教育论坛，2009(3): 47.
② 眭依凡. 论大学的善治 [J]. 江苏高教，2014(06): 15-21+26.

Analysis Tool for Informetrics, SATI）对其进行分析，发现高校治理的研究主题集中在治理结构的研究，共有986篇论文（含治理结构280篇、大学治理结构194篇、内部治理结构155篇、高校内部治理结构134篇、大学内部治理结构128篇、法人治理结构95篇）；其次是以内部治理为主题的研究共638篇（含内部治理229篇、大学内部治理217篇、高校内部治理192篇）；明确以民办高校为主题的研究共269篇，以治理研究为主题的共206篇，以治理体系为主题的共131篇，以现代大学治理为主题的共125篇，以治理能力为主题的共112篇，以治理模式为主题的共110篇，以治理现代化为主题的共109篇，以治理对策为主题的共109篇。次要主题集中在学术权力、利益相关者、现代大学制度、学术自由、依法治校、行政权力、大学自治、大学章程、学术事务、教授治学、私立大学、治理主体、党委领导下的校长负责制等方面。由此可以看到，治理结构是研究者关注的主要议题，民办高校治理已形成独立的研究主题，次要主题集中在学术权力及利益相关者角度，说明这两个角度是治理研究的重点。具体的分布情况见图2-1。

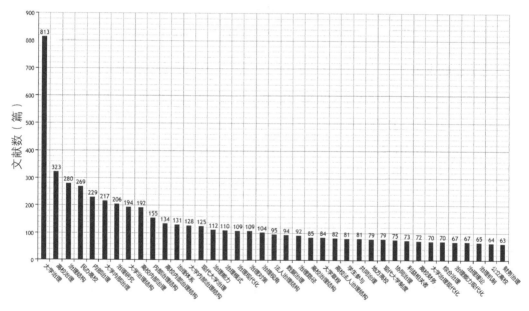

图2-1　主要研究议题分布

（二）发表年度

关于高校治理的研究可搜索到的最早始于1986年，至2015年一直呈现比较明显的上升趋势，2015年后稍有起伏，研究数量最高值在2021年，为690篇，自2015年至2021年每年均在500篇以上，为高校治理研究奠定了相当丰富的研究基础。具体的分布情况见图2-2。

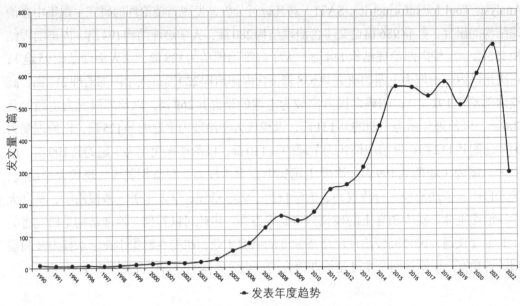

图2-2 年度发文数量趋势图

（三）文献来源

笔者分析发现，该领域的研究成果主要集中发表在高教类期刊上，如在《江苏高教》上发表的论文最多有127篇；其次为《黑龙江高教研究》，共124篇，在《高教探索》《现代教育管理》上发表的论文分别为112篇、111篇，以上四本期刊相关的发文量均在百篇以上。其余发文量在50篇以上的有《中国高教研究》《高等教育研究》《国家教育行政学院学报》《中国高等教育》《教育发展研究》《复旦教育论坛》，具体详见表2-1。

表2-1 文献来源分布情况

序号	期刊名称	数量/篇	占比/%	序号	期刊名称	数量/篇	占比/%
1	《江苏高教》	127	7.39	8	《中国高等教育》	84	4.89
2	《黑龙江高教研究》	124	7.22	9	《教育发展研究》	71	4.13
3	《高教探索》	112	6.52	10	《复旦教育论坛》	60	3.49
4	《现代教育管理》	111	6.46	11	《高教教育管理》	49	2.85
5	《中国高教研究》	97	5.65	12	《教育评论》	49	2.85
6	《高等教育研究》	89	5.18	13	《北京教育（高教）》	48	2.79
7	《国家教育行政学院学报》	88	5.12	14	《现代教育科学》	46	2.68

序号	期刊名称	数量/篇	占比/%	序号	期刊名称	数量/篇	占比/%
15	《大学教育科学》	46	2.68	23	《大学（研究版）》	35	2.04
16	《中国教育网络》	43	2.50	24	《中国高校科技》	34	1.98
17	《中国行政管理》	42	2.44	25	《清华大学教育研究》	32	1.86
18	《学校党建与思想教育》	41	2.39	26	《重庆高教研究》	31	1.80
19	《中国成人教育》	38	2.21	27	《山东高等教育》	30	1.75
20	《高教学刊》	36	2.10	28	《世界教育信息》	29	1.69
21	《教育研究》	35	2.04	29	《比较教育研究》	28	1.63
22	《高校后勤研究》	35	2.04	30	《法制与社会》	28	1.63

（四）来源机构及主要作者

笔者分析得出该领域的研究机构以公办高校为主体，如文献的来源机构为浙江大学的有103篇，为华中科技大学的有101篇，为北京师范大学的有92篇，为中国人民大学的有81篇，为厦门大学的有78篇，为南京师范大学的有77篇，为大连理工大学的有75篇，为浙江师范大学的有74篇。此类大学教育学科相对发展较好，且设有高等教育研究平台，所以发文量在高校位居前列（见图2-3）。

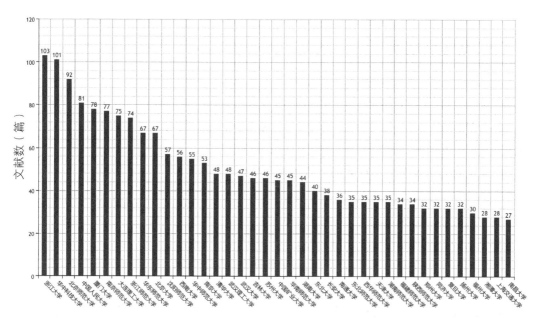

图2-3　来源机构分布

在可搜索到的所有文献中，发文量在10篇以上的作者共计7人，发文量最多的为刘爱生，共发表19篇；发表论文较多的有眭依凡、李立国、张继明、甘永涛、顾建民、周光礼，这说明已经形成了研究高校治理的主要作者群。其余发文量为9篇的作者有蔡连玉、胡仁东、张端鸿、左崇良、余承海，发文量为8篇的作者有王洪才、周作宇、蔡文伯、李华军、朱家德、刘益东、王明清、骆聘三（见图2-4）。

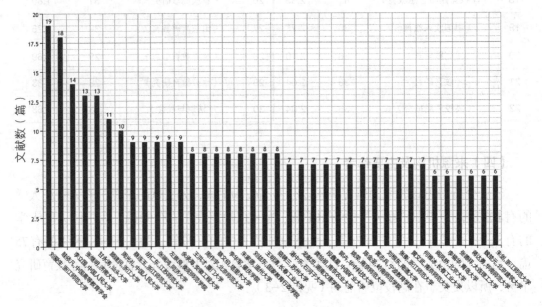

图2-4　主要作者发文情况

（五）研究内容分析

早期关于大学治理的研究大多聚焦于大学的外部治理，即政府与大学的关系以及政府如何对高校进行有效治理，研究者普遍认为需要构建新型的政府与大学之间的治理关系。进入21世纪以来，有关研究不断深入，对大学治理问题的研究逐渐从外部关系的治理转向高校内部治理，研究成果主要集中在以下3个方面。

1. 高校内部治理含义及有关概念的梳理与界定

这些研究主要从什么是治理、治理所遵循的价值理念等层面进行研究。李福华分别从导向、主客体、实施基础、实施手段、层级结构、政府作用及资金结构等10个方面，将治理与人们比较熟悉的管理进行区分，以此理清治理的概念问题，比如治理的目标是实现学校内利益相关者权责利的平衡，而管理的目标是实现学校教学科研等既定的目标，治理的主体是利益相关者，而管理的主体是管理者，治理的沟通方式是自上而下和自下而上的双向关系，而管理的沟通方式是自上而下的单向管理等，并且两者在时间边界、规模边界和制度边界上也存在显著差异。他提出大学治理与大学管理不是一种替代

关系，而是一种互补关系。^①

眭依凡对治理的特点进行了研究，认为治理是一种在领导层权力体系主导下，协调被管理层共同管理的新型管理模式。其有如下特征：治理不只是居高临下、自上而下的权力运行过程，其基础不是控制而是协调和共享管理；治理具有整体性和框架性，是组织之间及其成员相互依存的关系结构；治理是在公共目标支配下的强调效率的管理活动。^②

龚怡祖从大学组织的社会构成和目标与企业存在根本差异的角度出发，将大学治理定义为能够体现大学的利益相关者组织属性和委托代理关系特点，以大学法人财产为契约对象、以利益相关者为契约关系中的签约主体、以实现公共利益为目标、旨在回应"冲突和多元利益"的大学决策权制度安排，其根本目的是建立大学决策过程与社会权利主体的合理联系，实现社会价值平衡。^③

李立国通过比较大学治理体系与治理能力现代化建设与现代大学制度，认为大学治理有几个特点：一是大学制度是静态的，从静态层面观察制度建设状况，治理体系的内涵更为丰富，只有在大学制度体系得到有效实施之后，才能形成治理体系。二是强调治理能力建设，治理体系和治理能力是互为支撑的。三是在价值层面上，制度体系并没有表现出现代治理的应有价值，而治理体系与治理能力则包括了法人化、共同治理、权力制约等基本价值。理想的"应然治理"是既要发挥理性科层制的作用，提高治理能力，更要从政治组织属性看待大学治理，建立沟通协调机制，建立以信任为基础的组织文化，有效化解冲突。^④

张衡、眭依凡提出大学内部治理变革承载着调整政府与高校边界、激发高校创新活力、推进依法治校、落实教育综合改革、体现大学"中国特色"等现实诉求。在概念内涵上，治理体系是以大学"善治"为目标，以大学精神彰显、活力激发、绩效提升为导向，以民主参与、协商共治为理念，以制度体系为保障的大学秩序体系；在框架要素上，围绕权力、权利、利益形成的"结构体系"是治理体系的抽象本质，"价值—制度—行动"体系是实质内容；治理体系的功能影响体现在价值体系、制度体系、行动体系等诸多方面。大学内部治理体系的构建需遵循以下原则：体现中国特色、尊重大学规律、兼顾开放性与耦合性、追求有效治理、平衡稳定性与动态适应性等。大学内部治理体系构建的策略路径需理顺内外部治理关系、完善运行规程、优化资源配置、涵养治理

---

① 李福华. 大学治理与大学管理：概念辨析与边界确定 [J]. 北京师范大学学报 (社会科学版), 2008(4): 19.
② 眭依凡. 从管理到治理的嬗变：基于新中国成立 70 年来高校内部管理模式变迁的线索 [J] 苏州大学学报 (教育科学版), 2019(3): 29-32.
③ 龚怡祖. 漫说大学治理结构 [J]. 复旦教育论坛, 2009(3): 47.
④ 李立国. 什么是好的大学治理：治理的"实然"与"应然"分析 [J]. 华东师范大学学报 (教育科学版), 2019, 37(05): 1-16.

文化。①

　　李建奇研究指出，大学治理结构包括外部治理结构和内部治理结构两个方面。外部治理结构主要涉及大学与政府、社会之间的关系，是指一系列用来维持大学与外部关系的规范、法律规则等正式制度和非正式制度，以及两种制度的运行机制。内部治理结构是调节大学内部各利益主体（比如大学教授和学生）间的关系的一系列正式制度和非正式制度的总和，主要涉及大学内部管理体制、运行机制和组织行为的规范体系。大学治理结构变迁有两种路径可供选择，一种是强制性制度变迁，另一种是诱致性制度变迁。李建奇通过对清末以来我国大学治理结构变迁的脉络梳理与分析，指出我国大学治理结构变迁的路径选择缺乏大学治理理念支撑，以强制性变迁路径为主且缺乏一致目标，导致了我国大学治理结构存在治理主体单一、治理结构缺乏效率等问题。这就要求高校重建现代大学治理理念，克服大学治理结构变迁过程中的路径依赖，并且注重强制性变迁和诱致性变迁之间的适时转化。②

　　大学内部治理体系是相对于外部因素而言的，是指在协商、互动、合作、共赢等理念的统领下，由治理的主体、机制、内容和效果等要素构成的有机的、整体的、动态的制度及其运行系统，其核心理念是共治、法治、善治。大学内部治理在路径选择上要实现由单边主导向多元共治转变、由法制向法治转变、由科层管制向人文善治转变，其体系内容包括治校理念的现代化、治理主体的多元化、治理机制的科学化、治理过程的法治化。③

2. 高校内部治理结构和权力运行机制的研究

　　这些研究主要围绕高校内部治理结构、权力运行方式等学校内部管理的核心要素展开，重点讨论大学内部治理结构与权力结构的匹配问题。秦惠民认为，我国大学治理包含四种基本权力。政治领导权力是法律规定党对高校实施政治领导的组织权力，行政权力是法律规定校长行使的行政管理职权，学术权力是法律规定学术性任务型组织所行使的权力，民主管理权力是法律规定以一定组织为形式的民主管理和监督的权力。但在这四种权力的博弈中，目前存在的问题是：政治领导权力和行政权力居于强势地位，学术权力和民主管理权力则处于相对的弱势地位。大学的和谐要求这些权力的行使要有效、恰当和协调，这是我国大学治理走向成熟和完善的必然选择。④

　　方芳指出，治理结构的核心是多元化权力的合理配置与有效运行，在大学治理结构的变迁中需要平衡不同权力之间的冲突，形成多元权力的有效共存与健康运行。要明确

---

① 张衡，眭依凡. 大学内部治理体系：现实诉求与构建思路 [J]. 高校教育管理，2019，13(03)：35-43.
② 李建奇. 我国大学治理结构变迁的路径选择 [J]. 高等教育研究，2009(5)：39-44.
③ 张继延，陆先亮. 大学内部治理体系现代化：理念、路径及内容 [J]. 江苏高教，2017(11)：41-43.
④ 秦惠民. 我国大学内部治理中的权力制衡与协调：对我国大学权力现象的解析 [J]. 中国高教研究，2009(8)：26-29.

政府与高校的权力界限，重视学术权，建立服务行政体制，建立大学章程和遵循正当程序原则，重视和保障教师与学生的民主参与权与监督权。[1]

董泽芳认为，当前我国大学内部治理存在着内部权力配置不当、党、政、学关系不顺，学生、教工民主参与途径不畅等问题，阻碍了高校的发展。完善大学内部治理结构，必须进一步优化由党委领导、校长负责、教授治学、共同参与、全委决策、民主管理六大要素构成的大学内部组织结构关系，建立和健全坚强有力的领导机制、民主科学的决策机制、行政权力与学术权力和谐发展的机制、深度对话与平等协商的共同参与机制和公开透明的权力调控机制。[2]

曹叔亮指出，在大学内部治理中存在变量关系。现代大学制度是因变量，影响现代大学制度建设的各种因素是自变量，大学内部治理是连接因变量与自变量（关键自变量）的运行规则。现代大学制度必须在大学内部治理的运行规则下，通过改革大学的组织结构、管理制度、运行机制等关键自变量来构建。大学内部治理体系需要责任划分明确的组织结构，能够衡量管理绩效的制度体系，以及科学、合理、高效的运行机制。[3]

周光礼认为建立大学法人治理结构是完善中国现代大学制度的关键。为此必须解决进一步扩大和落实办学自主权、党委在大学治理中的角色和定位、大学法人治理结构变革的路径选择、大学去行政化以及大学章程制定等问题。[4]

3. 高校治理结构的国际比较研究

这些研究主要围绕发达国家高校内部治理的实践展开，从高校内部治理结构的组成、权力运行方式等方面进行中西方的比较研究，重在借鉴国际经验以解决国内问题。焦笑南将美国、英国和澳大利亚大学治理结构分别归为以董事会为核心的大学决策体制、以校长为中心的大学行政管理系统和学术委员会学术管理体系，并对三种形式的优缺点进行了较为全面的分析。基于教育的共性，他提出了指导高校建立和逐步完善大学治理结构的四点启示：改变政府管理大学的方式，由直接管理向间接调控转变；引入利益相关者参与大学的治理；建立大学内部权责划分和制约机制；政府制定法律法规。[5]

甘永涛从大学治理结构的内涵出发，归纳出当代大学治理结构存在的三种主要国际模式：一种是以内部人监督为主的关系型治理结构模式；一种是以国家监督为主的行政型治理模式；一种是以中介机构监督为主的复合型治理结构模式。[6]钟云华、向林峰通

① 方芳. 大学治理结构变迁中的权力配置、运行与监督 [J]. 高校教育管理, 2011(11): 16-20.
② 董泽芳, 岳奎. 完善大学治理结构的思考与建议 [J]. 高等教育研究, 2012(1): 44-50.
③ 曹叔亮. 大学内部治理的关键自变量及其改革路径 [J]. 教育发展研究, 2014, 34(23): 59-66.
④ 周光礼. 中国公立研究型大学法人治理结构改革：基于华中科技大学的案例研究 [J]. 中国人民大学教育学刊, 2012(3): 5-24.
⑤ 焦笑南. 美国、英国、澳大利亚的大学治理及对我们的启示 [J]. 中国高教研究, 2005(1): 51-53.
⑥ 甘永涛. 大学治理结构的三种国际模式 [J]. 高等工程教育研究, 2007(2): 72-76.

过对比分析中西方大学治理结构变迁中的强制性和诱致性两种不同方式，得出了我国未来大学治理结构变迁方式将从强制性向诱致性转变等结论。①

相比较而言，中国学者比较关注美国高校的内部治理，主要从治理理念、治理体系、校长角色、社会参与等不同侧面进行研究和借鉴。张雷生、吴丹丹研究发现，哈佛和耶鲁大学的法人理事会在人员组成上具有"不断增加世俗化的外部非专业人士，通过无薪金报酬奉献来赢得社会声誉，严禁理事会及其成员干涉学校事务"等显著特点。②蒋惠玲认为，美国一流私立（非营利）研究型大学内部的共治体系主要由顶层的董事会组织、大学内部领导组织、教师合议组织构成。各校董事会吸纳有特质的董事、架构董事会及下属委员会，大学校长是大学首席行政官，其领导团队体现出科层性的特点，教师共治组织主要关注与学术研究、教师、学术规训相关的制度与规范。③别敦荣认为，美国大学奉行分享治理理念，外行治理、专家治理和共同体治理三位一体，在董事会、校长行政团队和教授会构成的治理结构中，董事会总揽全局，校长行政团队全面负责大学经营与日常运行，教授会承担学术决策、学术评议等事务，"三驾马车"目标一致、相互作用。④欧阳光华指出，美国大学校长更多地扮演行政者、企业家和政治家三种角色，却似乎缺少我们传统最为尊崇的大学校长角色——"教育家"。作为董事会的代理人，美国大学校长对外代表学校及其价值，对内领导大学的日常运作。⑤朱玉山在分析和考察美国公立大学治理社会参与历史和现实的基础上，得出社会组织和个体普遍参与大学事务的治理是美国普遍认同的事实和做法这一结论，其参与主体分布广泛，参与渠道丰富多样，参与深度已达参与阶梯——知情、咨询、共同决定——的顶端，参与效果令各方满意。⑥姚荣认为美国大学已经告别自治，走向合规治理时代，通过联邦高等教育规制的革新、大学合规职能的拓展以及大学法律顾问角色的重新定义等举措，重塑联邦政府与大学之间的关系，构成了合规时代美国大学治理变革的最新动向。⑦

此外，也有学者关注欧洲大学的治理以及国外高校的学术治理。孙伦轩等学者研究了欧洲大学的治理问题，认为传统的国家权威和学术寡头二元分治的格局被改变，政府越来越倾向于"远距离监督"大学而非直接控制，大学从松散耦合的学术团体日益转变成具有目标导向的、慎重行动的战略组织者，作为一个组织实体发挥决策和管理功能。⑧余利川和段鑫星基于英、德、美、加的经验，认为受学术自主传统和学术决策模式双重

① 钟云华，向林峰.中外大学治理结构变迁方式比较[J].现代教育管理，2010(2):110-113.
② 张雷生，吴丹丹.大学内部治理视域下的世界一流大学法人理事会研究[J].湖北社会科学，2016(09):171-178.
③ 蒋惠玲.美国一流私立研究型大学内部治理研究[D].南京：南京师范大学，2015:24-90.
④ 别敦荣.美国大学治理理念、结构和功能[J].高等教育研究，2019,40(06):93-101.
⑤ 欧阳光华.美国大学治理结构中的校长角色分析[J].教育研究与实验，2011(03):68-71.
⑥ 朱玉山.美国公立大学治理中的社会参与研究[D].南京：南京大学，2017:83-85.
⑦ 姚荣.告别自治：合规时代的美国大学治理[J].华东师范大学学报（教育科学版），2021,39(02):75-88.
⑧ 孙伦轩，陈·巴特尔，赵雅静.大学治理：欧洲观点[J].江苏高教，2014(03):17-19.

认同、学术自主认知的惯性影响，英、德、美、加四国的学术治理延续了学术评议委员会抵制学术绩效评估、维持"低效"运行模式、维护学术自主文化与权威的特性。[①]

二、研究述评

从对大学治理的文献梳理可以看出，国内学者对大学治理的研究数量从整体上呈快速上升趋势，自2015年每年在500篇左右，到2021年达到690篇的最高值。特别是党的十八大以来，受国家治理理念和治理体系建设的影响，一些高校努力转变办学理念，加大高等教育的改革力度，不断完善各项制度，以此来适应和促进社会的发展，满足人民对优质高等教育的需求以及师生对优质高校治理的期望。

从国内学者的研究成果来看，目前关于高校内部治理价值层面的规范性研究比较多，对高校内部治理含义及相关理念进行了很好的梳理和界定，关注内部治理结构和权力运行机制，注重进行国际比较研究和应用借鉴，对大学治理结构、内部治理、学术权力、利益相关者、现代大学制度、依法治校、大学章程、教授治学等方面都有所涉及。但是高校内部治理研究还存在不足之处，主要有以下几个方面。

1. 需要进一步构建符合中国特色的自身理论体系

目前对中国大学治理模式进行研究的基础理论尚缺乏中国特色，大学治理研究的理论支撑和建构不足，研究主要借鉴了政治学和管理学领域的一些经典理论，教育领域内对治理理论的创新不足。中国高校治理研究需要从中国高校的实际出发，紧密联系中国政治、经济和文化背景，深入研究大学治理与政治经济变革发展之间的互动关系，进一步探索适合在中国政治经济体制和中国特有文化土壤中成长起来的大学治理模式，推进构建具有中国特色的大学治理理论的进程。中国大学治理理论的创新，也依赖于知识、视角和方法等方面的多学科融会贯通。在未来，学者们在更多借助其他学科的研究范式来分析高等教育治理问题的同时，可以从多个方面来推动教育治理理论和大学治理研究创新。[②]

2. 针对不同类型高校的分类研究尚显不足

现有研究多是聚焦于顶层设计的研究，所以存在同质性较高的问题。我国高校类型丰富，分类方法也多种多样：按办学层次可分为本科院校和高职专科院校；按办学特点

---

① 余利川，段鑫星. 同构与惯性：大学学术治理的制度逻辑：基于英、德、美、加的经验 [J]. 外国教育研究，2018，45(07): 27-42.
② 张旭辉，郭宏福，朱艳，李博. 大学治理：三十年来国内研究的格局、主题和热点演进 [J]. 攀枝花学院学报，2021，38(04): 81-89.

可分为研究型大学、研究教学型大学、教学研究型大学、教学型大学、应用型大学、高等专科院校等;按办学主体可分为公办高校、民办院校、独立学院、中外合作办学、内地与港澳台地区合作办学;按隶属关系可分为教育部直属高校、中央其他部门所属高校、省(自治区、直辖市)所属高校及行业所属高校。不同类型高校的治理,既有其共性要求,也有其个性特点。但是,目前针对不同类型高校的有关治理体系和治理能力的研究显得不足,不利于整个高校治理成果的丰富化,需要针对不同办学层次和不同办学类型的高校展开非一般性的类研究,尤其是研究需要进一步向纵深推进,还需要从学校整体向院系治理或二级学院治理方面推进。

3. 总体研究方法仍比较单一

相对来讲,高校治理研究仍属于新兴的研究领域,在研究方法上比较单一,主要采取的方法,如文献分析、对比分析法,而采取定量分析、实证分析和个案分析等方法的研究较少。目前研究还处于非实验性的逻辑推理阶段,处于理论观照、经验借鉴等思辨阶段。较多地关注治理过程和治理主体行动的定性研究被广泛采用,而深入地探讨高校治理中一个变量对其他变量产生影响的定量研究还比较少见。因缺乏更丰富的令人信服、严谨实在的实证论文,所以我国高校内部治理的研究还难以取得高等教育学界外的更广泛的认可。

◆ 第 二 节 ◆

关于民办高校内部治理的研究

一、研究现状

笔者在中国知网上以"民办高校 AND 治理"为关键词进行搜索,共搜索到中文文献274篇,其中,学术期刊214篇(在SCI来源期刊、EI来源期刊、北大核心、CSSCI、CSCD期刊上发表的论文合计78篇),学位论文38篇(其中博士论文3篇、硕士论文35篇),会议文章4篇。另搜索到英文文献33篇,其中学术期刊22篇、会议论文11篇,另有外文图书1本。

(一)主要及次要主题

在搜索到的论文中,主要主题围绕治理结构的共181篇(含高校法人治理结构51

篇、法人治理结构51篇、治理结构33篇、高校内部治理结构19篇、高校治理结构15篇、内部治理结构12篇）；其次是围绕内部治理的论文共64篇（含内部治理34篇、高校内部治理24篇、内部治理模式6篇）；其余讨论法人治理的论文共20篇、治理模式的论文共15篇、利益相关者的论文共13篇、非营利性民办高校的论文共13篇、高校治理的论文共11篇、优化研究的论文共8篇、治理机制的论文共8篇、治理对策的论文共6篇、共同治理的论文共6篇、分类管理的论文共6篇。还有一些论文的研究主题集中在利益相关者、举办者、学术权力、公益性方面，分别为22篇、19篇、14篇、8篇。由此看来，从治理结构层面来研究民办高校治理是主要方向，针对性研究民办高校内部治理是第二大主题。值得说明的是，从搜索结果中可以看出，将民办高校作为法人主体来研究也是一个重要内容，因此为使本研究不变得狭隘，我们也将这一主题纳入本研究范围内。图2-5为主要主题分布的可视化展示。

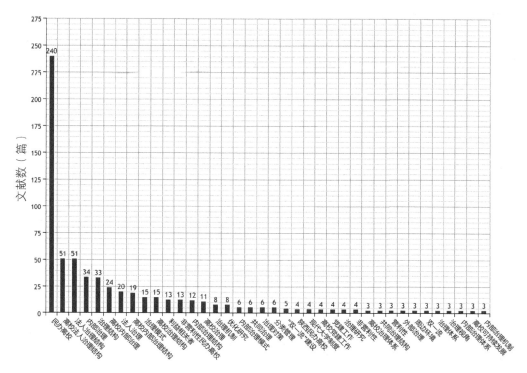

图2-5　主要研究议题分布

（二）学科分布

有关民办高校治理研究的学科领域分布比较集中，主要分布在高等教育、行政法及地方法制、会计、社会学及统计学、职业教育、行政学及国家行政管理、教育理论与教育管理、新闻与传媒这几个学科领域（见表2-2）。其中高等教育领域是研究民办高校治理的主要领域。

表2-2　学科分布情况

序号	学　科	数量/篇	占比/%	序号	学　科	数量/篇	占比/%
1	高等教育	264	89.19	5	职业教育	1	0.34
2	行政法及地方法制	10	3.38	6	行政学及国家行政管理	1	0.34
3	会计	6	2.03	7	教育理论与教育管理	1	0.34
4	社会学及统计学	1	0.34	8	新闻与传媒	1	0.34

（三）发表年度

关于主办高校治理的研究总体呈上升趋势，每年略有波动。最早的相关论文发表于2001年，至2014年论文数量有比较大的增长，在该年达到23篇，这与2013年党的十八届三中全会首次提出治理这一概念有很大的关联。至2017年修订后的《民办教育促进法》开始施行，该年发表相关论文数量达到顶峰值，为26篇。自2016年开始至2021年，每年该领域发表的论文数量均在20篇左右。图2-6清晰地展示了年度发表论文的趋势。

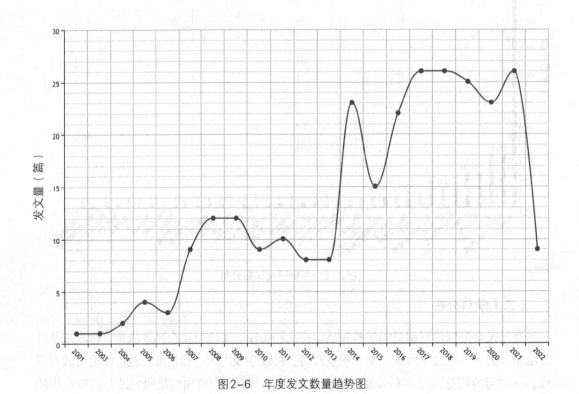

图2-6　年度发文数量趋势图

（四）文献来源及主要作者

关于民办高校治理的研究呈现出比较鲜明的内部人研究特征。民办高校所拥有的研究平台成为研究成果的主要发表平台，例如《浙江树人大学学报（人文社会科学版）》《黄河科技大学学报》，其他研究文献主要来源于高等教育期刊，如《中国高教研究》《高教探索》《现代教育科学》《教育发展研究》《现代教育管理》《江苏高教》《黑龙江高教研究》《复旦教育论坛》《教育与职业》《中国高等教育》（见表2-3）。

表2-3 文献来源分布情况

序号	期刊名称	数量/篇	占比/%	序号	期刊名称	数量/篇	占比/%
1	《浙江树人大学学报（人文社会科学版）》	14	11.11	15	《中国成人教育》	3	2.38
2	《黄河科技大学学报》	10	7.94	16	《长江丛刊》	3	2.38
3	《中国高教研究》	9	7.14	17	《高等工程教育研究》	3	2.38
4	《高教探索》	9	7.14	18	《现代经济信息》	3	2.38
5	《现代教育科学》	7	5.56	19	《管理观察》	3	2.38
6	《教育发展研究》	6	4.76	20	《大学（研究版）》	3	2.38
7	《江苏高教》	5	3.97	21	《河北地质大学》	2	1.59
8	《黑龙江高教研究》	5	3.97	22	《大学教育》	2	1.59
9	《现代教育论坛》	5	3.97	23	《现代商贸工业》	2	1.59
10	《复旦教育论坛》	4	3.17	24	《学校党建与思想教育》	2	1.59
11	《中国高等教育》	4	3.17	25	《新西部》	2	1.59
12	《教育与职业》	4	3.17	26	《现代企业教育》	2	1.59
13	《经济研究导刊》	3	2.38	27	《教育教学论坛》	2	1.59
14	《当代教育实践与教学研究》	3	2.38	28	《江西电力职业技术学院学报》	2	1.59

民办高校治理研究领域的论文的作者相对比较分散，自2001年以来，发文3篇及以上的作者主要有黄志兵、周海涛、徐绪卿、王一涛、陈文联、李旋旗、苗庆红、刘颂、刘爽、印永龙、浣垥、柳国勇、马燕霞，其余有27位作者发文2篇，这40位作者占已有发文总量的36%，可见大多数作者对这一主题属于偶然性研究（见图2-7）。

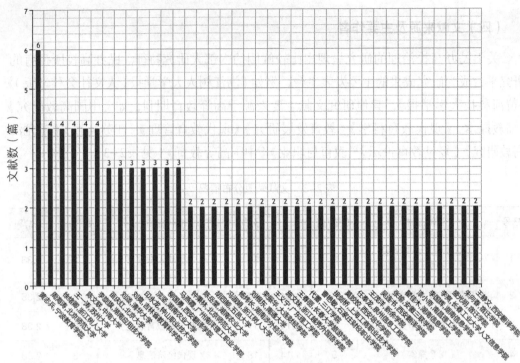

图2-7　主要作者发文情况

（五）研究内容分析

1. 对民办高校治理结构的渊源及模式研究

研究者认为，法人治理始于经济领域企业管理的概念，建立在两权分离（所有权与经营权分权分离）、委托－代理理论、共同问责和利益相关者理论的基础之上。谢锡美在《民办学校法人治理结构制度渊源探析》阐述了公司法人治理结构模式演进对民办学校法人治理的启示，即确立法人财产权、董事会中心主义、多元的股权结构、分权制衡机制和有效的激励机制。[1]屈潇潇对我国民办学校内部治理的政策与制度进行了分析，认为我国对民办教育的内部治理政策经历了空白期、探索期、规范期的初级阶段和高级阶段。政府对民办学校内部治理政策的摇摆和滞后使得各学校根据自身发展轨迹形成了内在的管理制度安排，当政府重新对其内部治理进行规范时，更多地表现为形式上而非实质上的制度内化。[2]

苗庆红从控制权角度，将民办高校内部治理归纳为人力资本控制模式、股东控制模

---

① 谢锡美.民办学校法人治理结构制度渊源探析[J].教育发展研究，2005(24): 41-46.

② 屈潇潇.我国民办学校内部治理的政策与制度分析[J].高等教育研究，2011, 32(09): 70-75.

34　民办高校内部治理变革——基于组织发展的视角

式、共同治理模式。^①胡四能则分析了我国民办高校法人治理的人力资本控制模式和股东单边控制模式,提出这两种治理模式存在很多问题,不利于保护民办高校利益相关者的权利,应借鉴国外法人共同治理的理论和经验,实行利益相关者共同治理结构模式。^②王维坤、张德祥根据出资者控制权与教职工控制权强弱的不同,将我国民办高校的内部管理结构划分为松散型治理、人力资本单边治理、出资者单边治理、关键利益相关者共同治理四种类型,并认为它会随着我国民办高校生命周期的不同阶段而发生演变。进入分类规范期后,我国民办高校内部治理结构必然会走向"关键利益相关者共同治理"。^③

2. 对民办高校内部治理存在问题的研究

对民办高校内部治理的研究呈现出非常鲜明的问题导向,很多学者剖析了目前我国民办高校在内部治理上存在的问题。胡四能通过调研发现,对照现代学校制度要求,从所考察的民办高校董事组成和治理机制来看,虽然多数学校都建立了法人治理结构,但实际上相当一部分民办学校的法人治理只是停留在形式上,离《民办教育促进法》及《民办教育促进法实施条例》的要求还有很大差距。^④沈晓慧指出,目前我国民办高校法人治理结构存在的问题主要表现在董事会构成人员不合理、董事会内部权力制衡机制缺失、监事会空缺和产权不清晰等方面。^⑤高馨、孙颖、朴雪涛认为,目前非营利性民办高校的内部治理结构仍存在不少问题,表现为董事会建设不完全、校长队伍建设不完备、内部治理制度不完善、监管机制不健全以及党组织作用发挥不充分等。^⑥赵毅、祝捷认为,非营利性民办高校内部治理机制存在董事会成员结构不合理、校长负责制形式大于实质、非营利性民办高校的监督机制不完善等问题,制约了非营利性民办高校进一步发展。^⑦

还有许多学者从不同角度出发,对民办高校内部治理问题进行了分析。彭宇文、陈莉从民办高校内部权力的视角出发,认为当前民办高校法人治理结构存在着政治权力位处边缘、资本权力一权独大、行政权力形同附庸、学术权力极度薄弱、民主权力严重缺失等失衡问题。^⑧王山从监督的角度出发,认为我国民办高校的法人治理内部监督机制普遍缺失,导致一些重大决策具有盲目性、随意性,以及内部管理的无序性、低效

① 苗庆红. 民办高校治理结构的演变研究 [J]. 中国高教研究, 2005, (09): 28-30.
② 胡四能. 民办高校建立共同治理结构模式研究 [J]. 江苏高教, 2007(04): 42-44.
③ 王维坤, 张德祥. 我国民办高校内部治理结构类型及演变路径 [J]. 现代教育管理, 2018(01): 30-35.
④ 胡四能. 民办高校法人治理结构研究 [J]. 高等工程教育研究, 2006(06): 60-62+76.
⑤ 沈晓慧. 民办高校的法人治理结构研究 [J]. 浙江树人大学学报(人文社会科学版), 2009, 9(05): 33-36.
⑥ 高馨, 孙颖, 朴雪涛. 非营利性民办高校内部治理结构的问题及对策 [J]. 浙江树人大学学报(人文社会科学), 2020, 20(03): 33-37.
⑦ 赵毅, 祝捷. 非营利性民办高校内部治理机制研究 [J]. 开封文化艺术职业学院学报, 2021, 41(07): 126-127.
⑧ 彭宇文, 陈莉. 民办高校优化法人治理结构探究 [J]. 学校党建与思想教育, 2018(18): 94-96.

性。①朱灵艳、陈俊傲、陈艳从权力相互制衡的角度出发，认为当下民办高校呈现出"链合"式的管理模式，各主体间结合不紧密，有制约之形而无制衡之实，因此出现民主决策机制失范、政策预期性与人员变动率的耦合、党组织功能发挥效能不足这三个方面的困境，需要实现从"链合"到"啮合"的转型。②贺江群从利益相关者的角度出发，认为民办高校作为一个典型的利益性相关者机构，构建利益均衡的法人治理框架，是保障民办高校规范办学、科学管理、高效运行的关键。当前，举办者专断决策、校长权力失真、教师和学生参与民主管理不足、政府监管不到位，是民办高校法人治理结构利益失衡的突出表现。③柳国勇、韩维对民办高校的投资特性进行分析，认为部分民办高校存在着治理主体单一、管理缺乏活力、权责不清、以家族式管理为主等问题。④代蕾、印永龙从民办高校法人治理的属性出发，指出民办高校法人治理具有公益属性、产业属性、学术属性、行政属性。中国民办高校法人治理结构主要存在有关法律法规不健全、董事会结构不完善、举办者和校长的关系不顺畅、监督机构弱化等问题。⑤

3. 关于完善民办高校内部治理结构的建议

在提出问题的同时，大部分研究者也提出了针对性的解决措施，主要有以下几个方面。

从价值理念的角度，郑晓明、王春丽建议应该在改革过程中充分尊重人的价值，摆脱原本内部治理主体的工具性危机，真正落实教育的公益性价值，克服内部治理过程中的功利性危机，改变内部治理结构的封闭性，走向规范化的道路。⑥王世斌认为，在"双一流"建设背景下改革民办高校内部治理结构，要以科学的治理理念和大学精神为导向，以理性和法治为基础，以制度建设的科学化、民主化、法治化为突破口，赋予内部治理结构以科学的权力分配和稳定的行动逻辑，努力实现内部治理的科学化、法制化、民主化。⑦

从权力制衡的角度，王朝阳提出应当借鉴公司法人治理结构，构建权力机构、执行机构和监督机构相互制约的以权力制衡为核心的民办高校法人治理结构。⑧薛飞提出了要完善董事会，完善执行和运营机构，健全制衡和监督制度，加强制度建设，加强理解、沟通和协调等建议。⑨王茂洋认为，首先要明晰产权，建立投资者和职业校长人之

① 王山. 民办高校法人治理结构的完善和规范化管理 [J]. 教育与职业, 2012(20): 26-28.
② 朱灵艳, 陈俊傲, 陈艳. 从"链合"到"啮合": 民办高校内部治理结构转型路径 [J]. 高教探索, 2018(12): 97-102.
③ 贺江群. 完善民办高校法人治理结构的思考: 基于利益相关者的分析 [J]. 广东外语外贸大学学报, 2018, 29(05): 139-144.
④ 柳国勇, 韩维. 民办高校内部治理结构优化的路径和措施 [J]. 教育观察, 2019, 8(10): 114-116.
⑤ 代蕾, 印永龙. 中国民办高校法人治理结构的现状与存在的主要问题研究 [J]. 经济研究导刊, 2013(16): 226-227+229.
⑥ 郑晓明, 王春丽. 民办高校内部治理结构优化研究 [J]. 大学, 2021(10): 10-11.
⑦ 王世斌. "双一流"建设背景下民办高校内部治理结构改革的困境、成因与完善路径 [J]. 教育与职业, 2018(10): 17-23.
⑧ 王朝阳. 关于民办高校法人治理结构研究 [D]. 苏州: 苏州大学, 2008: 22-27.
⑨ 薛飞. 关于完善民办高校法人治理结构的探索 [J]. 经营管理者. 2009(01): 2.

间有效的制衡机制，并进一步加强内部制度建设，完善各项运行程序规则，设计合理的职业校长人激励制度；加强政府合理的依法干预等建议。[1] 王山建议建立健全内部法人治理结构及相互制衡的决策、执行和监督机制，实行法人治理、教育家治校、专家治教、学者治学。[2] 李雷从十个方面对民办高校的治理结构进行了设计，认为其中决策权、管理权、监督权"三权分立制衡机制"是最基本、最核心的制度，并提出理事会（董事会）、校长办公会（校务委员会）和党委会三会成员"三方双向互进机制"，这是根据民办高校党组织特殊地位和作用做出的特殊设计，具有一定的创新性。[3] 贺江群提出要健全董事会制度，落实校长负责制，建立以教师和学生为主体的内部制衡制度，完善以政府为代表的外部监督机制，构建利益均衡的法人治理框架，这些是完善民办高校法人治理结构、建立现代大学制度的重要基础。[4] 刘爽指出高校自身主要要通过内部制度与机制设计破除权力集中的壁垒，平衡各种权力主体力量，实现权力互动，促进资源的有效配置。[5]

从完善董（理）事会、监事会制度，明晰校长职权等角度：王华、王一涛、樊子牛提出，党组织和监事会应作为新的治理主体加入非营利性民办高校的治理结构，与董（理）事会和校长团队共同构建"领导 决策—执行—监督"的四维内部治理结构。[6] 肖俊茹、王一涛认为目前我国民办高校法人治理结构需要继续完善。董事会的组成结构应该坚持多元化，降低家族化的程度。董事会要理顺和校长的关系并向校长充分授权，使校长在教学、科研和人才培养等事务上具有独立的自主权。监督机构需要解决好向谁负责、监督内容、人员组成和监督职责问题。同时，学生、教师、校友等利益群体都应该具有参与学校治理的相应途径。[7]

曾维彪[8]，王中宝[9]，郑晓明、王春丽[10]，赵毅、祝捷[11]，魏正涛、杨万春[12]，柳国勇、

① 王茂详.法人治理结构在民办高校中的应用[J].新余高专学报.2008(02): 32-34.

② 王山.民办高校法人治理结构的完善和规范化管理[J].教育与职业，2012(20): 26-28.

③ 李雷.民办高校内部治理结构的制度设计探究[J].四川文理学院学报，2015, 25(03): 125-127.

④ 贺江群.完善民办高校法人治理结构的思考：基于利益相关者的分析[J].广东外语外贸大学学报，2018, 29(05): 139-144.

⑤ 刘爽.民办高校法人治理结构研究[D].长春：吉林大学，2020: 9.

⑥ 王华、王一涛、樊子牛.非营利性民办高校的四维内部治理结构研究[J].宁波大学学报(教育科学版)，2020, 42(02): 53-60.

⑦ 肖俊茹，王一涛.论民办高校法人治理结构的完善[J].现代教育科学，2011(01): 22-24.

⑧ 曾维彪.我国民办高校法人治理结构的思考[J].湖南广播电视大学学报，2008(03): 73-76;

⑨ 王中宝.现代大学制度视野下民办高校法人治理结构的设想[J].大学教育，2019(03): 30-33;

⑩ 郑晓明，王春丽.民办高校内部治理结构优化研究[J].大学，2021(10): 10-11;

⑪ 赵毅，祝捷.非营利性民办高校内部治理机制研究[J].开封文化艺术职业学院学报，2021, 41(07): 126-127;

⑫ 魏正涛，杨万春.试论企业举办高等学校内部治理结构的完善与创新[J].经贸实践，2015(11): 251-253;

韩维[①]，代蕾、印永龙[②]，石猛、侯琮[③]，陈文联[④]，柳国勇、吴连书[⑤]纷纷从治理结构的不同方面提出了意见和建议，例如：完善董事的任职资格制度，丰富董事会成员；完善校长的任职资格制度，保障校长行政事务的决策权；增强党组织的政治核心作用，成立监事会、教授会等机构，形成权力监督机制与专门治学机构；鼓励教职工积极参与学校内部治理，扩大和保障职代会权力，激发教职工参与管理的热情；强化学校章程建设，通过修订章程推进依法治理等。

针对营利性民办高校内部治理，也有一些研究者从其特点出发，针对性提出改善建议。黄勇升认为，在未来民办高校法人治理结构改革中，应当根据产权性质区分民办高校法人性质，营利性民办高校应当构建股东会、董事会、监事会三权分立的现代公司治理结构。[⑥]张彦颖认为，营利性民办高校具有公益性与营利性的双重属性，其法人治理结构要建立权力制衡的基本模式，强化党组织的政治核心作用，加强政府外部监管。[⑦]荣振华、刘怡琳基于民办高校分类管理视阈下法人治理结构的异化引导，提出营利性民办高校主要采取"类"企业法人治理结构或"双法人治理模式"，进而促使民办高校科学决策和有效管理。[⑧]王义宁对非营利性与营利性民办高校法人治理结构进行比较，指出营利性民办高校具有营利性和公益性双重属性。由于法人属性和产权结构不尽相同，在遵循基本相同的治理原则和治理结构的情况下，营利与非营利两类民办高校在董事会决策事项人员身份侧重、利益博弈性质、表决机制以及相关法规对营利性民办高校党组织、监事会等方面的规定有所区分。[⑨]

4. 境外民办高校内部治理的比较和启示

一些学者介绍了境外民办高校内部治理的做法，在与我国高校进行比较的基础上，得出了一些启示和建议。

刘根东、吴寒飞研究了美国私立大学的法人治理结构，认为我国民办高校可借鉴吸收其经验，转变政府职能，健全董事会，完善董事会领导下的校长负责制，强化教授会

① 柳国勇，韩维.民办高校内部治理结构优化的路径和措施[J].教育观察，2019, 8(10): 114-116.
② 代蕾，印永龙.中国民办高校法人治理结构的现状与存在的主要问题研究[J].经济研究导刊，2013(16): 226-227+229.
③ 石猛，侯琮.民办高校治理能力的特殊性与提升路径[J].复旦教育论坛，2021, 19(03): 75-80.
④ 陈文联.构建民办高校法人共同治理结构的现实思考[J].国家教育行政学院学报，2009(07): 69-74.
⑤ 柳国勇，吴连书.基于现代大学制度的民办高校内部治理结构构建研究：以西安翻译学院为例[J].陕西教育(高教)，2019(01): 66-68.
⑥ 黄勇升.民办高校法人治理结构的反思与重构[J].江苏高教，2021(02): 64-70.
⑦ 张彦颖.营利性民办高校法人治理结构研究[J].黄河科技学院学报，2021, 23(03): 22-25.
⑧ 荣振华，刘怡琳.民办高校分类管理视阈下法人治理结构的异化引导[J].现代教育管理，2015(05): 118-122.
⑨ 王义宁.非营利性与营利性民办高校法人治理结构比较[J].浙江树人大学学报(人文社会科学)，2018, 18(06): 1-6.

制度建设，建立和完善监督机构。^①刘登科认为美国私立高校在内部治理结构上具有三个特点：一是董事会监督校长行政权力的行使，二是学术权力和行政权力间既相互制约又相互协作，形成了一种均衡的二元权力结构，三是教师终身聘任制。^②

王静文对美、英、德、法、日五国的私立高校进行研究，以哈佛大学、斯坦福大学、牛津大学、巴黎大学、慕尼黑商学院、早稻田大学等为代表，对其内部治理结构做了相应分析，认为它们具有以下特点：第一，注重通过完善有关法律法规来加强对大学的宏观调控和治理，但政府对学校的管理以宏观规制为主，赋予学校充分自治权。第二，董事会决策权和学校办学权相分离，注重内部权力机构之间的合理分权与相互制衡。第三，校内学术权力和行政权力并行不悖，校长全权负责学校教学、科研和人事等行政工作；另外，以教授治学为重，建立起院、系、学部或讲座一级的教师决策、议政机构；建立健全监督制约机制，行政事务和学术事务分离，保障师生权益。^③

孟园园、朱剑认为庆应义塾大学的内部治理结构呈现出治理结构的法制性、内部治理的公共性和治理权力的自主性等特征，对完善我国民办高校内部治理结构的启示包括：要规范民办高校章程建设，提高对民办高校公共性的认识和合理配置民办高校的经营权与教学权等。^④

任奉龙认为，中国台湾地区对私立高校的探索比较早、发展比较成熟，建立了以董事会为主的决策机构，以监察人为代表的监督机构，以校长代表的行政机构、以校务会议为代表的议决机构，在建立健全民办教育相关法律体系、完善董事会制度、建立内部监督机构等方面具有借鉴意义。^⑤

尹涛认为中国台湾地区私立高校内部治理结构具有规范有序、权力制衡、民主治理、教授治校、学生自治的特点，对优化大陆民办高校内部治理结构有一定启示。^⑥

有学者提出，在新加坡和马来西亚，政府推动了一系列高等教育私有化和企业化的改革，促使高等教育多样化发展^⑦。在政府和市场关系的张力中，大学内部治理错综复杂，私立高等教育治理呈现出与企业相似的任务和活动^⑧。

① 刘根东，吴寒飞.美国私立大学法人治理结构的特征及启示[J].江苏高教，2013(5): 63-65.
② 刘登科.美国私立高校内部治理及启示：从制度环境、筹资方式到内部治理结构[J].浙江树人大学学报（人文社会科学），2020, 20(03): 38-42.
③ 王静文.中外民办高校内部治理结构对比研究：以陕西省民办高校为例[J].西部素质教育，2019, 5(06): 10-12.
④ 孟园园，朱剑.日本庆应义塾大学内部治理结构及对我国的启示[J].浙江树人大学学报（人文社会科学），2021, 21(04): 36-43.
⑤ 任奉龙.海峡两岸民办高校内部治理模式比较研究[D].沈阳：沈阳师范大学，2016: 30-32.
⑥ 尹涛.台湾私立高校内部治理结构研究[D].宁波：宁波大学，2014: 52-59.
⑦ AMARAL A, MAGALHÃES A. Market competition, public good and institutional governance: Analyses of Portugal's experience[J]. Higher Education Management and Policy, 2007, 19(1): 1-14.
⑧ CHAN D, LO W. Running universities as enterprises: University governance changes in Hong Kong[J]. Asia Pacific Journal of Education, 2007, 27(3): 305-322.

该领域的研究成果，专著方面有杨炜长的《民办高校治理制度研究》、金锦萍的《非营利法人治理结构研究》、徐绪卿的《我国民办高校内部管理体制改革和创新研究》等，这些专著从不同角度，全面系统地研究了民办高校的内部治理，具有一定的代表性。

二、研究述评

综上所述，学界对民办高校内部治理的研究，在党的十八届三中全会后呈比较明显的上升趋势，在2017年修订后的《民办教育促进法》开始实施之年数量尤多，说明民办高校内部治理的研究具有鲜明的政策导向和外力驱动。现有关于民办高校内部治理的研究呈现出比较鲜明的实践导向和问题驱动的特点，主要集中在概念分析、问题对策和比较研究等几种研究范式上，重点内容放在对民办高校内部治理现状的分析上，特别是对现存问题的研究，并且从价值理念、权力制衡等角度提出了完善非营利性和营利性民办高校内部治理的建议，注重对世界上代表性民办高校（私立高校）内部治理模式进行比较分析，得出相关启示。但是，目前学界的相关研究还存在一些不足之处。

（一）忽略了民办高校的组织特征

民办高校需要自筹经费、自负盈亏，它的特征与企业组织在很多方面具有一定的相似性，因此很多研究者从管理学、经济学视角进行研究。然而有些研究者仅仅将民办高校视为企业，完全忽视它的教育属性，没有体现出民办高校作为学校的本质特征。民办高校作为高等教育的重要组成部分，教育是其基础功能之一，更好地发挥民办高校的教育性才是解决民办高校内部治理问题的着眼点。研究民办高校内部治理问题，也必须立足于其教育性。[①]

（二）内部治理研究体系尚未形成

总的看来，目前对民办高校内部治理的研究整体还比较分散，尚处于起步阶段。大部分研究主要从内部治理的某一个方面出发，如民办高校内部治理主体、民办高校内部治理模式及问题建议等，面上铺得很开，但成果在一个方向上缺少线性累积，深度相对不足。相对来讲，民办高校内部治理的个案研究较为丰富，但是，由于民办高校间的差异性相对较大，目前研究大部分局限于对某一个或某几个民办高校内部治理的相关经验进行介绍，在民办高校内部治理理论及体系的完善方面相对较少，对民办

---

① 王素琴，孟珍珍. 我国民办高校内部治理研究综述：语义、回顾与前瞻[J]. 教育与职业，2021(14): 97-102.

高校内部治理缺乏系统全面的分析，未建立系统的民办高校治理结构理论分析框架，可推广性相对较低。

（三）比较忽视发挥微观层面"人"的治理能动性

目前学界的研究以中观层面为主，研究更多聚焦于党委发挥政治核心作用，董（理）事会主导下的校（院）长负责制度的完善，决策权、执行权和监督权的合理分配，民办高校内部治理体制和机制的构建这几个方面。但是微观层面的研究，尤其是关于关键的利益相关者——师生的研究还需要加强。费里曼认为学校内部治理利益相关者复杂多元，主要包括举办者、管理者、教师、学生等。但是过去的研究，对举办者和管理者权力配置的研究较多，对教师和学生的研究是比较少的。而人恰恰是内部治理中的关键因素、能动因素，民办高校内部治理如何改革将有助于提高教师积极性，从而提高其教学水平；民办高校内部治理机制如何提高人才培养质量，激发学生参与治理从而使之成为有用之才等，这些理应是民办高校内部治理关注的重点。

◆ 第三节 ◆

关于高校组织特征的研究

一、研究现状

组织是特定集体行动必需的形式，"组织通过正式的角色和程序来强化组织惯例，当制度以明确、合法的条文形式出现时就有很强的执行力"，"在现代社会几乎所有组织的集体行为都发生在组织的背景下"。[①]大学也是有其目的和目标的社会组织，但是与其他社会组织有很大不同。研究高校内部治理问题需要充分认识和尊重高校的组织及其结构特点，可以说，有效的内部治理是建立在对高校组织特性的准确把握上。

米利特（Millett）强调大学的成员通过协商的方式形成共识，教师因为拥有专门的知识和技能，所以他们被赋予决策的权力，这种专业权威形成了自我管理的基础。较早时期英国几乎所有的大学都采用学院模式进行管理，在这种模式下，专业结构和专业权

---

① 迈克尔·汉南，约翰·费里曼.组织生态学[M].彭璧玉、李熙，译.北京：科学出版社，2014：64-79.

威更受重视。①

斯特鲁普（Stroup）在《高等教育中的科层》一书中指出，随着美国大学规模的日益增大及功能结构等方面越来越复杂，管理阶层在不断壮大，大学就需要通过科层化提高管理效率。他还总结出高等教育的科层制具有效率、理性，给员工提供发展机会、职业享有安全保障、有利于院校竞争等优点。②

鲍得里奇（Baldridge）则比较了大学组织与科层组织的差异，认为大学组织的特殊性体现在组织的目标多样且复杂，目标之间有可能存在冲突，而且可以度量的客观指标少，目标在不断变化。大学加工的对象不是物质的材料，而是人，是学生，大学所采用的技术不明晰，只能依靠试错、过去的经验、模仿及必要的创新来进行。大学组织，其成员以教师为主，而教师是专业人士，因而它受外部环境的影响较大，是"有组织的无政府"组织。③

科恩、马奇和奥尔森（Cohen, March and Olsen）认为教育组织的特性是"有组织的无序状态"④，韦克（Weick）把教育组织称为"松散结合系统"（loosely coupled system）⑤。罗宾斯（Robbins）把大学定性为高度参与性管理组织，把控制权分散到整个组织，以使所有组织的利益相关者（包括家长）能够影响决策，对战略和方向提出建议，并参与改善组织相关绩效。⑥

克拉克（Clark）介绍了高等教育矩阵组成系统，该系统相对来讲是以基层为主的（bottom-heavy），因为大量具有思想的群体在基层中占有权力位置；它是多方协调的（multicoordinated），因为各级行政管理层次和基层工作层次的群体使用不同形式的权力，而且一体化行动的范围从政治命令到市场调节都有；在承担知识任务方面，高等教育系统的界限十分模糊，实际上是无限制的；它的结构的支柱是由学科和事业单位组成的庞大的总体矩阵。⑦

欧文斯（Owens）认为学校是具有双重性的组织，既具有科层组织的特点，又显示

① MILLETT J D, Clark B R. The academic community: An essay on organization[J]. American Sociological Review, 1963, 28(3): 481.

② STROUP H H. Bureaucracy in Higher Education[M]. New York: Free Pree, 1966.

③ BALDRIDGE J V, DAVID V, ECKER G P. Alternative models of governance in higher education[C]. organization and governance in higher education, 1991: 30.

④ COHEN M D, MARCH JG. Leadership and ambiguity: The American college president[M]. New York: McGaw-Hill, 1974: 3.

⑤ WEICK K E. Educational organizations as loosely coupled systems[J]. Administrative Science Quarterly, 1976, 21(1): 1-19.

⑥ ROBBINS S P. Organization behavior: Concepts, controversies, applications[M]. New Jersey: Prentice-Hall, 1996.

⑦ CLARK B R. The higher education system: Academic organization in cross-national perspective[J]. London Review of Education, 1986, 30(4): 229-237.

了非科层组织的特征。从组织结构上讲，学校远比人们传统上所理解的复杂得多。[1]

中国较早专门研究大学组织结构与设计的专著是吴志功的《大学组织结构与设计》。作者以美国加利福尼亚大学为典型案例，分析了巨型大学组织结构的特点。[2]姚启和先生认为，到20世纪50年代中期，新的组织思想得到了教育管理研究者的广泛接受，如：高等学校组织管理的多目标性；高等学校是松散连接的组织系统；高等学校是若干专业化知识集团的密聚体；高等学校是具有学科和事业单位双重权力的矩阵结构[3]。

刘向兵、李立国认为，大学是高度异质化的组织。大学的核心系统是教学和科研系统，还有一个庞大的辅助支撑即后勤保障系统。这些不同系统是相互依存的，但不同系统在大学组织内的角色和地位很不一样，它们的工作模式和价值观也有很大的不同。这些不同系统的巨大差异及其矛盾是大学组织的一个重要特征。同时，大学又是高度趋同化的组织。[4]

季诚钧认为，大学组织的功能特征是多样性与模糊性，要素特征是工作、信念与权力，结构特点是矩阵结构，文化特征是学术自由、大学自治，权力特征是行政权力和学术权力的二元结构，管理特征是自治与民主，动力特征是保守和变革的统一。大学组织具有异质结构的特征，具有学术属性、行政属性、产业属性三重属性。[5]

宣勇在《大学组织结构研究》一书中提出了大学组织的教育性、学术性、民主性、开放性、松散性、两重性等6种特性，提出大学组织结构设计的9个原则，即目标统一性原则、分工协调原则、管理跨度原则、权责一致性原则、统一指挥原则、集权与分析相结合原则、精干高效原则、稳定性与适应性原则和均衡性原则。他同时提出构建"学校—学院—学科"二级机构三级管理的新型大学组织结构形式，并认为研究型大学组织结构宜采用柔性化的矩阵结构，教学研究型大学宜采用扁平化事业部制结构，教学型大学宜采用刚性化的科层结构。[6]

二、研究述评

学界对高校组织特点的研究成果丰硕，尤其是自19世纪初现代大学这一组织形态相

---

① Owens R G. Organizational behavior in education: Instructional leadership and school reform[M]. Upper Saddle River: Prentice-Hall, 1981.

② 吴志功. 国外大学组织结构设计理论研究概述 [J]. 比较教育研究 (4), 1995: 44-47.

③ 姚启和. 高等教育管理学 [M]. 武汉：华中理工大学出版社，2000: 188-192.

④ 刘向兵，李立国. 高等学校实施战略管理的理论探讨 [J]. 中国人民大学学报，2004, (5): 140-146.

⑤ 季诚钧. 大学组织属性与结构研究 [D]. 上海：华东师范大学，2004: 35-51.

⑥ 宣勇. 大学组织结构研究 [M]. 北京：高等教育出版社，2005: 63-79.

对成熟以后，关于什么是大学、大学的使命、大学的特点等的讨论不绝于耳。众多研究者对大学组织特点的研究表明，大学是高度异质化的组织，权力分散，组织的结构应该松散而富有适应性；大学学术权力必须得到保护和尊重，建设应该立足于学者的发展；决策应高度民主，氛围要宽松自由；大学组织的人性假设应该是"复杂文化人"。

然而，西方大学组织的模式并不一定完全适用于中国高校。根据中国国情，大学组织的许多方面，包括组织结构，都有很强的中国特色，目前基于我国国情的高校组织特征和实践问题的研究还有待进一步深入。

我国民办高校发展历史相对较短，组织结构的建设一开始就呈现出粗放式、简单模仿式的特点。在其发展过程中，呈现出逐渐重视用现代组织发展理论，重视降低管理重心、实行民主管理和优化工作流程等趋势。中国民办高校组织研究需要立足于中国的、民办的、教学为主型的这样一个特有情境，在中国推行高校去行政化改革及强调优化民办高校内部治理结构的大背景下，以更多民办高校组织为样本，来研究中国民办高校组织的特点，解决一些目前存在的组织结构上的"失范"、权力集中、专业化程度不高，组织职能部门间缺少沟通与合作，直接影响组织有效性的一些关键问题，更深入地讨论如何在实践中优化中国民办高校内部治理。

第三章 组织发展有关理论及其对民办高校内部治理的借鉴价值

组织发展理论基于管理学、组织行为学、组织设计学等学科的交叉背景,在过去的几十年里得以快速发展和推广。自1975年美国高校提供组织发展的硕士学位和博士学位以来,组织发展课程也逐渐面向本科生。本章将在第一章对组织发展定义辨析的基础上,进一步梳理组织发展学科的特点,介绍与本研究相关的组织生命周期理论、组织结构权变理论、组织结构分化与整合理论和学习型组织四种理论,并就其对民办高校内部治理的适用性和如何借鉴应用进行分析讨论。

组织发展的兴起及其在教育领域的应用

一、组织发展的兴起

组织发展（organization development）起源于20世纪30年代。组织发展的出现基于五个主要的背景（见图3-1）。第一个背景是国家培训实验室（national training laboratories, NTL）和培训小组的发展，培训小组又被称为T团队。20世纪60年代，T团队帮助组织发展确立了其在美国组织变革领域中的基本地位。第二个背景是调查研究在管理变革方面，以及社会学家感兴趣的行为调查上的应用。这种行为调查的一大特色是拥有称之为"调查反馈"的技术，这方面的贡献始于20世纪40年代。第三个背景是雷森·利克特（Rensis Likert）的工作成果，他将参与管理应用在组织结构和设计中。第四个背景是着眼于提高生产率和工作生活质量的变革方法，它分为两个阶段，第一阶段是20世纪50年代在欧洲开发的初期项目，第二阶段是20世纪60年代在美国的出现与发展。第五个背景，也是对实践影响最多的背景，涉及战略变革和组织变革。在接下来的25年中，组织发展相对发展缓慢，对组织发展的批评也有所增加。然而在20世纪90年代至21世纪初，组织发展理论重获生机，研究者们反驳了有关组织发展之前遭受的批评。到目前为止，组织发展被视为组织变革中最具影响力和最广泛适用的方法。

组织发展网络工作的扩张始于1964年，它的扩张表明了组织发展实践活动的增加，目前快速发展的国家，如中国、印度、印度尼西亚、俄罗斯、巴西，对组织发展型活动的需求越来越大。

图3-1 组织发展的五个背景①

---

① 托马斯·卡明斯, 克里斯托弗·沃里. 组织发展与变革[M]. 李剑锋, 等译. 北京: 清华大学出版社, 2003: 6.

二、组织发展理论的特点

（一）组织发展的系统性

系统是指在客观世界中，由若干相互依存、相互作用的要素或子系统组合而成的具有特定功能的有机整体。现实世界中存在着形式丰富而多样的系统。根据不同的标准，系统可以划分为多种类型。比如，从系统的形成方式来看，可分为自然系统与人造系统。自然系统是由自然物组成的系统，人造系统则是人为了实现某种目的而有意识建立的系统。从系统是否与环境交互作用来看，可分成封闭系统和开放系统。封闭系统是指不与周围环境进行物质、信息、能量交换的系统，开放系统则指运行过程中不断地与环境发生交互作用的系统。从系统状态是否发生变化这个角度来分析，可以分成静态系统和动态系统。静态系统的结构和状态不随时间变化而改变，动态系统的结构和状态随时间变化而改变。显然，我们研究的民办高校这一组织，以及民办高校所从事的活动属于人造、开放、动态的系统类型。

根据现有研究分析，人造、开放、动态的组织系统有一些共同的特点：一是整体性，它是系统的基本特征，是由若干既相互联系又相互区别的要素（子系统）构成。二是相关性，它是指系统各要素之间相互制约、相互影响、相互依存的关系。三是有序性，它是指系统在相对稳定的结构状态下有序运行，主要表现在两个方面，即系统内各要素相互作用具有层次性（构成系统的各要素在不同的层次上发挥作用），系统要素相互作用具有方向性（系统各要素在纵向的各层次之间和横向的各环节之间朝一定的方向交互作用）。四是与外部环境的互动性，它既指系统要根据环境的特点及变化选择并调整自己的活动，同时也体现出系统会通过自己的活动去影响和改造环境，使环境朝有利于自己的方向变化。

根据组织发展系统论的观点，我们应注意所要处理的每一个问题都是系统中的问题。因此，解决每一个具体的问题，不仅要考虑该问题的解决对直接相关的人和事的影响，还要顾及对其他相关因素的影响；不仅要考虑对目前的影响，还要考虑对未来可能产生的影响。只有把局部与整体、内部与外部、目前与未来统筹兼顾，才能妥善地处理组织中的每一个问题，避免顾此失彼。

组织发展常被应用在一个完整系统的战略、结构和过程中。一个旨在改变组织战略的变革计划可能着眼于组织如何应对更广范围的环境并改善这些关系。这既包括在执行任务时对人员配置所做的创新，又包括为支持战略变革而在沟通和解决问题方面的革新。[①]

---

① 马喜芳. 德尔福组织变革研究 [D]. 上海：上海交通大学，2007: 14.

（二）组织发展的实践性

实践是人们能动地改造和探索现实世界一切客观物质的社会性活动。实践性是指人们在进行创造性思维的过程中，必须参与实践，必须在实践中促进思维能力的进一步发展，在实践中检验思维成果的正确性。人类思维、意识能力产生于劳动实践，而且随着实践的发展而发展，思维的成果还需要在实践中加以检验，正确的就会得到推广、应用，错误的会得到修正。

组织发展的思路是对组织进行全面诊断、行动干预和监控评价，从而形成积极健康的"诊断—改进"周期。因此，组织发展强调理论与实践的结合。组织发展的关键内容就是学习和解决问题。它着眼于过程的改进，既解决当前存在的问题，又通过有效沟通、参与决策、冲突处理、权力分享等过程，明确群体和组织的目标，实现组织发展的总体目标。

组织发展的实践不仅包括有关知识和信息等方面的变革，还包括在价值观念、技能、人际关系和文化气氛等方面的更新。

（三）组织发展的计划性

计划是指对组织所需要完成的活动、任务进行时间和空间上的分解，以具体落实到组织中不同的部门和个人的工作过程。广义的计划包括制订计划、执行计划和检查计划完成情况等。任何计划都是为了解决某个问题或实现某种目标，在组织管理过程中计划是首要职能。计划具有一定的普遍性，任务、组织活动都需要计划。计划能为协调组织活动提供保证，明确组织成员行动的方向和方式，为组织资源的筹措和整合提供依据，为检查与控制组织活动奠定基础。

组织发展活动是订立和实施发展目标与计划的过程，而且需要设计各种培训学习活动来提高目标设置和战略规划的能力。目标订立与目标管理活动，不但能够最大限度地利用组织的各种资源，发挥人和技术两个方面的潜力；而且还能产生高质量的发展计划，增强长期的责任感和义务感。

组织发展是对计划变革进行管理，这一变革计划包含诊断和解决组织的问题，同时这种计划是富有弹性的，经常会随着变革进展的状况而改变。

（四）组织发展的持续性

持续性是指一种可以长久维持的过程或状态。要实现组织的可持续发展，既要考虑当前发展的需要，又要考虑未来发展的需要，不能以牺牲后期的利益为代价，来换取当前的发展。可持续发展包含着一种面对不可预期的环境震荡仍保持发展趋势的发展观。

组织发展既包括创造变革，又包括之后的巩固过程，在实施变革的初期，组织发展将注意力集中在巩固新行动和使其制度化的工作上。例如，自我管理的工作团队青睐于采用某种方式工作，即管理者在工作方法上给予工作人员更大的控制权。当工作人员拥有了更大的控制权后，组织的注意力就将转移到确保工作人员在选择工作方法上的自由，确保的手段可能包括对管理者之间的合作给予奖励。

组织发展通常着眼于长期性变革。它不同于培训，培训往往着眼于向员工传授能立即应用于工作的新的知识和技能。组织发展旨在促成团体或组织的变革，而团体或组织变革需要较长时间才能达到成效，因此组织发展往往是一个长期持续的过程。一般说来，进行变革的团体或组织的规模越大，变革任务就越艰巨，所需的时间就越长。

（五）组织发展的有效性

任何组织在任何时期的存在都是为了实现一定的目标，但在实现目标的过程中都需要组合和利用一定的资源。追求组织活动的有效性就是尽量以较少的资源消耗去实现组织的既定目标。

目标活动的选择关系到组织的目标能否实现以及实现程度的高低。如果目标活动的选择不符合环境和变化的趋势，那么即使组织成员活动的效率很高，也很难实现组织发展的有效性。有效性还与资源消耗的高低有关系，而资源的消耗与使用的方法有很大的关联。方法正确，事半功倍；方法错误，事倍功半。

组织发展致力于提高组织的有效性。一个有效的组织应该能够解决自己的问题，并将注意力和资源放在实现主要的目标上。组织发展帮助组织成员获得全力投入工作所必要的技能和知识。同时，一个有效的组织既要有较高的绩效，包括财政利润、优质产品和服务、较高的生产率以及不断提升和发展的机会，还要有高质量的工作生活。

（六）组织发展的人本性

以人为中心的人本原理要求组织发展的活动既要"依靠人"，也是"为了人"。"依靠人"强调被管理者参与组织发展过程，参与对组织活动方向、目标、内容的选择、实施和控制，也强调根据人的特性对组织、对人进行管理，重视内部治理的人性化。人是参与组织活动的各种要素中的最活跃者。人的态度和积极性直接关系活动中其他要素的利用效果，从而决定组织活动的效率。激发人的积极性、纠正人的工作态度，要求组织管理者研究人的行为和态度的影响因素，考虑人的物质的和精神的各种需要。"为了人"是指组织发展的目的是为人服务的。通过组织发展，充分实现组织成员的社会价值，促进组织成员的个人发展。在经济相当发达的今天，人们参与某个组织活动的目的，绝不仅仅是解决生计问题，能在社会活动中有所作为并使自己的社会价值得到充分实现已成为许多社会成员非常重要的心理需要。"为了人"还体现在要让全体成员分享相应的成果，因为组织成果及其改善是全体组织成员共同贡献而成的。

组织发展强调群体之间的相互关系，以及个人和集体的关系。根据沃里克（Warrick）

的研究，每个员工都是非常宝贵的资源，组织发展的主要目的是提升员工。组织发展强调每个员工，组织帮助每个人了解组织的愿景，关注相互关系、合作和沟通，最终实现组织目标和使命。马古利斯和拉亚（Margulies and Raia）指出了组织发展的价值：一是为人们提供自我激励的机会；二是为人员和组织提供机会，找到舞台，充分发挥其潜力；三是探索组织的有效性；四是创造积极、有意义和富有挑战性的工作环境；五是为组织成员提供机会，以影响他们与组织和环境的互动；六是将每个人视为一个复杂而独立的个体。所有这些对他们的工作和生活都很重要。①

三、组织发展理论在教育领域中的应用

组织发展理论自其产生以来对学校变革产生了较大影响，尤其是在管理模式的变革方面。这一理论同时被渐进式地引入教育领域中，关注学校这一组织的变革及自身效能提升的问题。

富兰（Fullan）认为学校、社区、地方、州和联邦政府也在开展组织发展工作②。雷林（Raelin）列出了六类基于行动的管理和组织发展方法：行动学习、行动研究、参与性研究、行动科学、发展性行动研究和合作研究。③近年来，组织发展方法的应用已扩展到城市学校和大专院校④。教育领域的组织发展实践可以追溯到20世纪初，与之密切相关的主题有群体动力学、学习型组织、组织学习、行动研究、行动学习和学习社区。组织发展实践在20世纪70年代和80年代被广泛应用。富兰等人在76个学区进行了组织发展实践，调查结果表明，这一时期学校中约有187名组织发展从业者。⑤正是在那时，阿吉里斯和舍恩（Argyris and Schon）发展了行动科学和组织学习理论。⑥随后，从20世纪80年代初开始，雷文斯（Revans）逐渐形成了他的行动学习理论⑦，圣吉（Senge）也提出了他的学习型组织理论。20世纪90年代中期，学习型社区（学习共同体）的概念备受

① MARGULIES N, RAIA A P. Organizational development: Values, process and technology. [M]New York: McGraw-Hill, 1972.

② FULLAN M, MILES M, TAYLOR G. Organization development in schools: The state of the art[J]. American Educational Research Association, 1980, 50(1): 121-183.

③ RAELIN J A. Preface[J]. Management learning, 1999, 30(2): 115-125.

④ CUMMINGS T G, WORLEY C G. Organization development and change[M]. Mason, OH: South-Western College Publishing, 2008.

⑤ FULLAN M MILES M TAYLOR G. Organization development in schools: The state of the art[J]. American Educational Research Association, 1980, 50(1): 121-183.

⑥ ARGYRIS C, SCHON D A. Organizational learning: A theory of action perspective[M]. MA: Addison-Wesley, 1978.

⑦ REVANS R W. Action learning: The forces of achievement, or getting it done[J]. Management Decision, 1983, 21(3): 44.

关注。①霍德（Hord）②、杜富尔和埃克（Dufour and Eaker）③出版了关于专业学习社区的著作。在学校研究领域，研究者试图构建基于"学校文化—教师行为—学生成绩"等具有函数性质的自变量和因变量关系，用以解读组织发展深层问题。新的观点如组织再造发展被视为组织发展的新途径随之产生。④

对美国和加拿大学校的组织发展进行综合研究后，迈克尔（Michael）认为：学校的组织发展，是组织在自我研究和自我改善上所做的连贯的系统规划和坚持不懈的努力，运用行业科学的概念，把重点放在正式或非正式的程序、过程、规范和结构方面的变革上。组织发展的目标既包括提高个人生活的质量，又包括改善组织的工作和行为。⑤

四、组织发展理论对民办高校内部治理变革的适切性

（一）组织发展应用于不确定性环境，有利于民办高校有效应对变革

管理学大师德鲁克（Drucker）说过，动荡时代最大的危险不是动荡本身，而是仍然用过去的逻辑做事。⑥当下世界正在经历一次前所未有的大变革，各类组织必须克服惰性，积极应对，方能在变革环境中展现强大的生命力。组织管理永恒的主题，就是如何应对不断变化的内外部环境。在这个过程中，组织需要对外部环境的变化及时作出调整，同时又要保持在发展过程中积累起来的优势，找到适合自身的组织模式；组织既要及时捕捉环境变化从而作出应对，又需要有前瞻性的眼光，预测未来的变化，继而能超越这种现实的变化；组织既要以积极的态度接纳环境的变化，同时又需要善于利用这种变化，在变化中找到契机，在危机中打开新的局面，这些都成为考验组织生存发展能力的关键。

组织发展是提高组织面对不确定性环境的灵活性、适应性、创造性并获得持续成长的有效路径，在促进组织变革方面发挥着越来越大的作用。它帮助组织评估自己和它所处的环境，重新制定组织的发展战略、结构和过程，以使它们更具有活力；它使组织成员不再驻足于表面上的变革，而是不断地改变控制他们行为的设想和价值。本书所讨论

---

① SENGE P M. The Fifth Discipline: The art and practice of the learning organization[M]. New York: Currency, 1990.

② HORD S. Professional learning communities: What are they and why are they important?[J]. Issues About Change, 1997, 6(2).

③ DUFOUR R, EAKER R. Professional learning communities at work: Best practices for enhancing student achievement[M]. Bloomington, IN: National Educational Service, 1998.

④ 钱军平. 基于组织发展理论的大学内部管理改革[J]. 大学（学术版）, 2013(11): 15-21, 14.

⑤ FORLAN M. Organizational development in schools: Current levels of development[J]. Ontario Institute of Education, 1987: 14.

⑥ 彼得·德鲁克. 动荡时代的管理[M]. 姜文波, 译. 北京：机械工业出版社, 2022: 4.

的各种观点和方法正逐渐地被政府中介、制造型企业、跨国公司、服务行业、教育机构以及非营利组织所采用。在这样一个日益复杂且变化巨大的世界，组织发展可以更加迅速和恰当地对组织有效运营的需求做出响应。组织发展有助于整个组织更富有弹性，适应性更强并且运行得更为有效。在民办高校发展面临的不确定性增加的今天，组织发展理论和实践可以为其找到一条有效变革的路径。

（二）组织发展是行为科学，适用于实践性强的民办高校内部治理

组织发展毫无疑问是一门实践性很强的学科，它利用行为科学的知识和技能，并结合组织目标和个人的发展要求，达到组织改革目的，是提高组织成员和组织的灵活性和适应性以及创造性和民主性的方法。[①]组织需要通过不断学习、实践、探索并矫正自己的行为，来寻找组织与环境间的适应性，这就是组织创新的过程。组织发展是一个集数据收集、诊断、行为规划、干预和评价于一身的实践过程，适用于追求问题导向、效果导向、目标导向的民办高校。由于经费来源渠道的特殊性，民办高校属于自主经营、自负盈亏的独立办学主体，因而在办学过程中更具灵活性。因此，只要遵循国家法律法规和教育政策，坚持社会主义办学方向，在其内部治理层面，可以根据实际需要，创新性地开展变革，自主探索选择有效的治理模式。根据组织的生命周期理论，民办高校只有起而行之，在初创、生长、成熟等生命周期的每一阶段都在环境中获得（输入）和输出资源，持续不断地进行自我更新，增强内部生命力和外部竞争力，才不致过早进入衰退期，延长组织的生命周期。[②]

（三）组织发展强调系统的全面变革，契合民办高校内部治理变革价值理念

高校治理所推崇的价值理念是平等、共享、协商和责任等，期望实现权力的相关制衡与合理配置、利益相关者的共同参与。治理的概念本身需要自下而上，充分调动人的积极性和能动性。以往的民办高校治理研究，较多关注技术层面，即结构本身的研究，而较为忽略人的主体因素，即个人和群体的研究；较多关注上层结构的研究，而较为忽略基层结构的研究。这些在一定程度上影响了组织战略目标的实现，出现了内部治理中执行不力或信息沟通不畅的问题。组织发展涉及组织的战略、架构、流程以及组织中的人（群体和个体），还包括人与人、人与环境之间的联系，因而要用系统论的视角去看组织变革问题。组织发展特别强调每个员工应该是积极的参与者，而不是被动地等待者，它帮助每个人了解组织的愿景，关注相互关系、合作和沟通，促进组织成员一起努力完成组织目标。这个过程的重点是要改变人的观念，影响其行为，改善人际关系，改进治

① 金东日.组织理论与管理[M].天津：天津大学出版社，2016：252.
② 张帆.变革环境中的地方政府发展研究：一个基于组织发展理论的分析框架[J].未来与发展，2021，45(07)：5-10.

理方式。它建立在提高全体利益相关人的满意度的基础上，通过更有效的协调管理，致力于增进组织的生机和活力。本书将内部治理的研究延伸到组织基层，并设立专章讨论组织结构和运行、组织群体与个人在组织内部治理中的行为和过程。在各种有效的治理手段的支持下，促进组织治理能力的提升，提升后的治理能力又会反过来影响组织环境，产生更好的组织环境，从而形成良性循环。

◆ 第二节 ◆

组织发展有关理论及其对民办高校内部治理的借鉴价值

一、组织生命周期理论及其借鉴价值

（一）组织生命周期理论的主要内容

1950年，鲍尔丁（Boulding）首先提出"组织生命周期"[①]概念，格雷纳（Greiner）于1971年在《组织成长的演变和变革》中提出组织生命周期理论。他认为，组织的成长如同生物的成长一样要经过诞生、成长和衰退几个过程[②]。奎因（Quinn）和卡梅隆（Gameron）把组织的生命周期细划为：创业阶段、集合阶段、规范化阶段和精细阶段四个阶段。每个阶段都包括组织的稳态发展时期和组织的变革时期。组织的发展就是通过如此的循环往复而不断成长的[③]。

所谓组织的生命周期（life cycle），就是指一个组织的诞生、成长直至最后消亡的过程。随着组织向生命周期下一阶段的演进，其结构、领导风格和管理系统都会演变为一种相对可预见的模式。生命周期的各阶段在本质上是顺序演进的，它遵循的是一种规律性的进程。

1. 组织生命周期的四个阶段

关于组织生命周期的最新研究表明，在组织发展中表现出四个阶段的不同特征，这些阶段以及各阶段面临的问题如图3-2所示。解决每一阶段面临的问题，需要将组织转变为下一阶段的形态。

---

① 管理学编写组. 管理学 [M]. 北京：高等教育出版社，2019: 132.

② GREINER L E. Revolution as organizations grow [J]. Harvard Business Review, 1998(55): 55-66.

③ QUINN R E, CAMERON K. Organizational life cycles and shifting criteria of effectiveness: Some preliminary evidence [J]. Management Sirence, 1983(29): 33-51.

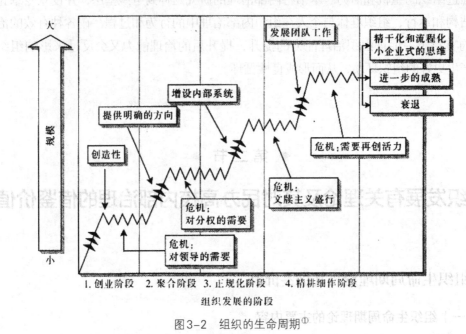

图3-2　组织的生命周期[①]

一是创业阶段。组织诞生之初的经营重点是创造出一种产品，并力求在市场竞争中生存下来。组织是非正规的，不具有行政机构的特征。组织中的工作时间往往很长，且依靠创业者的亲自监督来实施控制。在创造性地推出某种新的产品或服务的过程中，组织获得了成长。创业阶段要解决的危机是组织对领导的需要。

二是聚合阶段。如果领导危机得以解决，组织有了强有力的领导者，这时组织就开始提出明确的经营目标及方向。组织设置了职能部门，建立了职权层级链，并给各层次、各部门分配明确的任务，从而有了初步的劳动分工。聚合阶段要解决的危机是下层员工对分权的需要。

三是正规化阶段。正规化阶段涉及规则、程序和控制系统的建立和使用。沟通不再很频繁，并且更加正规化了。组织中增加了工程人员、人力资源专家及其他职员。高层管理者转而关心诸如战略和计划这样的问题，而把公司的日常经营管理问题交给中层管理人员。组织可能会设立产品群部或其他的分权单位，以增进协调。正规化阶段的危机是文牍主义盛行和组织的过于行政化。

四是精耕细作阶段。克服文牍主义危机的办法是通过培育一种新的意识来促进协作

---

① QUINN R E, CAMERON K. Organizational life cycles and shifting criteria of effectiveness: Some preliminary evidence [J]. Management Science, 1983(29): 33-51.

和团队工作。在整个组织中，管理者要开发员工面对和解决问题及协同工作的能力。正规的制度可能得到简化，取而代之的是管理者团队和任务小组的形式。为了实现协作，公司内部常常会组建一些跨职能部门或跨事业部的团队。精耕细作阶段的危机是组织需要再创活力。当组织成熟后，可能会步入暂时衰退的时期。可能每10～20年就需要对组织进行一次重建，使之获得新的活力。

2. 组织衰退的因素及模型

组织衰退（organizational decline）是组织生命周期理论中引起管理者特别关注的一环，通常是指在一定时期内组织资源的实际量或绝对量不断减少的情况。组织的衰退是与环境的恶化相联系的。总的来讲，有三个因素被认为会引起组织衰退。一是组织萎缩。当组织继续成长并变得低效和过度的行政化后，萎缩就开始了。组织适应环境的能力开始退化。通常来讲，一个组织在经历较长时期的成功发展之后，总是将功劳归结于过去工作中所采用的行动或是结构，于是不再根据环境变化调整自身，从而导致组织适应力衰退，走向萎缩。组织萎缩的警示性信号包括：过多的管理和人员支持、繁杂的行政程序、缺乏有效的沟通和协调、不适用的组织结构。二是脆弱性。脆弱性反映了在特定环境中，组织制定的促进自身繁荣的战略是无效的。有一些是因为它们没能针对环境

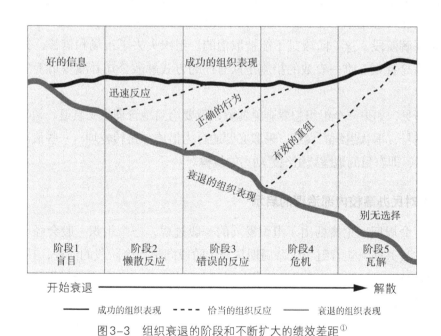

图3-3　组织衰退的阶段和不断扩大的绩效差距①

---

① WEITZEL W, JONSSON E. Decline in organizations: A literature integration and extension [J] Administrative Science Quarterly, 1989, 34(1): 91-109.

做出正确的战略。三是环境恶化或竞争加剧。环境恶化是指能够支持组织发展的可用能量或资源的减少。当环境中只有较少的资源来支持组织时，组织则要么选择缩减规模，要么转入新的领域。

衰退阶段模型的提出是建立在对组织衰退的相关研究资料的广泛阅读之上（见图3-3）。该模型表示，组织在衰退时，如果没有经过恰当的管理，那么会依次经历五个阶段，最后走向解体。

一是盲目阶段。衰退的第一个阶段，组织内部和外部会发生变化，危及组织的规模、生命周期及长期生存，这要求组织紧张起来。这时，组织可能会有过多的人员、烦琐的程序，并缺乏与顾客的协调沟通。

二是懒散阶段。在此阶段，尽管组织已经看到运行衰退的信号，但否认其发生。有些时候，领导者们试图说服员工一切运行良好。解决的方法是领导者们承认组织在衰退并迅速采取行动使组织重新适应环境。

三是错误反应阶段。在此阶段，组织面临严峻的形势，差的业绩表现无法被忽视。此时，如果不能调整衰退曲线的走向，那么组织将走向消亡。领导者迫于恶劣的现状，开始考虑采取重大变革。在这一阶段的任何一个重大错误都将会减少组织转变的机会。

四是危机阶段。在此阶段，组织由于仍然没能有效地处理好衰退问题而面临恐慌。他们会经历诸如混乱、努力想要回到原来的状态、急剧变化以及愤怒的过程。管理者最好避免组织进入危机阶段，其唯一的解决方法就是进行重大的重组。

五是瓦解阶段。这一阶段是不能被取消的。组织失去了市场和信誉，失去了最好的员工，资金耗竭。唯一有效的措施是以有序的方式解散公司并减少员工分离的精神忧伤。

由此可见，如果一个组织想要避免瓦解，就要恰当地管理组织衰退。领导者有责任发现衰退信号，承认组织的衰退，采取必要的行为措施并扭转乾坤。一些最难做出的决定就是裁员，即有目的地缩减组织劳动力的规模。

（二）对民办高校内部治理的启示

组织生命周期理论概括出了组织发展的一般过程，一个组织一般会经历生成、成长、成熟和衰退期。随着组织生命周期从一个阶段向另一个阶段的演进，其组织结构、领导行为以及管理系统等都会发生一种相对可预见的变革，而每一个时期的长短会因各个组织的发展情况不同而有其个性特征。

我国民办高校从改革开放之初经历了生成、成长时期，尚处在成长和成熟时期。在正规化阶段，民办高校制度和规划的广泛实行可能会造成文牍主义盛行。随着行政机构的增加和管理队伍的扩大，繁杂的行政程序使组织开始有过于行政化的现象。一部分民办高校受国家政策的调整、生源竞争和办学质量等内外部因素影响而提前进入了衰退期。

民办高校在正规化阶段可能产生的危机，以及提前进入衰退期的特点需要引起管理者的高度警觉。克服正规化阶段文牍主义危机，需要组织的管理人员增强内部治理意识，促进协作和团队工作。管理者尤其要注意开发教职员工面对和解决问题的能力以及协同工作的能力，严格控制行政机构的增设，简化工作流程，组建管理者团队和任务小组，以及根据需要组建跨职能部门或跨学院（事业部）的团队。面对组织衰退迹象，高层管理者需要抵住组织发展的下行压力，增加参与决策的人数，鼓励更多的师生表达、反映问题，管理者通过及时发现问题、制订问题解决方案，考虑采取重大变革，如更换变革组织的结构、战略和文化等，恰当地管理组织衰退期，帮助组织渡过危机阶段，实现拐点上升。组织发展的生命周期尤其是组织衰退理论，对我国民办高校如何通过内部治理变革延长生命周期具有重要意义。根据这一理论，每 10 ~ 20 年就需要对组织进行一次重建和变革，使之获得新的活力。

二、组织结构权变理论及其借鉴价值

（一）组织结构权变理论的主要内容

权变学派产生于一般系统论，它的一个基本命题是：一个组织与其他组织的关系以及与总环境的关系依赖于具体情境。权变学派认为，组织系统是由各分系统构成的，它要研究的是组织与其环境之间的相互关系和各分系统之间的相互关系。它强调组织的多变量性，并试图了解组织在变化的条件下和在特殊环境中运行的情况。权变学派的最终目的在于提出最适合具体情况的组织设计和管理行动理论。

最早运用权变思想研究组织问题的是英国学者伯恩斯（Burns）和斯托克（Stalker）。他们在 1961 年出版的《革新的管理》和 1967 年发表的《机械式和有机式的系统》中，专门论述了这个问题。他们经过调查研究后得到了如下结论：企业按照目标、任务、工艺和外部环境等活动条件的不同，可以分为"稳定型"和"变化型"两大基本类型。"稳定型"的企业适合采用"机械式"的组织形式，"变化型"的企业适合采用"有机式"的组织模式。他们认为，这两种组织模式可以同时存在，甚至在同一个企业内部的不同部门中也可以同时并存，它们在不同的条件下都有效率。他们反对把"机械式"看作陈旧的模式，把"有机式"看作最进步的和最现代的模式。[①] 接着研究这一问题的是被称为现代权变学说创始人的劳伦斯（Lawrence）和洛尔施（Lorsch）。他们在 1967 年出版的《组织与环境》一书中提出，以市场的、生产的和科学技术的环境为一方，以组织内

---

① 何展萍. 权变理论及其对内部控制研究的意义 [J]. 中国证券期货，2012(04): 277.

部结构和行为机制为另一方，双方之间存在着固定的依存性。他们证明了成功的组织是以那种与环境的要求协调一致的组织图式建立起来的，而这种图式可以从组织发生分化的性质和数量上明确地看出来。从组织结构、目标方向、时间跨度、人际关系四个方面加以衡量，成功的组织应当具有最少的正式性，具有一种科学性的而不是市场性的目标方向，并与具体任务相结合。总之，他们认为，组织与其环境的适应至少发生在两个层面上：①组织的每个子单位的结构特性都应当和与其自身相关的特定环境相适应；②组织的分化和整合模式应当与其所处的整体环境相适应。① 加尔布雷思（Galbraith）提出了权变理论的两个前提假设。第一，不存在最佳的组织方式。第二，任何组织方式之间都不等效。② 后来的权变理论家又提出了第三个假设，即最佳的组织方式有赖于组织环境的特质。

"权变"从字面上理解是因情境的不同而变。通俗地讲，就是随机应变，因地制宜，具体情况具体分析。只有那些适应环境的组织才能生存下来，那种面对较为稳定环境的组织，即分化较少的组织，可以通过正式手段加以管理；相反，那些面临不确定环境的组织，即分化较多的组织，则可以通过较为灵活的手段进行管理。无论哪种情况，成功的组织形式都是因为它的组织设计适应环境的需要。因此，权变理论告诉人们，组织管理没有最好的方法，只有最合适的方法。

加拿大管理学家、经济角色学派的主要代表人物明茨伯格（Mintzberg）通过分析各种组织，认为组织内部由五部分构成：一是战略层（strategic apex）。战略层也可称为最高管理部门，它处于组织的最上层，掌握组织的大政方针。二是操作核心（operating core）。这一部分主要负责基本的组织工作，集中着各种执行生产任务和进行业务工作的作业人员。三是中间带层（middle line）。随着组织的扩大，在总经理和工人之间需要有若干中层管理人员，他们形成中间带层。四是技术组织（techno-structure）。它是由各种专家组成的特殊群体，不仅进行专业研究，而且开展战略计划和人员培训，为组织的发展献计献策。五是后勤队伍（supporting staff）。他们为全组织里其余的人提供间接服务，包括从自助食堂、邮局到公共关系部门和法律咨询的一切事务③。

根据这五部分的运行特点，他提出了五种标准的组织结构（见表3-1），即简单结构（simple structure）、机械官僚制（machine bureaucracy）、专业官僚制（professional form）、分部制形式（divisionalized form）和专家控制结构（adyhocracy）。他总结了关于组织结构设计的研究成果，提出了一些假说。比如，组织年限愈久，其行为正规化

① LAWRENCE P R, LORSCH J W. Organization and environment [M]. Baston: Harvard Business School Press, 1969: 23-29.

② GALBRITH J R. Designing complex organizations [M]. Reading, MA: Addison-Wesley, 1973: 24-29.

③ MINTZBERG H, Structure in fives: Design effective organization[M]. Englewood Cliffs, NJ: Prentice-Hall, 1992: 124-144.

程度愈高；组织结构反映了某一工业创立的时代特征；组织愈大，组织结构越精细，行为越正规化；技术系统越正规，科层化越明显；环境越动荡不安，组织结构的有机性越高，分权程度也越高；等等。这些假说被许多理论学家所认同与证实。

表3-1　明茨伯格提出的五种组织结构的特征比较

	简单结构	机械官僚制	专业官僚制	分部制形式	专家控制结构
协调的关键手段	直接监督	工作标准化	技术标准化	产品标准化	互相调整
组织的关键部分	战略顶点	技术组织	操作核心	中间带层	后勤队伍和操作核心
工作的专门化	少量专门化	很多平行和垂直的专门化	很多平行的专门化	有一些平行和垂直的专业化	很多平行的专业化
行为的规范化	很少规范化	很多规范化	很少规范化	很多规范化	很少规范化
权利行使	集权，总经理控制	有限的平分分权化，技术组织控制	平行和垂直的分权化，专业操作人员控制	有限的垂直分权化，中间带层控制	有选择的分权化，专家控制
技术系统	简单而不规则	规则，但不是自动化，不是很复杂	不规则或复杂	可分的，与机械官僚制相似	多种情况并存
环境	简单的、动态的	单纯的、稳定的	复杂的、稳定的	相对简单和稳定、多样化	复杂的和动态的，有时是不相联系的

（二）对民办高校内部治理的启示

正如前文所论述，我国民办高校正面临着一个蕴藏巨大变革的外部环境，国际教育市场的竞争、分类管理的推进、生源和就业市场的双重压力，必须增强民办高校应对变革和主动创新的能力。从规模上来看，我国民办高校数量已占全国高校数的25.37%，学生数占全国高校学生数的24.19%，民办高校生均规模已达1万余人，已有相当的体量[①]；从高校组织的特征来看，大学组织具有教育性、学术性、民主性、开放性、松散性、两重性等特性，是具有政治权力、行政权力和学术权力的多元结构，需要找到适合自身的组织结构形式；从技术上来看，信息技术的发展正在改变工作开展的方式、知识运用的方式，广泛的信息共享降低了组织高层的权力集中度，传统的以控制性管理、机械组织、刚性结构为标志的组织结构的根基受到了巨大的冲击。

随着知识经济的到来，过去适用于制造业的组织结构和管理模式不再适用于以"获取和利用知识"作为竞争优势的知识型行业。如果组织结构仍然强调监督、控制和操作，它将会阻挠并打击信息经济中最有价值的东西，即自由性、适应性和创造性。因此，知

---

① 2021年全国教育事业发展统计公报[EB/OL]. (2022-09-14)[2022-10-20]. http://www.moe.gov.cn/jyb.sjzl/sjzl_fztjgb/202209/t20220914_660850.html.

识经济要求组织结构具有灵活性、权力分散化、结构扁平化等。根据组织结构权变理论，民办高校需要在高度变化的环境中不断地与时俱进，探索并矫正自己的行为，寻找组织与环境的适应性，使整个组织更富有弹性，适应性更强并且运行得更为有效。

三、组织结构的分化与整合理论及其借鉴价值

（一）组织结构分化与整合理论的主要内容

劳伦斯和洛尔施曾对10家公司的制造、研究和销售部门进行研究，提出了组织结构的分化与整合理论。差异化是指不同职能部门管理者之间认知和情感取向的差异，以及这些部门之间形式结构的差异。整合被定义为各部门之间存在的协作状态的质量，这些部门需要根据环境的需求实现工作目标的统一。他们认为，组织高度分化的一个结果是，部门之间的协调变得十分困难。为协调各部门的工作，组织通常要配备专门的整合人员。①

劳伦斯和洛尔施的研究结论是，当组织分化与整合的程度与环境的不确定性程度相匹配时，组织会运行得更好。在不确定性环境中运行良好的组织，具有较高的分化和整合度；反之，在较低的不确定性环境中运行良好的组织，则具有较低的分化和整合度。2013年一项对9个国家的266个现代制造企业的研究证实，在复杂环境中，高整合度有助于企业取得更好的绩效。②

洛尔施在《组织结构设计》一书中，专门介绍了组织结构设计的两个基本概念，即分化和整合，并介绍了组织整合的三个步骤：一是将任务类同的单位合并，消除"差异"，简化协调和综合的任务；二是设计综合的手段，设立专职的综合部门或跨部门的综合机构；三是设计好工作标准和奖惩制度，严格企业规章制度。部门领导和监督机制应有利于协调各部门之间的关系，设计出一套既有利于鼓励部门间的差异，又有利于促进综合和协调的奖惩制度和工作标准。③

协作（collaboration）意味着来自两个或两个以上部门的人一起努力，完成共同目标，或者共享合作成果④。达夫特认为，组织应强调纵向信息共享和横向信息的共享与协作。首先是纵向信息共享，组织设计应该能促进组织成员、部门之间的沟通，这对于完成组织的总任务是必不可少的。管理者设置了信息联系系统以方便组织各个部门之间的沟通和协作。用于协调组织高层和基层间活动的纵向联系，主要是为了实现组织的控制目的

---

① LAWRENCE P R, LORSH J W. Organizational structure and design[M]. Baston: Harvard Business School Press, 1969: 5.

② TURKVLAINEN V, KETOKIVI M. The contingent value of organizational integration[J]. Journal of Organization Design, 2013(2): 31-34.

③ LORSH J W. The structural design of organizations[M]. Homewood, Iia: Irwin and Dorsey, 1970: 1-16.

④ GALBRITH J R. Designing complex organizations[M]. Reading, MA: Addison-Wesley, 1973: 24-29.

而设计的。实现这种纵向联系的具体手段包括层级安排（指挥链）、规则与计划，以及正式的管理信息系统（各种定期报告、书面信息和以计算机为基础的信息沟通）。^①其次是横向信息共享与协作。横向沟通能够消除部门沟通之间的障碍，为员工提供协作的可能，以便集中力量实现组织的目标。当今组织实现横向联系的一个重要手段是应用跨职能信息系统。计算机化的信息系统可以使遍布组织的管理者和一线工人就各种问题、机会、活动和决策例行地交换信息。横向协作方式包括设置联络员角色、任务小组、专职整合人员、团队（特别项目小组，跨职能虚拟团队）等。^②

（二）对民办高校内部治理的启示

组织被定义为为实现特定目标而合作的个体的集合，这些人之间的任务划分是必要的，这样目标才能实现，每个子集都应该执行任务的一部分。然而随着民办高校规模的扩大和管理复杂性的增加，组织内部的分工越来越细化，制度、流程等规则体系也越来越庞大。分工导致横向部门和岗位越来越多，链条越来越长。与此同时，为了解决分工后的管控问题，纵向的管理层级越来越多，决策和沟通流程也就越来越长。职能化管理模式由于强调本部门及其人员具体岗位的工作效率和质量，以部门工作目标为中心，容易滋生本位主义，而且相互间的职责范围划分难以明确，容易存在交叉重叠或空白区域。跨部门的事项容易出现推诿、扯皮等现象，加上部门间沟通不畅，容易导致组织内部信息传递的缓慢和执行效率的低下，最终影响组织整体的运行效率。

民办高校推进治理变革，要强调组织各部门分工后的协作。根据组织的发展战略和目标，分解工作任务，各部门职责清晰，各部门根据建立的流程、相关制度和标准分工协作，并将一些核心权力配置到更有利于组织效能提高的层级。在分工完成以后，组织管理者要进行有效的横向和纵向的协调、整合，建立跨部门合作团队和信息共享平台，使部门间的合作性大大增强。利益相关者，如社会、家长和用人单位，让他们能够参与学校的治理，提高他们对学校的满意度。

四、学习型组织理论及其借鉴价值

（一）学习型组织理论的主要内容

从20世纪60年代末期开始，"学习型"组织（learning organization）应运而生，以区别于以"告知"与"命令"为组织核心的"告诉型"组织（telling organization）。彼得·圣

---

① KAYSER T. Six ingredients for collaborative partnerships[J]. Leader to Leader, Summer, 2011: 48-54.
② 理查德·L. 达夫特. 组织理论与设计 [M]. 王凤彬，刘松博，译. 北京：清华大学出版社，2017: 104-109.

吉（Peter Senge）是学习型组织理论的集大成者，1990年他出版的《第五项修炼——学习型组织的艺术与实务》，成为美国连续三年名列畅销金榜的一本著作。圣吉提出的学习型组织理论在世界管理与实践界引起了强烈的反响，美国的财经杂志的报道认为它是"未来最具有竞争力的管理技术"。

什么是学习型组织？圣吉将其概括为一句话，就是"持续开发创造未来的能力的组织"[1]。为了建立学习型组织，圣吉提出了五项修炼策略。一是自我控制（personal mastery）。应该培养组织成员自我挑战、自我超越的意识，明确目标，全力以赴；当面临挫折时，组织成员该克服情绪性退缩反应，做出适当反省、调整和修正。组织也要善于鼓励所有成员自我发展、实现自己选择的目标与愿景，强化个人对于组织是真正有益的观念并提供支持个人发展的组织环境。组织与成员之间应建立"和谐、优美与均衡"的"盟约"关系。二是系统思考（system thinking）。为了解决组织中存在的问题，应该摒弃僵化、片面的思考方式，以整体性的视野观察事件发生的互动关系和环境状况，避免单纯为了解决问题而忽视问题的整体性。三是改善心智模式（improving mind model）。心智模式是我们每个人理解和看待周围世界的思维模式，是在长期的生活、工作和学习中形成的，是以个人的价值观与世界观为基础的。组织应该鼓励组织成员具有多样化的观点和意见，在意见交流或行动实践的过程中激发团队智慧。四是建立共同愿景（building shared vision）。共同愿景是能感召组织成员的共同目标。它要求正式组织领导和员工拥有共同的使命感，组织领导必须愿意同员工交流个人观点，鼓励员工为未来做出卓越贡献，从而取代员工对改革的抱怨以及对领导个人愿景的被动服从。五是团队学习（team learning）。圣吉认为，现代组织的基本单位就是工作团队，学习的基本单位也由个人变成团队。只有会学习的团队，才有可能发展出善于学习的组织。团队学习是建立在"共同愿景"和"自我超越"的修炼之上的。但是在一个组织中，只有共同愿景和有才能的组织成员还不够，还需要团队学习转换对话模式及集体思考的技巧，从而促使产生一种"完善的协调和一体的感觉"，使群体的能力远远超过个人才能的总和。[2]总之，学习型组织和五项修炼理论基于系统思维，以系统动力学为理论基础，强调尊重个人愿景，共建公共愿景，强调群体创新，修炼自我，从而激励人人成为学习人，公司组织成为学习型组织，社会成为学习型社会。

学习型组织学说的提出是组织理论领域里的一场革命，用圣吉的话说是为人类找出了一条新路。实践这样一种理论，将改变组织生活的全景。成功运用这种理论，将使组织中不协调的人际关系得以改善，将再造组织的无限生机，将挖掘出组织中每个成员的无限潜能，将改变人的生活，使人活出生命的真正意义。1998年，国家经贸

---

① 彼德·圣吉. 第五项修炼：学习型组织的艺术与实践[M]. 张成林，译. 北京：中信出版集团，2018：15-16.
② 彼德·圣吉. 第五项修炼：学习型组织的艺术与实践[M]. 张成林，译. 北京：中信出版集团，2018：236-271.

委结合我国国情提出，学习型组织具有六大要素：拥有终身学习的理念和机制；建有多元回馈和开放的学习系统；形成学习共享与互动的组织氛围；具有实现共同愿望的不断增长的学习力；工作学习化使成员活出生命意义；学习工作化使组织不断创新发展。[1]学习型组织中的成员多是自由组合成的，成员关系是非等级化的，成员间注意感情交流和信息沟通。

（二）对民办高校内部治理的启示

高校是人们学习的场所，具有人才培养、科学研究、社会服务和文化传承的基本职能，是知识的聚合和创造场所。学习型组织理论对于高校内部治理理念的重塑和调整有着积极的意义。

大学治理的理性诉求在于人和事的和谐，包括人的成长等，高校需要树立基于人事和谐和共同成长的大学治理理念。现代大学中教师和学生两大主体作为具有独立人格的主体存在，决定了大学管理中必然地要将其主观意愿与大学的核心精神相联结，从而催生以人为核心的大学运行法则与治理理念。[2]通过开展内部治理理念转变大讨论、举办大学内部治理论坛等活动，建立共同的发展愿景；激发高校师生自我发展、自我成长的动力，促进团队学习，通过优化重组行政部门、院系设置，形成高效、有力的教学管理反应机制与机构布局，为师生工作、生活、学习创设支持的环境和氛围。

大学应建立"学习—创新—变革—再学习"的持续动态循环机制，提升识别变革与收集、过滤信息的敏感度，以增强诊断和纠正组织当前内部存在不足的能力。大学还需要将学习型文化内化于组织价值，摆脱形式化、运动式的学习组织模式，形成常态化、动态化的良性学习机制，在变革环境中及时进行战略校正、资源整合与结构重组。

---

① 张声雄. 学习型组织的时代意义及在中国的发展 [J]. 未来与发展, 1999(05): 4-7.
② 钱军平, 彭寿清. 新建地方本科院校转型发展与内部治理体系对接的路径设计：基于组织发展理论的视角[J]. 现代教育管理, 2015(06): 6-11.

第四章

我国民办高校内部治理的发展历程和现状

在国家政策引导、地方规定探索和民办学校积极实践下，我国民办高校内部治理有其特殊的演变和革新进程。本章对中华人民共和国成立以来民办高校内部治理进行制度梳理，以总结出制度发展的规律和逻辑，分析了民办高校内部治理的发展现状，提炼了几种民办高校内部治理的模式，并归纳了我国民办高校内部治理从多样到统一、从任性到理性、从粗放到精细、从传统管理到现代治理的变革特点，为继续推进民办高校内部治理变革，引导我国教育体制改革、助推教育现代化、构建中国特色现代学校制度提供实践指引。

民办高校内部治理的制度变迁

在民办教育恢复法治过程中，政府出台的教育体制改革政策文件推动了民办学校持续深化改革，完善内部治理体系。国家和地方有关民办高校内部治理的政策文本以及民办高校内部治理的实践操作，都呈现出鲜明的阶段性特征。

一、恢复起步期的内部治理（1978年—1992年）

改革开放和社会主义现代化建设对人才的巨大需求，激发了一些知识分子的办学热情。我国民办教育开始复苏，各种非学历民办教育机构如雨后春笋般兴起。这一时期，民办高校大多处于自生自长和依靠经验管理的自发、自为状态，为数不多的国家民办教育政策也很少涉及民办高校内部治理问题。

在恢复发展初期，民办学校管理不善、教学治理缺乏保障现象较为突出。1987年，国家教委出台了《关于社会力量办学的若干暂行规定》（以下简称《暂行规定》），在第十六条对民办学校内部财务管理方面做出相应规定，要求民办学校建立健全财务管理制度，并接受财政、银行、审计、教育等有关部门的监督和检查。1988年10月，国家教委发布《社会力量办学教学管理暂行规定》，要求社会力量举办的、未取得颁发国家学历证书资格的、面向社会招生的各级各类学校及其分校、分部，以及独立设置的培训中心、各类培训班、辅导班、进修班等从事教学活动的组织等，均应根据有关规定，按办学规模、层次、教学形式等，设立教务或教学管理机构，建立健全教学管理制度，逐步开展教学研究活动；社会力量举办学校应经常征求教师和学员以及用人部门对学校教学工作的意见，并及时满足他们提出的合理要求、采纳其合理建议。国家开始引导民办学校注重教学管理，并首次在政策文件中建议民办学校吸纳利益相关者参与内部治理。

1992年，在邓小平南方谈话精神的鼓励下，我国民办教育迎来改革开放后的第一轮大发展，民办教育内部治理也进入了新的发展阶段。

二、快速成长期的内部治理（1993年—2002年）

随着民办教育的快速发展，中央和地方政府开始重视民办学校的内部治理，并连续出台相关政策，重点要求民办学校完善内部治理要素。

1993年，国家教委颁布改革开放后针对民办高校的第一部行政规章——《民办高等学校设置暂行规定》（以下简称《规定》）。《规定》对民办高校的党团组织、校长任免等内部治理要素作出明确要求：学校建立共产党、共青团和工会组织以及必要的思想政治工作制度；民办高等学校校长的任免，须报省级教育行政部门核准；国家明令撤销的民办高等学校，校长应负责对其在校学生妥善安置。[①]1996年，国家教委出台《关于加强社会力量办学管理工作的通知》，对民办学校教育教学管理制度、财产财务制度等提出了更加明确的要求。

1997年，国务院颁布《社会力量办学条例》（以下简称《条例》），首次提出社会力量教育机构"可以设立校董会"，并规定校董事会的职责是"提出校长或者主要行政负责人的人选，决定教育机构发展、经费筹措、经费预算决算等重大事项"。关于董事会的构成，《条例》规定："校董事会由举办者或者其代表、教育机构工作人员的代表和热心教育事业、品行端正的社会人士组成，其中三分之一以上的董事应当具有五年以上教育、教学经验。"《条例》第二十二条对校长选拔作出规定，"校长或者主要行政负责人负责教学和其他行政管理工作"；"教育机构的校长或者主要行政负责人的人选，设立校董事会的，由校董事会提出"；"不设立校董事会的，由举办者提出，经审批机关核准后聘任"。[②]《条例》是当时国家颁布的与民办教育发展直接相关的最高法规，在这一政策文本中，民办学校设立"校董会"并不是强制性的要求。

为了更好地实施《条例》，同年国家教委发布《关于实施〈社会力量办学条例〉若干问题的意见》，再次明确：教育机构应建立健全内部决策、执行和监督的管理体制，建立健全各项管理制度，实行民主管理；实施学历教育的学校和专修（进修）学院、专修（进修）学校以及规模较大的幼儿园原则上应设立校董会；校董会的组成、职责、权限、任期、议事规程等应在教育机构章程或校董会章程中作出规定；校董的年龄一般不超过75岁；教育机构的校长（院长、园长，下同）全面负责教育机构的教学、财务及其他行政管理工作；校长应具有高尚的思想道德品质、五年以上从事教育教学工作的经历以及与教育机构的层次相适应的学历水平，并经过岗位任职资格培训；校长的年龄一般不超过

---

① 民办高等学校设置暂行规定[EB/OL]. (1993-08-17)[2022-10-20]. http: //www. moe. gov. cn/srcsite/A02/s5911/moe_621/199308/t19930817_81912. html.

② 社会力量办学条例[EB/OL]. (2022-07-12)[2022-10-20] . https: //baike. baidu. com/item/%E7%A4%BE%E4%BC%9A%E5%8A%9B%E9%87%8F%E5%8A%9E%E5%AD%A6%E6%9D%A1%E4%BE%8B/8837606?fr=aladdin.

70岁。①

这一阶段，国家政策法规对民办学校内部治理的规定还存在一定的模糊之处。如《关于实施〈社会力量办学条例〉若干问题的意见》与《条例》相比，在设立校董会的态度上更为坚决，从"可以设立"转为"原则上应当设立"，拓展了董事会职责范围，但是对董事会职责内容的规定不够清晰。这种原则性规定导致民办学校选择性执行或执行存在偏差，对民办学校内部治理结构建设的推动力度不足。

针对这一时期民办教育发展迅速但民办教育政策滞后的现象，国家加快了民办教育立法进程。2002年12月，第九届全国人民代表大会常务委员会第三十一次会议通过《民办教育促进法》，为民办学校内部治理提供了更坚实的法律基础。

三、规范发展期的内部治理（2003年—2016年）

随着《民办教育促进法》及其实施条例的颁布和实施，与民办教育相关的政策文件日益增多，政策内容逐渐完善，对民办学校内部治理的要求和指导也逐步深入。这一时期，民办学校内部治理日趋规范，推动了民办教育进入规范发展阶段。

《民办教育促进法》及其实施条例在民办教育发展宗旨方面与《社会力量办学条例》一脉相承，但对民办学校治理结构的规定更为详细和具体，并且进一步提高了实施的强制性。《民办教育促进法》中增加了民办学校治理形式的相关内容，基本确定了民办学校内部治理结构：第一，规定必须设立理事会、董事会或者其他形式决策机构，并明确决策机构人数，对决策机构职权范围作出更具体的规定；第二，明确学校法人代表由理事长、董事长或者校长担任；第三，更具体地规定了民办学校校长的管理职责与权限。民办学校校长职权的确定，从法律上保证了民办学校校长能够独立行使办学权。②至此，民办学校内部治理的国家制度框架初步清晰。

以《民办教育促进法》及其实施条例确定的基本制度框架为依据，以全面规范为特征的各类规章制度陆续出台。2006年，《国务院办公厅关于加强民办高校规范管理引导民办高等教育健康发展的通知》发布，进一步明确理事会（董事会）作为学校决策机构依法行使决策权；理事长、理事（董事长、董事）名单必须报审批机关备案；校长依法

---

① 社会力量办学条例[EB/OL]. (2022-07-12)[2022-10-20]. https://baike. baidu. com/item/%E7%A4%BE%E4%BC%9A%E5%8A%9B%E9%87%8F%E5%8A%9E%E5%AD%A6%E6%9D%A1%E4%BE%8B/8837606?fr=aladdin.

② 中华人民共和国民办教育促进法 [EB/OL]. (2005-07-28)[2022-10-20]. https://www. gov. cn/test/2005-07-28/content_17946. htm.

行使教育教学和行政管理权；校长必须具备国家规定的任职条件并报审批机关核准。[①]
同年，《中共中央组织部中共教育部党组关于加强民办高校党的建设工作的若干意见》发布，强调要强化民办高校党组织建设。[②]2007年1月，教育部讨论通过《民办高等学校办学管理若干规定》，对民办高校的政府管理、内部管理进行了规范，特别提出了"建立民办高校督导员制度"。[③]

2010年5月，国务院审议通过《国家中长期教育改革和发展规划纲要（2010—2020年）》，对民办学校完善法人治理结构和落实民办学校法人财产权两大核心问题提出明确要求。[④]2012年，教育部配套出台《关于鼓励和引导民间资金进入教育领域促进民办教育健康发展的实施意见》，对规范民办学校董（理）事会运行机制提出专门要求：规范董（理）事会成员构成，限定举办者代表的比例，校长及学校关键管理岗位实行亲属回避制度；完善董（理）事会议事规则和运行程序，董（理）事会召开会议议决学校重大事项，应做会议记录并请全体董事会成员签字、存档备查。这些规定体现出政府的法规制度对民办学校内部治理规定日趋清晰、具体的发展趋势。[⑤]

这一时期，政府也开始注重加强对独立学院内部治理的指导和规范。教育部于2003年4月出台《关于规范并加强普通高校以新的机制和模式试办独立学院管理的若干意见》，于2008年出台《独立学院设置与管理办法》，明确了完善独立学院内部治理的相关要求。根据这两个政策文件，独立学院的申请者要对独立学院的教学和管理负责，并保证办学质量；申请者要充分发挥校本部的智力、人才资源优势，切实加强独立学院的教师队伍和管理队伍建设，建立并不断完善独立学院教学水平的监测、评估体系；合作者负责提供独立学院办学所需的各项条件和设施，参与学院的管理、监督和领导；经双方协商，可以成立校董会，校董会的组成及人选由双方商定；院长由申请者推荐、校董会选任；试办独立学院一律采用民办机制。[⑥]

在此阶段，地方政府有的放矢地制定了更具可操作性、更为详尽的内部治理规定。黑龙江省政府2005年颁布《黑龙江省人民下府关于促进民办教育发展的若干意见》，明

① 国务院办公厅关于加强民办高校规范管理引导民办高等教育健康发展的通知[EB/OL]. (2006-12-21)[2022-10-20]. https://www.gov.cn/gongbao/content/2007/content_512700.htm.
② 中共中央组织部中共教育部党组关于加强民办高校党的建设工作的若干意见[EB/OL]. (2019-01-03)[2022-10-20]. https://xhdzb.cumt.edu.cn/c1/86/c16876a508294/page.html.
③ 民办高等学校办学管理若干规定[EB/OL]. (2007-02-03)[2022-10-20]. http://www.moe.gov.cn/stcsite/A02/s5911/moe_621/200702/t20070203_81842.html.
④ 国家中长期教育改革和发展规划纲要(2010—2020年)[EB/OL]. (2010-08-02)[2022-10-20]. http:/www.moe.gov.cn/jyb_xwfb/s6052/moe_838/201008/t20100802_93704.html.
⑤ 教育部关于鼓励和引导民间资金进入教育领域促进民办教育健康发展的实施意见[EB/OL]. (2012-06-18)[2022-10 20]. https://www.gov.cn/zwgk/2012-06/28/content_2172286.htm.
⑥ 教育部关于印发《关于规范并加强普通高校以新的机制和模式试办独立学院管理的若干意见》的通知[EB/OL]. (2012-06-28)[2022-10-20]. http://www.moe.gov.cn/s78/A03/s7050/201206/t20120628_138410.html.

确民办学校应当设立学校理事会、董事会或者其他形式的决策机构，实行民主管理，特别明确不要求取得合理回报的民办高等学校（含助学高等学校）实行理事会制[①]；2010年制定《关于加强民办高校校长队伍建设的意见》，规定民办高校决策机构选聘校长要求。为切实加强民办高校的监督管理，2007年江西省在全国率先向全省10所民办高校委派了督导专员，成为民办高等教育管理工作中的一项制度创新；2011年江西省政府连续出台了《江西省民办普通高等学校巡视工作暂行规定》《江西省民办普通高等学校董事会（理事会）议事规则（试行）》《江西省民办普通高等学校行政管理工作规程（试行）》《江西省民办普通高等学校党委会议议事规则（试行）》《江西省民办普通高等学校督导专员工作规程（试行）》五个规范性文件，有针对性地提出依法办学、规范办学要求。为加强民办学校党的建设，福建、河北、辽宁、广东、云南、湖南、宁夏、江西等省（区、市）先后研究制订选配民办高校党组织负责人的工作方案，挑选德才兼备、熟悉教育工作的党员干部，到民办高校担任党组织负责人，兼任政府派驻学校的督导专员。山东省委组织部、省委高校工委先后下发《关于加强民办高校党的建设工作的若干意见》等六个文件，对民办高校党组织的建立、职责、工作开展等做了具体规定。这些都为其他省市开展相关工作提供了有益借鉴，促使地方民办教育的内部治理走向完善。

至此，法规制度层面上的民办学校内部治理机制设计初步形成，为民办学校完善内部治理结构、实现内涵式发展奠定了基础。

四、内涵式发展期的内部治理（2017年至今）

2015年12月，全国人大常委会对《中华人民共和国教育法》《中华人民共和国高等教育法》进行了修订，2016年11月又表决通过了关于修改《中华人民共和国民办教育促进法》的决定，此次修法一个重要的内容在于对民办教育实行营利性与非营利性的分类管理。随后，中共中央办公厅发布了《关于加强民办学校党的建设工作的意见（试行）》，国务院发布了《国务院关于鼓励社会力量兴办教育促进民办教育健康发展的若干意见》，教育部等五部门颁布了《民办学校分类登记实施细则》，教育部等三部门制定了《营利性民办学校监督管理实施细则》。这一系列制度文件构建了民办教育分类管理的基本框架，从法律层面上破解了困扰民办教育发展的学校法人属性不清、财产归属不明、支持措施难以落实等瓶颈问题，也为民办学校规范内部治理结构奠定了法治基础，为实现良善治理提供了更多可能。

---

① 黑龙江省人民政府关于促进民办教育发展的若干意见[EB/OL]. (2005-06-03)[2022-10-20]. https: //www. hlj. gov. cn/znwd/policy/#/policyDetails?id=1002283&navType=.

新修订的《民办教育促进法》明确规定举办者根据学校章程规定的权限和程序参与学校的办学和管理；进一步健全民办学校治理机制，规定民办学校应当设立理事会、董事会或者其他形式的决策机构并建立相应的监督机制；学校理事会或者董事会由举办者或者其代表、校长、教职工代表等人员组成，其中三分之一以上的理事或者董事应当具有五年以上教育教学经验；教育行政部门及有关部门依法对民办学校实行督导，建立民办学校信息公示和信用档案制度，促进提高办学质量；组织或者委托社会中介组织评估办学水平和教育质量，并将评估结果向社会公布。[①]

《国务院关于鼓励社会力量兴办教育促进民办教育健康发展的若干意见》对完善学校法人治理提出了具体的要求。一是民办学校要依法制定章程，按照章程管理学校。二是健全董事会（理事会）和监事（会）制度，明确董事会（理事会）和监事（会）成员组成要求，董事会（理事会）应当优化人员构成，由举办者或者其代表、校长、党组织负责人、教职工代表等共同组成；监事会中应当有党组织领导班子成员；探索实行独立董事（理事）、监事制度；董事会（理事会）和监事（会）成员依据学校章程规定的权限和程序共同参与学校的办学和管理。三是强调健全党组织参与决策制度，积极推进"双向进入、交叉任职"，学校党组织领导班子成员通过法定程序进入学校决策机构和行政管理机构，党员校长、副校长等行政机构成员可按照党的有关规定进入党组织领导班子。四是完善校长选聘机制，依法保障校长行使管理权；民办学校校长应熟悉教育及相关法律法规，具有五年以上教育管理经验和良好办学业绩，个人信用状况良好；学校关键管理岗位实行亲属回避制度。五是要求完善教职工代表大会和学生代表大会制度。[②]

至此，国家法律法规层面关于民办学校内部治理的设计基本成型。在分类管理的新时期，我国民办学校将进一步优化内部治理结构，逐步完善现代大学制度，使内部治理效果趋于良善。

---

① 中华人民共和国民办教育促进法(2016年11月7日修正版)[EB/OL]. (2021-05-03)[2022-10-20]. http://jyj.czs. gov. cn/mbjy/zctg/content_821380. html.

② 国务院关于鼓励社会力量兴办教育促进民办教育健康发展的若干意见[EB/OL]. (2017-01-18)[2022-10-20]. https://www. gov. cn/zhengce/content/2017-01-18/content_5160828. htm.

民办高校内部治理的发展现状

我国民办高校有其自身特有的历史发展背景及发展轨迹，探究其内部治理模式不能离开民办高校建校基础和举办者办学初衷，不同的建校基础直接影响了民办高校内部治理模式以及学校内部治理的变革轨迹。

一、民办学校建校基础和类型

民办学校建校初期，筹集办学资金的方式与性质，决定了学校的办学目标和动机，以及学校采用的治理模式。根据办学资金来源，我们可以大致将我国现有民办学校分成四种主要的类型。

（一）捐资办学型

这一类型即出资者将自己的资金（或资产）无偿捐献给学校建设和运行，不求产权、不求回报、不谋求对学校的控制。

改革开放之后，我国民办教育开始起步，受制于当时的经济背景和条件，属于捐资办学的民办学校极少。在我国现有的一些民办高校中，创办于1993年的广东培正学院是捐资办学的非营利性全日制民办本科普通高等学校。学校主要创办人、首任董事长梁尚立在古稀之年办学，不要任何回报，把个人离休金捐出作为办学经费。海内外热心教育人士、何善衡基金会、史带教育基金等个人和机构共捐助办学资金 8 000 多万元，为学校的创建和成长奠定了坚实基础。[①]上海杉达学院是在1992年6月由上海交通大学、北京大学、清华大学部分教授发起创办的全日制民办大学，它是由社会各界无偿捐助创建的。上海杉达学院在建校初期，先后得到香港企业家古胜祥、曹光彪先生的无偿资助，资金达7 000余万元。

随着中国经济和社会的发展，这样的捐资办学的意愿和行为将会逐渐增多，实现高起点和高水平的办学模式。这一类型的学校，没有真正意义上的举办者，学校内部权力

---

① 培正学院 捐资创校 公益办学 [J]. 大社会, 2017(09): 19.

相对分散，除办学经费非国家投入外，其他内部治理基本参照公办高校模式或效仿西方私立学校治理模式，学校相对有较大的自主管理权。

（二）滚动发展型

这一类型即举办者在办学初期没有原始投入或者仅有少量投入，主要依靠学生缴纳的学费滚动运行，这一类办学的主体主要是一些不具有经济实力的个人或非营利组织，主要为学校教师、退休教授、民主党派人士及学术组织等。

这一类型是随着1977年后高考的恢复和十一届三中全会后经济体制向市场经济的转变而发展的，国家政策的重大转向和社会强烈的求知热情，激励着教育事业的发展。以1982年《中华人民共和国宪法》对民办教育合法性的确定和1987年《关于社会力量办学的若干暂行规定》对民办教育规范化的规定为标志，一大批具有办学情结、有学校管理的经验，但是没有丰裕的资金的退休教师、民主党派人士等，他们从"三无"基础上起步创办民办学校，通过滚动发展、以学养学的形式使学校得到发展。

这一类型的代表学校有北京海淀走读大学，它是北京城市学院的前身。1984年学校初创时，没有经费、没有校舍、没有设备、没有教职工，而其中最突出的是没有最低限度的开办费。作为当时办学牵头人的清华大学教授、区人大代表傅正泰教授，向清华大学核能研究所同志借了5万元，应付急需，从此走上民办公助、自负盈亏的创业之路。[①]因公致残的郑州大学教师胡大白在当时上大学困难、高等教育自学考试热火朝天的状况下，白手起家，办起了黄河科技学院的前身——郑州市高等教育自学辅导站，从此开始办学之路。这一类型的民办学校，由于基本上是由富有教育经验的专家、学者创办，所以较多实行专家治学模式，创办者集董（理）事长和校长、书记于一身。

（三）企业（个人）出资办学型

这一类型的举办者主要是有一定经济实力的个人或企业。举办者在办学初期有一定的资金投入（包括举债和贷款），然后借助政策，多样化办学；也有基本建设由举办者负责投资，基本建设基本就绪以后，学校依靠学费运行，这类办学主体主要为企业。

1999年高校扩招政策的推出，使民办教育的发展进入了加速发展时代，从精英教育向大众化教育转变。民办教育得到了政策的扶持，加速了发展的步伐。这一期间，一些企业开始参与办学，企业举办的民办学校大多为股份制企业或民营企业。

这一类型的代表学校有吉利学院（原北京吉利大学）。它由吉利控股集团于2000年创办，学院董事长李书福系全国工商联副主席、全国政协委员、吉利控股集团董事长、

---

① 王永均.海淀走读大学的发展历程及其办学新路[J].海淀走读大学学报，2004(01)：93-102.

沃尔沃汽车集团董事长。在2017年度《财富》杂志世界500强的排行榜中，浙江吉利控股集团位列第343位。

这一类型的学校办学有较强的资金实力。2002年出台的《民办教育促进法》明确了民办学校出资人可以从办学结余中取得合理回报，这使得获得回报收益合法化。全国人大教科文卫委员会有一项调查表明，在我国现有民办高校中，只有10%的投资办教育的机构或个人是出于公益性目的，90%是要有营利回报的。[①]基于这样的背景，此类学校举办者在内部治理上往往拥有较大的控制权。

（四）混合所有制办学型

这一类型民办学校由国有资本、集体资本、民营资本、个体资本、外资等投资主体合作举办，典型代表如独立学院。在高等教育领域中，还出现了外资进入的中外合作办学的形态。随着公私合作伙伴关系（public-private-partnership，PPP）在民办教育领域中的推广，这一办学模式将日趋增多。

公立大学的二级民办独立学院自1999年教育部批准试办第一所独立学院——浙江大学城市学院以后，逐渐形成公办高校创办民办二级学院的热潮。根据教育部公布的2022年全国高等院校名单，在部分独立学院转设完成后，全国仍有164所独立学院。独立学院的办学体制比较特殊，一般由出资者与母体高校共同拥有对学校内部治理的主导权。

我国民办教育发展历经曲折，在改革开放以来的40多年中，一些民办学校根据政策导向和校情实际，办学类型有所调整，并不统一。例如，创办于1981年的浙江越秀外国语学院，前身为绍兴越秀外国语学校，其办学萌发于富有教育情结的绍兴教育家、民盟盟员邵鸿书老先生。当时他抓住了改革开放之初社会急需应用型外语人才的契机，使学校走上以学养学、滚动发展的轨道。随着1999年高校扩招，该校升格为高职院校，由于资金缺乏引入了新和成控股集团出资办学，新建校园，走上了企业参与办学之路。浙江万里学院由浙江省万里教育集团举办，1999年，经教育部批准成为"公办高校实行新的管理模式和运行机制"的新型高校。吉林外国语大学的前身——吉林省华侨外国语专修学院，由秦和博士于1995年个人创办，2006年她做出了将学校财产"全部留给社会"的法律公证。

经过40多年的恢复发展，我国民办学校内部治理经历了从多样到统一、从任性到理性、从粗放到精细的演变过程，开始从传统人治向现代制度治理转变。目前民办学校内部治理形成了几种相对稳定的内部治理模式，并尝试通过内部治理改革解决长期积累的一些问题。

---

① 韩民，张力.《民办教育促进法》颁布实施的意义及其政策课题 [J]. 教育研究, 2004(04): 38-43+52.

二、民办高校内部治理模式

有学者曾从控制权角度将民办高校治理结构分为人力资本控制模式、股东控制模式和共同治理模式三种类型[1]，也有学者根据出资者控制权与教职工控制权强弱的不同，将我国民办学校的内部治理结构划分为松散型治理、人力资本单边治理、出资者单边治理、关键利益相关者共同治理四种类型[2]。管理学大师明茨伯格认为，一个组织由战略层、操作层、中间带层、技术层和保障（支持）层五部分构成，并提出了五种标准的组织结构。借鉴明茨伯格提出的理论，笔者认为学校内部治理涉及各个层面的多维权力，主要包括举办权、决策权、执行权、监督权、参与权等，不同的权力分属不同的治理主体。民办学校内部主要权力分配模型见图4-1。根据五种权力在不同主体中分配比例、位序、生成和演进的过程，我们可将民办学校内部治理模式归类为松散结合型治理模式、专家单边治理模式、出资者单边治理模式、双层（多边）治理模式和利益相关者共同治理模式等。民办学校的建校基础、建校时间和举办主体决定了学校主要采取何种治理模式，并且其理想状态最终向利益相关者共同治理模式演进。

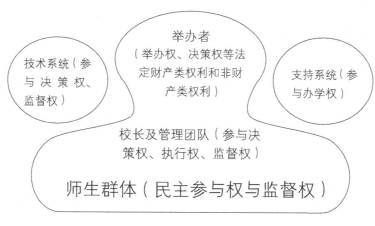

图 4-1　民办学校内部主要权力分配模型

（一）松散结合型治理模式

这种模式一般见于20世纪80年代民办学校初创时期。这一时期的民办学校大都由老教育工作者发起创办，办学规模小，仅由几名教师租借几间教室而成，教学内容主要

---

① 苗庆红. 民办高校治理结构的演变研究 [J]. 中国高教研究, 2005(09): 28-30.
② 王维坤，张德祥. 我国民办高校内部治理结构类型及演变路径 [J]. 现代教育管理, 2018(01): 30-35.

是针对高考落榜生、城市待业青年的高考复习、业余课程进修等。

这种学校的举办者和办学者自发结合，各种权力比较弱，处于不稳定、无序状态，并且内部层次简单，管理松散。但随着学校规模不断扩大，这种治理模式必将迅速向有序治理转变。

（二）专家单边治理模式

民办教育的发展吸引了一批来自公办学校的退休教师和管理人员参与办学。这些创办人身兼数职，既担任董事长又兼任校长，还同时从事教学工作。创办人或团队拥有绝对的权力，形成了以专家为核心的治理结构，即"专家治校"或"教授治校"的雏形。在这种治理模式下，学校举办权、决策权、执行权三权合一，决策效率高。学校所有重要事务的决策权也集中在以校长团队为主的执行层中，因此，执行层是这一治理结构中最为关键的部分。

在这种治理模式下，学校内部权力高度集中，其他主体的参与权和监督权被弱化，学校决策层与执行层比较模糊，人治色彩浓厚。学校战略反映了执行层对学校发展的愿景，甚至是举办者个人观念的直接外推或者个性的外延，战略决策过程倾向于高度直觉化。这种治理模式难以保证学校发展的稳定性和可持续性，亟须由更加符合发展需要的治理模式替代。

（三）出资者单边治理模式

在民办教育扩张发展时期，一批企业家纷纷加入社会力量办学潮流。在学校治理结构上，这些企业家举办者一般沿用企业的"股东控制"模式，由股东组建和控制董事会，实行董事会领导下的校长负责制，但同时强化举办权，弱化其他权力。企业或企业家投资办学，有利于缓解民办学校的资金困难，保障学校优良的办学条件、较好的教职工待遇。顾名思义，出资者单边治理模式下学校相当大的一部分权力掌握在举办者手中，权力结构高度集群化，等级和权力链明显，强调行动规划，管理效率比较高。校长及其管理团队权力被弱化，专家教授以及教职工在学校重大战略方向上的参与权、话语权较弱。

由于学校内部缺乏有效的制衡机制，并且受"教育产业化"思潮的影响，学校的内部治理与发展可能会出现公司化倾向，导致教育公益性与民间资本寻利性之间出现矛盾冲突，甚至一些举办者因过度追求办学的经济效益而使教育活动背离教育规律。

（四）双层（多边）治理模式

这一治理模式是随着民办学校（主要是独立学院）法人治理结构逐步完善形成的。在独立学院办学形式下，学校设立的申请者是公办普通本科高校，即所谓的母体学校；合作者多为企业、事业单位、社会团体或个人，也可以是其他有合作能力的机构。申请者负责学校教学和管理活动，保证办学质量；合作者负责提供办学所需的各项条件和设施，并参与学校领导、管理和监督。董事会由母体学校代表和投资者（企业或个人）组成，其构成反映了利益和权力关系，一般是投资者控制董事会并担任董事长，公办高校决定校长人选并负责学校的运行。

随着国有资本、集体资本、民营资本、个体资本等投资主体合作办学越来越多，民办学校的内部治理主体日益趋于多元化，采用双层（多边）治理模式的民办学校也逐渐增多。这种模式下，举办权、决策权、执行权、监督权相对分立，实现了部分权力的制衡，有利于不同利益主体之间相互监督和制约，有别于专家单边治理模式和出资者单边治理模式。但相对于利益相关者共同治理模式，利益制衡机制有限，利益相关者参与度较低。

（五）利益相关者共同治理模式

罗宾斯（Robbins）认为，学校是高度参与性的管理组织，应把控制权分散到整个组织，以使所有利益相关者能够影响决策、对战略和方向提出建议，并参与改善组织相关绩效。利益相关者共同治理模式是指民办学校出资者、行政管理人员、教师、学生、校友、政府等利益相关者共同拥有学校控制权，通过董（理）事会等决策机构共同参与决策，并与其他利益相关者有效协调。[①]

随着民办学校向内涵式发展转型，有关法规制度趋于明朗，师生群体维权意识不断增强，传统强化控制的治理方式不断受到利益相关者的抵制，这迫使民办学校开始重视教师、学生等群体在学校内部治理中的主体意识和能动性，凸显师生在学校重大决策、民主管理和监督等方面的主体地位与作用，逐步采用并不断完善利益相关者共同治理模式。可以预见，在分类管理的推动下，随着学校利益相关者各方的不断博弈，内部治理将成为民办学校内部建设的核心之一，并且都必然走向"利益相关者共同治理"模式（见图4-2）。

需要说明的是，实践中的民办学校内部治理通常更加复杂，许多组织都不完全符合某一种模式，而是几种模式的混合。理想类型是对实际状况的一种简化、抽象和概括，是通过对现实情况的"纯粹化"以凸显各类型的特点，以便更好地理解丰富多样的实际情况。

三、民办高校内部治理发展特点

（一）从多样到统一

由于民办教育系统自身演化的复杂性，以及政府对民办学校治理形式缺乏统一的规

---

① ROBBINS S P. Organizational behavior: Concepts, controversies, applications[M]. New Jersey: Prentice Hall, 1996.

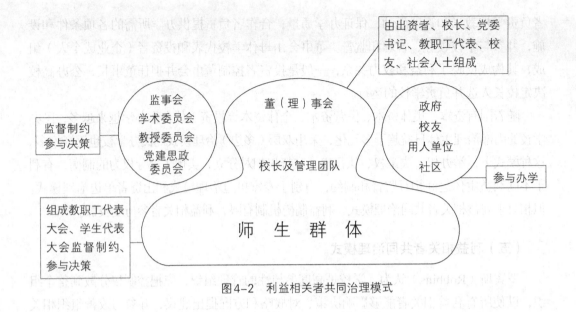

图4-2 利益相关者共同治理模式

定和要求,在《民办教育促进法》出台之前,民办学校内部治理形式多样。当时较为常见的内部治理形式包括董(理)事会领导下的校(院)长负责制、校长负责制、校务委员会领导下的校长负责制、教职工代表大会基础上的校长负责制(这类学校主要由集体发起成立,无实质性的出资者,教职工根据工作时间长短和贡献大小享有学校股权)、主办企业领导下的校长负责制等。这些治理结构形式名称各异,治理主体的职责和权力范围各不相同。教育部有关部门在2000年对159所民办高等教育机构的调查中发现,实行董事会领导下校长负责制的民办高等教育机构约占67%,实行校长负责制的约占28%。[①]

《民办教育促进法》及其实施条例对民办学校内部治理结构的相关规定,促使民办学校内部治理结构逐渐朝向董(理)事会领导下校(院)长负责制发展。自2003年至今,民办学校基本上建立了董(理)事会领导下的校(院)长负责制,内部治理结构形式由多样不一趋于基本统一。虽然学校决策机构名称不一,但其基本功能是一致的,一般由学校根据具体情况决定采用董事会或理事会。一般意义上,营利性的民办学校采用董事会,非营利性的民办学校采用理事会或董事会。

董(理)事会领导下的校(院)长负责制明确了学校董(理)事会和校长的权责范围。学校董(理)事会行使下列职权:聘任和解聘校长;修改学校章程和制定学校的规章制度;制定发展规划,批准年度工作计划;筹集办学经费,审核预算、决算;决定教职工的编制定额和工资标准;决定学校的分立、合并、终止决定其他重大事项。

---

① 韩民.民办学校法人治理结构如何完善[N].中国教育报,2004-07-18.

校长负责学校的教育教学和行政管理工作，行使下列职权：执行学校理事会、董事会或者其他形式决策机构的决定；实施发展规划，拟订年度工作计划、财务预算和学校规章制度；聘任和解聘学校工作人员，实施奖惩；组织教育教学、科学研究活动，保证教育教学质量；负责学校日常管理工作；学校理事会、董事会或者其他形式决策机构的其他授权。

在实际运行中，受政策法规不完善、学校发展沿革、社会环境以及举办者理念等因素影响，相当一部分民办学校的法人治理结构只是停留在形式上，未充分实施并发挥应有的作用。这些问题将在下一章讨论。

（二）从任性到理性

在恢复发展初期，民办教育如同夹缝中生存的细苗，生长不易。为了获取更多发展资源，一些民办学校利用国家政策法规在民办学校内部治理制度规定方面尚不健全、民办学校内部治理缺乏相应规范制约的漏洞，在功利性利益的刺激下，忽视内部治理建设，任性办学。一些投资者违背教育的公益性原则，单纯追求营利；个别民办高校滥用办学自主权，利用虚假招生广告骗取群众，不能做到诚信办学等。随着学校发展，民办学校内部治理机制方面的缺陷日益严重，由此导致的深层次问题不断显现。2004年间托普集团办学圈地事件、2005年南洋教育集团倒闭事件、2011年福建仰恩大学师生罢课群体抗议事件等一定程度上是由内部治理紊乱所致。

民办学校办学中的混乱现象和严重问题引起了政府和主管部门的高度关注。2006年《国务院办公厅关于加强民办高校规范管理引导民办高等教育健康发展的通知》发布，其中指出："近一段时间来，有些地方的民办高校相继发生因学籍、学历、收费等问题而导致的学生群体性事件，经过地方党委、政府和高校的努力，这些事件已经平息，正常的教学秩序已经恢复。这些事件的发生，既是民办高校发展进程中出现的问题，也是民办高校深层次矛盾长期积累的结果，集中反映了一些民办高校办学指导思想不端正，内部管理体制不健全，法人财产权不落实，办学行为不规范，也反映了一些地方政府对民办高校疏于管理、监管不到位。这些问题如不引起高度重视并及时解决，势必影响民办高等教育的健康发展和社会稳定。"[①]因此，政府和主管部门在后续出台的法规制度文件中，不断强化对民办学校内部治理的要求。

此外，日益激烈的市场竞争也暴露出民办学校内部治理的短板，要不断甄别并淘汰方向不明确、内部治理混乱的学校。2007年的一项调查显示，20世纪80年代末90年代

---

① 国务院办公厅关于加强民办高校规范管理引导民办高等教育健康发展的通知[EB/OL]. (2008-12-21)[2022-10-20]. https://www.gov.cn/gongbao/content/2007/content_512700.htm.

初，北京市成立的15所民办学校只剩下3所，四川省成都市40多所民办学校只剩1所。[①]
在大浪淘沙中生存下来的民办学校充分认识到内部治理的重要性，趋于按照法规制度的引导和要求，加强内部治理机制建设，更加注重理性办学，并逐渐构建面向市场、依法办学、民主管理、自主发展的长效机制。

（三）从粗放到精细

我国民办学校的兴起与发展先于国家民办教育法规制度建设，在自身组织形态、管理模式等方面带有一定的自发性。民办学校起步层次较低、办学条件较差、办学规模较小，又加之环境不稳定，多采用家族化、亲情化或明显友情化的小企业管理模式。在民办学校发展早期，夫妻店、父子兵、兄弟连、朋友帮式的管理团队，既能提高效率、节省成本，又利于统一思想、团结一致、控制办学风险。[②]在早期民办教育大规模扩张发展阶段，学校管理者主要忙于应付规模扩张所带来的基本建设和条件配备压力，无暇顾及内部治理机制建设，仍沿用成立之初或家族化，或企业式，或简单模仿公办学校的粗放式管理方式。

随着民办教育规模扩张发展黄金期的消逝，以内部治理为核心的内涵式建设成为民办学校的必由之路和建设重点。民办学校更加注重建立健全学校组织机构与制度，加强董事会等决策机构建设，建立理事会决策、党政联席会议决策、校长办公会议决策等决策制度，完善人事制度、财务制度、后勤制度等执行制度，以及逐步建立工会制度、教代会制度、学代会制度等民主管理制度。同时，民办学校也充分利用其办学体制机制优势，走管理精细化之路。如浙江越秀外国语学院积极探索与实行"理事会领导、校长负责、专家治学、民主管理、党组织发挥政治核心作用"的内部治理机制，健全学校管理制度，梳理优化260余项涉及教学、科研、学生管理、财务、后勤等方面的管理制度，推动"目标管理、标准化管理，绩效考核"的"二标一考"管理创新。又如西安欧亚学院在全校推进组织结构变革与重组，推进职能部门从监督控制转向服务支持的角色转变；以美国波多里奇质量保障体系为标准建立绩效管理指标体系，在学校绩效管理中全面推进卓越绩效模式（performance excellence model），开展以全面推进授权为核心的二级学院管理机制变革。[③]

（四）从管理到治理

2013年，党的十八届三中全会提出"推进国家治理体系和治理能力现代化"，将治理理念上升到国家高度。民办学校作为社会组织的一个重要组成部分，是国家治理体系

---

① 民办高校：今后生存发展靠的是实力 [EB/OL]. (2005-06-21)[2022-10-20]. http://www. huaue. com/mxdt/2005621101238. htm.

② 徐绪卿. 我国民办高校内部管理体制改革和创新研究 [M]. 北京：中国社会科学出版社, 2012: 41.

③ 潘东燕. 再造欧亚：西安欧亚学院十年转型变革记 [J]. 民办教育新观察, 2016(10): 62-68.

的内容之一。完善民办学校治理体系、推进治理能力现代化，既是推进国家治理体系现代化的根本要求，也是深化教育综合改革、推动教育现代化的迫切需要。

伴随着教育综合改革、内部治理结构改革的推进，民办学校内部管理范式也逐渐由注重管理走向强调治理。这里需要说明的是，强调民办学校治理并非要弱化管理，治理与管理是一种互补关系，两者缺一不可。从时间边界来看，民办学校管理产生的时间早于治理，治理是民办学校发展到一定阶段的产物。民办学校由管理转向为治理，是在政府对民办教育予以政策重视、扶持与鼓励的背景下开始的，并在近年来逐步成为发展的主流。学校治理与管理存在诸多差异，具体见表4-1。

表4-1　学校治理与管理的具体区别[1]

特征	学校治理	学校管理
目标	实现学校内利益相关者权责利的平衡	实现学校教学科研等既定目标
导向	战略导向，规定学校的基本架构，确保管理处于正确的轨道上	任务导向，通过具体的管理操作完成
主体	利益相关者	管理者
客体	人和组织	人力、物力、财务、信息等各种资源
实施基础	内外部显性、隐性契约和市场机制	行政权力、学术权力
实施手段	内部治理机制，外部治理机制	计划、组织、协调、控制
层级结构	学校治理结构	学校内部的组织结构
沟通方式	自上而下和自下而上的双向关系	自上而下的单向管理
政府作用	政府做宏观的法律、法规方面的指导	政府不干预具体管理过程
资金结构	反映举办者、政府、学生及其家庭、其他投资者的相对地位	反映大学的财务状况和大学经费各来源方对管理的影响

从制度边界来看，民办学校治理的基本前提是学校利益主体的多元化以及所有权与管理权的分离。从规模边界来看，当民办学校规模较小时，管理职能占主导地位，随着学校规模的逐步扩大，治理职能越来越重要。[2]在作为基层组织的民办学校中，治理与管理更需要协同推进。[3]具体来说，治理作为教育机构未来改革的方向，强调的是"自主办学、学术自由、平等沟通、协商共治、程序合法"等理念的引入与践行，并将所有关涉学校发展的利益相关主体纳入治理结构，真正地实现以协调沟通、横向参与保障的

---

① 李福华.大学治理与大学管理：概念辨析与边界确定[J].北京师范大学学报（社会科学版），2008，(4)：19-25.
② 李福华.大学治理与大学管理：概念辨析与边界确定[J].北京师范大学学报（社会科学版），2008，(4)：19-25.
③ 李福华，王颖，赵普光.论大学治理与大学管理的协同推进[J].高等教育研究，2015，36(04)：27-32.

各主体之间动态平衡的结构。[①]治理提供了学校运行的框架和基础，而管理则在这个框架内负责具体的目标的实施，同时管理又对治理起到调节作用。只有使民办学校治理与管理合理分工、密切合作，学校才能实现良性运转。

---

① 李永亮. 高等学校内部治理结构优化研究[M]. 北京：经济管理出版社，2017: 107-123.

第五章

民办高校内部治理结构及运行

　　我国民办高校是在政府的引导下，遵循市场规律发展起来的，需要建立一个完善的高校内部治理结构。但是，由于我国民办高校创办时期的社会环境不同、办学基础不一，以及民办高校举办者对自身办学角色（捐资还是投资、营利还是非营利、要求取得回报还是不要求取得回报）认同的差异，目前我国民办高校存在不同程度的治理机制混乱和学校内部的权力冲突，这些成了制约民办高校实现可持续发展的关键问题，是急需在变革中加以破解的现实难题。本章将在前一章对民办高校内部治理现状和特征进行总结分析的基础上，从内部治理结构层面来进一步阐述现存的突出问题，找出政策制约的根本原因，在价值理念的指引下探寻民办高校内部治理结构的优化路径。

目前民办高校内部治理结构存在的突出问题

美国学者约翰·S.布鲁巴克（John S. Brubacher）提出的"寻找问题共同基点"的研究方法触及高等教育研究领域很多问题的根源和本质，有利于问题的实质性解决。这给我们推动民办高校内部治理变革以重要的方法启示，即从民办高校内部治理结构中提炼问题的共同基点作为切入点。在对民办高校的内部治理结构现状进行分析后，我们发现存在以下几个突出问题。

一、董（理）事会组建及运行随意化

由于对民办学校董事会（为方便表述，以下统称为董事会）法律政策规定的笼统性，其形式重于实质，给实际操作留下了较大的自由空间，民办学校实际董事会治理形式与内涵与规范董事会形式和内涵出现偏差。一是董事会职数及人员比例虽有明确规定，但是缺少师生代表及外界人士参与。二是举办者、董事会、校长权力行使的边界不清晰，时常发生权力交叉、权力越位的现象，有些民办院校管理中，董事长和校长合作困难；校长经常更换，不利于学校稳定；校长开展工作受限，工作积极性受到影响。三是董事会为主的权力决策运行机制也不规范，制度执行过程的随意性无法衡量，制度的单一性与配套机制的不完整性，缺乏激励约束机制和信息披露机制等配套机制，很容易造成无法有效观察与评价董事会的实际运作行为[①]。有些学校虽然设立了董事会，但不过是空架子，形备而实不至，并未真正有效地发挥作用，学校仍沿用"家族式""家长式"管理模式。实践证明，内部治理仅有组织结构是不够的，必须有严格、规范的运作程序和规则，缺乏程序要件的制度是难以协调运行的。

---

① 李永亮. 高等学校内部治理结构优化研究 [M]. 北京：经济管理出版社，2017: 89-90.

二、基层党组织边缘化

民办高校有许多区别于公办高校的管理特点，其中很重要的一点就是公办高校实行的是党委领导下的校长负责制，而民办高校实行的是董（理）事会领导下的校长负责制。在这种领导体制下，如何发挥好党委在学校发展中的政治核心作用成为民办高校党建工作的重要课题。

民办高校党建工作在新发展形势下，面临一些新情况、新问题、新挑战。需要进一步增强党组织的政治核心地位，在工作中不缺位、不错位、不越位，要完善各项具体工作制度，并且保证制度的可操作性，确保党委书记有效参与到学校重大问题的决策中[①]；需要进一步加强党务干部队伍建设，民办学校党组织书记往往兼职较多，流动性也较大，支部书记抓党建精力不足、党管党务能力不够，有时候对党建工作"谈起来重要、抓起来次要、忙起来不要"；需要进一步增强党组织的渗透力，扩展党组织在校内发挥作用的领域，目前民办学校仍存在党组织覆盖率比较低、隶属关系不顺畅等问题，由于干部能力、场地保障、经费投入等因素的制约，一些民办学校党组织出现了党组织生活不正常、党建工作作用不明显、党组织保证监督作用发挥不到位等问题。

三、学术权力异化

一直以来，我国学校常被视为事业单位，在管理上主要沿袭行政管理体制，实行长官负责制，一级管一级，隶属关系清晰，建构了一个金字塔式的组织结构。在举办者控制及行政权力泛化的今天，民办高校的学术权力更加式微。过多的干预必然导致冲突，行政权力过多干预了本应该由学术权力独立来行使的职权，造成了民办高校内部的行政话语权强劲和学术权力话语权微弱的局面。民办高校内部虽然也根据需要建立了学术委员会、教学工作指导委员会等学术机构，但其作用并不明显，大多是作为咨询机构或主要成员仍是以行政领导为主，大部分的学术事务仍是由行政权力来决定的。行政权力的泛化还导致了学术人员和行政人员的冲突和对立。学术人员认为在制定学术层面的政策时，行政人员仍是从行政管理思维角度出发，考虑的是本群体的利益，专家治校、教授治学尚得不到充分体现。[②]

---

① 张亚伟. 加强和改进民办高校党的建设是民办高等教育事业科学发展的根本保证 [J]. 河南教育 (高教), 2013(01): 7-8.
② 王秀芳. 我国大学治理结构的研究 [D]. 长沙：湖南师范大学, 2007: 32-33.

四、内外监督机制的虚化

民办高校监事会制度不健全，学校没有成立监事会或者监事会职责不明。政府监督缺失，教育行政部门聘请会计师事务所等中介机构对民办学校进行的外部审计基本没有开展。登记机关的监督主要是年检，面对成千上万的民办学校及各个行业的民办非企业单位，登记机关有限的管理人员很难通过年检真正达到对民办学校的有效监督。师生、家长、社会的监督力更是薄弱，家长对民办学校的监督主要是通过"用脚投票"（不就读该校）的方式进行，这种监督方式其实主要是监督民办学校的教育教学质量，而对其财产、治理结构的内部运转模式往往知之甚少，由于信息不充分，事实上家长及学生对学校的监督是很有限的。

五、利益相关者参与弱化

利益相关者（stakeholders）作为术语被学者界定为"那些没有其支持，组织便不复存在的各种集团"[①]。有学者认为，依据利益相关者与学校的密切程度，可将学校的利益相关者分为四层：第一层，核心利益相关者，包括教师、学生、管理人员；第二层，重要利益相关者，包括财政拨款者、管理部门和校友；第三层，间接利益相关者，是指与学校有契约关系的当事人，包括科研经费提供者、产学研合作者、贷款提供者等；第四层，边缘利益相关者，包括用人单位、当地社区和社会公众等。[②]现阶段，由于民办学校教师的人事关系或在人才市场，或按照企业身份享受待遇，造成了高校教师"打工者"的雇佣思想，对学校事务的参与度不高；因民办高校普遍办学历史不长，缺少有影响力、有组织力的校友参与。此外，社会对民办高校还存在一定程度的偏见，遑论积极参与学校管理。

---

① FREEMAN R E, REDD D L. Stockholders and stakeholders: A new perspective on corporate governance[J]. California Management Review, 1983(25).

② 李福华. 大学治理的理论基础与组织架构[M]. 北京：教育科学出版社，2008, : 97-98.

民办高校内部治理结构的政策制约因素

我国民办高校内部治理结构呈现出来的问题，究其深层原因，还在于国家对民办高校相关法律法规、政策规定的不健全、不完善。民办高校内部治理结构的完善一定程度上受制于相关政策的明晰程度。

一、民办高校的法人属性问题

民办高校法人属于民办非企业单位法人，按照《中华人民共和国教育法》《中华人民共和国高等教育法》《民办非企业单位登记管理暂行条例》（1998）、《民间非营利组织会计制度》（2004）等规定，登记为民办非企业单位法人的民办学校应该是非企业单位、非营利组织。作为非营利组织，财政部《民间非营利组织会计制度》第二条规定其应当同时具备三个特征："（一）该组织不以营利为宗旨和目的；（二）资源投入者向该组织投入资源不取得经济回报；（三）资源提供者不享有该组织的所有权。"但在实际操作中，举办者通过各种会计方法和资本运作技术最大化提取回报或转移资金的例子不乏存在，也产生了很多法律纠纷，直接影响了社会对民办高校的价值判断。

1998年，国务院颁布的《民办非企业单位登记管理暂行条例》对民办非企业单位在设立登记时的民事主体资格做了更宽泛的规定，即可以包括法人、个人、合伙三种类型。在实践中，除民办非企业法人外，还有一些民办学校被登记为企业法人、事业法人和个体。这种以民办非企业单位为主体、多种法人类型并存的状况，导致民办学校法人类型不一，法人属性模糊，致使民办教育相关法律规定难以落实，也造成了民办教育行政管理上的混乱。

民办高校法人属性是完善其法人治理结构首要解决的问题，随着国家对民办高校非营利性和营利性民办高校分类管理政策的推进，民办高校法人属性问题有望得到破解，并且通过分类登记逐步清晰。营利性民办高校是营利性组织，到工商部门应办理登记为企业法人；而非营利性民办高校则是非营利组织，可登记为民办非企业或民办事业法人。

二、分类管理框架下的产权制度

《民办教育促进法》对举办者所有权没有作出明确规定，对学校剩余财产的处理也只笼统地提出"按照有关法律、行政法规处理"，这就导致了民办学校的举办者（创办人）对投入学校资产的最终归属产生了疑虑，所以在现实中紧紧抓住学校的控制权，不敢放权、不肯放权，也不愿放权，因为"放了就没了"。

教育作为一种稀缺资源，其资源的优化配置与否与产权结构是紧密相关的，故教育市场化的实质是以产权的优化而促使教育产业效率的提高。[①]高校法人财产权受制于所有权但又有别于所有权，它既是独立的又是完整的，即：相对于出资人而言，高校具有独立的法人财产权，有权直接支配学校财务，而出资人只能通过董（理）事会等形式参与学校治理或根据学校章程规定的权限参与学校管理，并不能直接随意支配学校财产；法人财产在实际上完全归高校所有，高校在法律规定或者合同约定的范围内，对其财产享有完全的支配权；在高校存续期间，出资人必须保证学校财产的完整性，不得分割学校的财产。[②]民办高校财产权也越来越呈现多样化的趋势，其来源包括举办者投入、国家资助、学杂费收入、社会服务收入及社会捐资这几种途径，改变了单一的财产权投资主体结构，必须将其主体界限划分清楚，以避免国有资产流失或者民有、私有财产受到侵害。因此，从政策的最终目标来讲，对营利性民办高校，举办者与民办高校的财产关系可以按照股东与公司营利组织的关系进行处理；而对非营利性民办高校，则应该严格按照非营利组织的国际通则解决，即举办者不能从中获取财产净收益，也不能在学校解散清算后分配剩余财产。

三、举办者的权责明晰和激励问题

我国民办高等教育30多年来波澜壮阔的发展史，与其说是我国民办高校从无到有、从弱到强的一部艰辛成长史，不如说是众多民办高校举办者（创始人）投身教育、殚精竭虑、无私奉献的一曲嘹亮赞歌。许多民办教育举办者，在本身并不富裕的情况下，倾囊而出，把全部身家投入教育事业中，奉献了财力、精力和体力。因此，完善民办高校法人治理结构要充分保障举办者（创办人）的合法权益。

按照《中华人民共和国公司法》，股东在投资行为完成后，所拥有的是公司的股权，其主要权利体现在以其投入公司的资本额享有所有者的资产收益（剩余索取权）、重大决策（行使表决权）和选择管理者（主要是董事会成员）三个方面，而非营利性民办高校

---

① 周游. 新制度经济学视野中的教育经营: 中国高等教育市场化透析 [J]. 贵州财经学院学报, 2002(06): 78-81.

② 彭宇文. 中国高校法人治理结构研究 [M]. 北京: 中国社会科学出版社, 2006: 147.

举办者除不享有资产收益权外，其他权利应受到保障。

四、政府管制与放松管制问题

政府管制是指政府及其职能部门为了提高资源配置率或维护公众利益以及公平正义，依据一定的法规制度，凭借行政权力对市场经济中的企业、个人或组织，实施的直接的限制、控制、禁止、规范行为或制定一般规则[①]。在目前政府对民办高校的管制中存在越位、错位和缺位的现象：越位，即对大学实行严格的计划管理和行政干预，行政机制过多地代替市场机制，民办高校灵活办学的优势被削弱，没有更多的办学自主权；错位，即没有统一的民办高校管制体系和独立性管制机构，政府各管制部门之间、部门各处室之间存在左右错位、分工不清、责任不明的现象；缺位，即管制激励和问责机制不健全，尤其是民办高校的财务监管制度，管理执行不力。为适应我国国情和时代要求，随着"管办评分离""政事分开、权责明确、统筹协调、规范有序的教育管理体制"的逐步完善，需健全对民办高校的统筹监管机制和协同服务机制。[②]

◆ 第三节 ◆

民办高校内部治理结构价值理念的确立

我国新一轮教育体制机制改革的力度前所未有，深化简政放权、放管结合、优化服务改革，构建政府、学校、市场、社会之间的新型关系是改革的重要内容。与此同时，伴随着教育全球化与国际化、网络与信息技术发展以及高等教育民主化趋势的加强，优化民办高校内部治理，构建科学决策、权力制衡、学术治校、民主参与、有效监督的民办高校治理结构，形成系统健全、科学规范、运行有效的制度体系，建立由内部评估和外部监督构成的基于治理过程控制的内部治理自律和他律机制应是民办高校内部治理的今后发展趋向。[③]

---

① 金锦萍.非营利法人治理结构研究[M].北京：北京大学出版社，2005：11.
② 周海涛.民办学校与政府互动合作关系的基础和路径[J].北京大学教育评论，2012，10(02)：56-63+188.
③ 袁广林.大学行政权力的依归[J].国家教育行政学院学报，2015(07)：3-8.

一、民办高校内部治理价值理念的认同

价值认同是民办高校内部治理优化的逻辑起点。民办高校内部治理结构的优化，基于一定的行事规则和价值标准，它规定什么类型的行动者被允许存在，什么结构特征是合理的，应该遵循什么程序以及与上述行动相关联的意见等规则。①

（一）遵循依法治理的价值理念

依法治理，既是我国整体治国的基本方略，也是各行各业要努力推进的重要工作。在教育领域，要大力推进依法治教，在各级各类学校，要推进依法治校。民办学校要坚持社会主义办学方向，贯彻国家教育方针，无论非营利性还是营利性民办学校都要恪守教育公益性原则，把完善章程、落实法人财产权、健全内部治理结构作为重点，在办学中牢固树立依法治校的理念，遵循法律法规、规章制度，在校内建立公平、公正、公开和合法、系统、完善的制度与程序。

（二）遵循符合教育规律的价值理念

教育的本质就是教化人心、陶冶情操、完善人生，培养高素质的公民。民办学校虽然有着与公办高校不同的发展轨迹，但要达到教育的目的，就必须遵循教育的规律，因为规律能帮助我们掌握达到目的的路径与方法。学校内部治理要以教育规律为指导，遵循大学生身心发展特点和民办高校学生的特点，提供适合学生的个性化、分层分类的教育教学模式；注重创新和发展，同时掌握用人规律、育人规律、可持续发展规律。

（三）遵循以人为本的价值理念

科学发展观的核心价值是以人为本，人是发展的主体。坚持以人为本的价值观，就是把满足广大学生的成才发展需要作为发展的出发点和落脚点。实践以人为本的治理理念，以关心人、尊重人、激励人、解放人、发展人为根本思想来进行学校管理，把人作为学校内部治理的核心和学校最重要的资源。②以教师为主导，就是要重视教师的创造性发展；以学生为主体，就是要为学生营造民主、宽松的学习环境。

（四）遵循分权制衡的价值理念

"分权制衡"是法人治理结构的基本特征和基本原则。法人治理结构所要解决的主要问题是所有权与经营权分离条件下的代理问题，通过建立一套既能分权又能相互制衡的

---

① 张永宏.组织社会学的新制度主义学派[M].上海人民出版社，2007: 104.

② 赵金昌.树立以人为本的思想 推动高等教育发展[J].太原理工大学学报（社会科学版），2001(A1)6-7.

制度来降低代理成本和代理风险，防止经营者对所有者利益的背离，从而达到保护所有者利益的目的。①民办学校需要通过组织机构以及制度之间的制衡机制，健全理事会制度、监事会制度，落实校长负责制，以保持其私利性与公益性之间的平衡，构建一种各自独立、权责明确、运作高效的治理机制。

（五）遵循共同治理的价值理念

民办高校的共同治理是指在民办高校出资人、高校管理者、教师、学生、家长及其他校外人员之间合理配置民办高校的控制权，从而形成各利益相关者对民办高校的共同治理。要构建外部利益相关者参与民办高校内部治理的机制，让治理主体能够实质性地参与到治理中，平衡校内外利益相关者的权益，为学校教育目标的实现、资源使用效率的提高、经济效益的获得、社会效益的平衡提供一种组织上的保证。

二、优化民办高校内部治理结构的路径

（一）健全外部制度体系，构建四位一体的良性互动关系

资源依赖理论认为，组织的行动会受到多种而非一种驱力的作用，权力依赖是其中重要的动力机制，组织成员的内部行为只有参照外部机构的行为才能得到更好的理解，为组织提供资源的机构能够也确实对这些组织发挥巨大的影响力。②有效实施民办学校内部治理，需要建立民办学校、政府、市场、社会四位一体的良性互动关系。在当下，这一外部制度环境的健全尤显重要。

1. 科学界定政府与学校的权力边界

落实权力清单制度，明确政府在学校内部治理过程中的职责，保证学校依法自主办学。改变直接管理学校的单一方式，综合应用立法、拨款、规划、信息服务、政策指导和必要的行政措施，减少不必要的行政干预，进行宏观管理。目前，尤其需要完善相关法律，细化相关规定，增加可操作性。在规定民办学校办学自主权的同时，也要规定相关义务主体应该承担的义务及其法律责任。应充分认识各级各类学校的差异性，立足于不同类型学校的特殊性，分别分类立法。

2. 健全外部监督机制

民办学校的外部监督包括政府监督和社会监督，应该建立"政府主导、部门配合、

---

① 薛飞. 关于完善民办高校法人治理结构的探索 [J]. 经营管理者, 2009(21): 2.

② PFEFFR J, SALANCIK G. The external control of organizations: A resource dependence perspective[M]. Redwood City, CA: Standford University press, 1978.

社会参与"的监督机制。政府的监督主要是检查民办学校对法律法规的落实情况以及有无违法行为。具体而言，一是监督民办学校日常管理工作的规范化，即民办学校是否按照其章程规定，建立健全内部管理制度，完善法人治理结构，实行民主管理，推进民主决策；二是监督和查处民办学校那些未经登记而擅自开展活动的，抽逃、转移或挪用办学资金的，办学结余分配不符合国家有关规定的行为。社会监督包括群众监督、新闻舆论监督、民主党派监督和社会团体监督等。应该通过各种媒体，如报纸、电视、广播等，向社会公众介绍、公布如何监督和举报，并创设各种条件、措施，如提供免费举报电话、举报信箱，或举报电子邮箱，或为举报者保密、奖励举报者等。

3. 引入和遵循市场化原则

民办学校是自负盈亏、自筹经费、直接面向市场自主办学的法人实体。民办学校在办学过程中更加注重办学效率和经济效益，力求在保证教育教学质量的前提下，降低成本、减少浪费、提高效率，实现教育资源的最优化组合，用最经济的消耗获得最佳的教育效果。民办学校这种"民办"特性，决定了民办学校内部治理的构建和运行必须引入和遵循市场化原则，包括对运行成本的控制、人力资本的进入与退出、人力资本的激励和约束等。[1]

4. 强化社会参与

要优化社会参与环境，强化社区参与学校管理，让学校与社区单位挂钩，与社区进行全方位的互动；社区中知名人士、家长代表联合组成教育委员会，提供教育咨询；由家长选举成立家长工作委员会，直接参与学校管理。

（二）完善内部治理结构，提高办学法治化水平

1. 完善理（董）事会决策机制

非营利性民办高校的理（董）事会是法人的最高权力机关和最高决策机关。决策权对一个组织来讲，是具有根本性意义的重要权力，而执行权是在决策权基础上实施的、带有具体操作性的权力，监督权则以监督决策权和执行权的行使及其合法性等为职责，三项权力共同构成了相互配合、相互支持、相互制约的有机统一的组织权力架构。

高校决策权理应由投资者和举办者所掌握。但是，现代大学制度的发展，特别是高校办学规模的不断扩大、学科专业建设随着知识经济发展而日趋技术化和专业性，使高校更需要一个专业性的组织来进行管理，而投资的多元化结构也更加强化了这一点。[2]

在理（董）事会的内部结构方面，应对理（董）事会的组成人数、产生办法、任期和任职资格、权力范围、议事规则等做详细规定。要确保理（董）事利益主体的多元化

---

① 杨炜长. 完善民办高校法人治理结构的现实思考[J]. 高等教育研究, 2005(08): 51-56.
② 彭宇文. 中国高校法人治理结构研究[M]. 北京：中国社会科学出版社, 2006: 151-152.

和身份来源的多样化、专业化，理（董）事会除了学校举办者代表外，参加人员还可以是学校党政领导、相关学术组织负责人、教师学生代表、杰出校友、社会知名人士、国内外知名专家等。对董事之间的亲属关系、兼任问题、资信问题等要有明确要求，为避免董（理）事会的家族化倾向，可以借鉴我国台湾地区的做法，民办高校的董事会和校长，不得由家族三代以内的亲属（含直系和旁系）同时担任，这样可以弱化举办者的控制，实现学校内部的主要权力制衡。董事有权要求获得适当报酬，并履行义务，确保其声誉。理（董）事参加决策，承担责任的同时给予其一定的合同收入，保障其劳动能够获得基本的报酬，这些报酬可以体现为工资（可设上限）、资金或出席费等。此外，理（董）事会在实际运作过程中也存在着角色谱系，有的是控制型，有的是协调型，有的仅仅提供咨询，还有的是形式化的机关。

要明确议事规则，规定会议召开的最少人数，参加会议是否能委派代表，通知传达程序、回避制度、表决程序、理董事会无法召开或出现违法情况时主管机关的作为等问题。为确保董事会决策的科学性和有效性，我国高校可以借鉴国外私立大学的做法和经验，董事会下设相应的工作机构，例如董事会决策咨询委员会、发展规划委员会、财政预算委员会以及绩效考核委员会等常设机构，承担董事会会议的组织、重大决策前的可行性分析、学校发展规划的制定、审查学校预算方案并负责筹集发展资金以及负责对学校领导班子的业绩考核等工作。[1]

2. 明确校长负责制及校长管理团队建设

校长对于一所学校的建设和发展，发挥着极为重要的作用，而且这种作用往往是学校内其他组织所无法替代的。校长处于行政管理结构的顶端，他们对下进行指挥、下达命令并负全部责任。[2]在保障校长行政管理权力的依法取得和自行使的同时，又要明确职权分工与工作规章，构建对校长等民办高校管理人员的激励与约束机制。

一是要建立校长遴选制度，积极推进大学校长职业化。西方发达国家高校校长的选拔，体现出较强的学术性、广泛性和民主性。如美国大学校长的选拔一般需要几个月到一年的时间，董事会制定选拔的程序规范，并成立专门性的选拔委员会。二是建立校长任期制、责任目标制和利益共享制。美国教师退休基金会（TIAA-CREF）在《公司治理的政策声明》中指出，对经理层的总报酬计划必须在行业标准内能吸引人、留住人和激励人。三是建立民主集中制，确保校长决策的科学正确。校长权力的履行也必须遵照规矩和纪律的要求，也需要受到监督，这样才能够确保校长不独断专行，或避免造成个人决策失误，进而对学校发展造成不可挽救的损失。校长必须按照民主集中制的原则办事，同时坚持正副校长分工负责制，校长将一部分的权力让渡给副校长，副校长在专业

---

① 董圣足.民办高校法人治理结构构建与思考：基于上海建桥学院的个案分析[J].教育发展研究，2006(22)：64-69.

② 教育部人事司.高等教育学(修订版)[M].北京：高等教育出版社，1999：141.

分工内履行职责，并接受校长的检查和考核。

3. 健全内部监督制约机制

建立监事会制度是完善学校内部治理结构的一项重要制度，可以实现内部权力的相互制约。在权力配置上，监事会必须与董事会、校长为主的行政系统、教代会等其他机构实现合理、恰当的平衡，避免畸轻畸重，而导致权力结构失衡。[①]

首先，在民办学校成立监事会具有重要意义。监事会的成员应该考虑从三个方面产生：一是教育行政机关指派的代表，以便于监控学校办学；二是学校教职工代表，以利于维护其合法权益；三是学生或其家长代表以及社会公益人士，确保在信息不对称的情况下保护受教育者的权利；四是股东（非董事非校长股东）的代表，以维护其作为投资者的权力。

对于监事会的职权，《中华人民共和国公司法》第五十四条有明确规定。根据我国民办高校的实际情况，建议设计监事会的职权如下：检查学校的财务状况；检查学校的教学诸事项的执行情况；检查学校教职工和学生权利状况；对董事、校长执行职务时违反法律、法规或者学校章程的行为进行监督；当董事和校长的行为损害学校、教职工以及学生的利益时，要求董事和校长予以纠正，必要时可以对董事或校长提起诉讼；提议召开学校董事会；法律和学校章程规定的其他职权。除此之外，应发挥纪检、监察、审计等党政系统内部监督机构以及其他多种形式的内外部监督的作用，形成内外兼治的合力。

4. 发挥党组织的政治核心作用

根据加强民办高校党建工作的要求，民办高校党组织要在以下方面发挥作用：推进学校依法办学，确保学校办学政治方向；要充分发挥党组织的战斗堡垒作用，做好凝聚师生员工的工作；要发挥党组织的思想引领作用，积极推动学校发展；要致力营造优秀的校园文化，优化育人环境；要积极参与人事管理和服务，在办学过程中发挥广大师生的集体智慧。民办高校党组织要努力加强自身建设，具体来讲，需要落实好政治领导权、管理参与权、行动监督权。一是要落实民办高校政治上的领导权，宣传和执行党的路线方针政策，执行上级党组织的决议，坚持社会主义办学方向和教育公益性原则；二是要落实民办高校党组织管理上的参与权，建立党委参与学校重大问题决策机制和党政联席会议制度，支持学校决策机构和校长依法行使职权，支持学校改革发展，帮助解决影响学校改革发展稳定的突出问题；三是要落实民办高校党组织行动上的监督权，引导和监督学校遵守法律法规，依法行使职权，督促学校决策机构和校长依法治教、规范管理、诚信办学。

---

① 彭宇文. 中国高校法人治理结构研究 [M]. 北京：中国社会科学出版社，2006：216.

5.重视学校章程的规范作用

人们把组织看作契约的联结（nexus of contracts），章程则是当事人达成并相互遵守的共同契约，是法人的设立者就法人的重要事务所做的长期性的和规范性的安排。根据新《民办教育促进法实施条例》，章程的制定必须符合法定的程序，章程的内容需要包含学校办学的主要事项，例如学校名称、住所、办学地址、法人属性等基本信息，举办者权益的相关内容（权利义务、举办者变更、权益转让办法），学校办学的关键信息（办学宗旨、发展定位、层次、类型、规模、形式等），学校办学资金情况（开办资金、注册资本，资产的来源、性质等），学校决策机构的产生方法和议事规则，党组织负责人或代表进入决策机构和监督机构的程序，学校的法定代表人，学校终止时剩余资产处置的办法与程序，章程修改程序。在办学过程中，学校要始终树立章程在管理中的纲领作用，做到有章可循、有章必循、依章办学。

6.发挥学术权力的作用

民办高校作为学术性组织，理应存在着行政权力和学术权力两种权力。两种权力各有特点，彼此区别而又相互补充，构成了高校内部权力的二元结构。[1]现代大学制度建设的灵魂，就是确立学术本位，促进学术自由。就学校内部领导机制来讲，就是通过学术内行的民主管理来实现"专家治学"。高校是高层次知识分子的聚集地，高校管理要充分征求专家学者们的意见，通过集思广益，减少行政管理决策失误。在学术事务上专家学者要发挥主导作用，要设置大学评议或教授委员会、学术委员会等确保权力的履行；确保成员的代表性和学术性，委员会的组成人员、负责人产生机制、其运行规则与监督机制等方面有明确的规则，保障学术组织在学术事务上的决策权，如大学的学科专业建设、学术评价和发展机制、教学科研计划方案制订、教师队伍建设等方面，维护学术活动的独立性。[2]在这方面，也可以将公办高校的改革试点经验吸收到民办高校内部治理工作中来，例如2010年10月以来，北京大学等26所部属高校开启"完善内部治理结构"的试点工作，出现了山东大学和东北大学校长退出学术委员会等改革探索。[3]

（三）引入科学管理方法，提升内部治理现代化水平

借鉴现代企业制度中各种先进的管理理念和管理手段，充分利用现代信息技术提供的技术手段和管理方法，推进学校内部治理与管理的整合与协同。

重视战略导向，实施战略管理，在战略规划阶段，重视学校利益相关者的作用与利益诉求，在战略目标的选择上，进行广泛沟通、多方协调，提高各利益相关者对战略

---

① 彭宇文.中国高校法人治理结构研究[M].北京：中国社会科学出版社，2006.：194.

② 刘果.高等教育管理中的权力问题[J].中国教育研究论丛，2006(00)：53-55.

③ 李永亮.高等学校内部治理结构优化研究[M].北京：经济管理出版社，2017：79.

目标的共识度，减少摩擦，强化各利益相关者的责任担当意识；在战略执行阶段，在调动各利益相关者的积极性、兼顾各利益相关者利益诉求的基础上，要强调学校管理的作用，优化内部资源配置与工作流程，加强执行力建设；在战略控制阶段，要兼顾大学管理系统的内部控制和利益相关者的外部控制。积极推动学校内部治理革新，实施扁平化管理，通过降低管理重心，减少管理层级，突出基层教学单位管理主体的绩效管理，构建出民办学校富有柔性的高效的管理体制；实施目标管理、标杆管理、绩效管理，使内部治理过程规范化、有序化、效率更高，目标得到有效实现，提高组织系统的能力，如环境适应能力、产出能力、信息沟通能力和整合能力，使利益相关者满意度提高。

营利性民办学校还可以盘活学校资产，增强市场流动性和开放性，通过合法合规的资本市场运作，增强营利性学校融资能力，通过资产的收购、兼并、联合，使学校的整体办学实力得到提升，市场竞争力得到有效提高。

（四）强化多方参与，建立利益相关者共同治理机制

利克特（Likert）根据大量研究材料证明，单纯依靠奖惩来调动职工积极性的管理方式将被淘汰，只有充分尊重和信任员工，依靠民主管理，从员工内心充分接受和认可的角度来调动其工作的积极性和主动性，才能有效发挥人力资源的作用。群体成员要在需求价值、愿望、目标与期望方面感到共同的利益（见图5-1），从而形成一种相互支持和互助共赢的支持关系。[①]

高校利益相关者共同治理机制，是指学生家长、用人单位、校友、教育行政部门以及所在地区政府等利益相关者，参与高校内部治理，共同促进高校发展的一项治理制度。利益相关者与高校之间存在着程度不同的利益关系，共同治理实际上是对高校利益和相关者利益的共同维护。[②]

利益相关者共同治理机制包含以下几部分内容：一是建立利益相关者沟通机制，建立信息公开披露制度。推行财务公开制度，将民办高校办学情况、收支情况、结余情况、分配情况等向学生、家长和社会公示，接受社会的监督，让公众及时掌握信息；建立利益相关者监督机制，切实维护教职工的民主管理和民主监督的权利，明确教（职）代会作为高校教职工的代表性组织有权行使对办学活动的监督权。二是建立利益相关者指导机制，建立教（职）代会对校园管理决策的参与机制，学生及家长、校友、社会公众参与指导学校事务，利用互联网技术，完善网络化的参与机制，即建立扁平化的多中心共同参与的互动体系，在治理过程中保障所有的相关主体都能充分表达自身的利益诉求。三是建立利益相关者权利救济机制，如申诉制度、复议制度、听证制度和信访制度

---

① LIKERT R. New patterns of management[M]. New York: McGraw-Hill Book Company, 1961-105.

② 季景书，张玥. 利益攸关方视角下的高校共治结构刍议[J]. 人口与经济，2010(A1): 205-207.

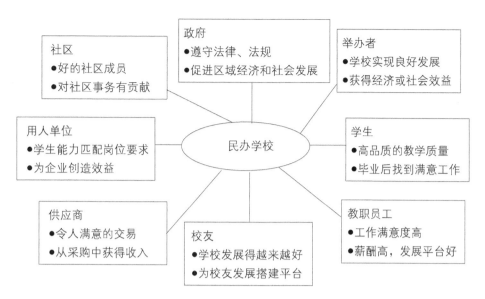

图5-1　民办学校主要的利益群体及他们的期望

等，使利益相关者的权益能够得到全方位的维护。①四是建立利益相关者问责机制，根据学校对各利益相关者担负的责任，由学校内外部利益相关者组成的多元问责主体对学校办学行为进行评议监督和责任考察，学校以主动的姿态去认识、应对和接受问责。

---

① 季景书, 张玥. 利益攸关方视角下的高校共治结构刍议 [J]. 人口与经济, 2010(A1): 205-207.

第六章 民办高校内部治理中的群体行为及其过程

组织是由群体和个人组成的，组织的根本特征是人，正是由于人的存在，才使组织具有了生命力。上一章对民办高校内部治理结构进行了研究，如果说结构属于民办高校相对宏观的层面，那么民办高校内部治理中的群体（由师生等分类集合而成）则属于中观层面。民办高校是一个底部沉重的组织，师生因职责和任务，被划分为不同的群体或根据需要组建相应的团队。群体的行为和过程影响着组织的效能，关注群体的不同类型及形成过程，打造高效能的群体和团队，是民办高校内部治理实现自上而下、自下而上双向互动关系的重要环节。

工作群体和团队的概念与形成

一、工作群体

民办高校中的群体，由两个或两个以上在民办高校工作的、具有共同兴趣与目标，并进行持续互动的人构成。所有群体（无论是正式群体，还是非正式群体）都会经历若干个发展阶段——从形成群体关系到发展成为成熟高效的群体。在以往的研究文献中，研究者提出了很多种群体发展模型。布鲁斯·塔克曼（Bruce Tuckman）提出的五阶段模型指出，群体行为发展要经历五个阶段，它们分别是组建期、激荡期、规范期、执行期和休整期。图6-1描述了每一阶段的特点。

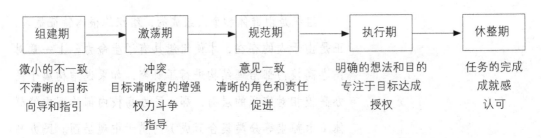

图6-1　塔克曼的群体发展五阶段模型

群体成员依赖于指导是群体组建期（forming）的突出特征，这一时期群体的目标还是不清楚的，成员行为具有一定的独立性，群体领导需要进行有效的向导和指引。在激荡期（storming），群体成员存在人际冲突、分化的问题，为了争夺职位而展开竞争，但这一阶段目标的清晰度逐步增强，群体领导需要进行一定的建设指导。规范期（norming）的特点是群体成员在意见上达成了一致。正是在这一阶段，每个成员才更清楚自己的角色和责任，并且乐意接受它们，群体领导要积极促进每个成员履行义务。当群体发展到执行期（performing），群体成员会更清楚自己的任务和目标。此时，群体需要一个能够对成员进行授权，并对他们实施监督的领导。最后一个阶段是休整期（adjourning）。在完成任务后，每个群体成员都是负责监督的领导。这时，成员会有成就感，会因完成任务而感觉良好，群体领导需要给予其积极的认可。

虽然在研究群体时，研究者主要使用塔克曼的五阶段发展模型。该模型为群体发展提供阶段指导，但从组织的角度来看，也有学者认为这个模型主要是用来描述小型群体的，忽视了组织的背景，并不符合实际情况。杰西克（Gersick）就曾指出，群体并不一定按照固定的次序逐阶段向前呈现直线型发展，而有可能在某些阶段之间徘徊。此时，群体在向目标迈进的过程中，几乎没有取得什么进步。像这种情况，要等工作群体积聚了足够的能量以后才有可能被打破。①

当个体处在一个群体中时，他的行为表现和绩效就会产生一定的变化，与他们单独存在时有明显的不同。群体行为特征呈现出去个性化、社会助长或抑制、社会惰化（也称"搭便车"）、从众等行为特征，所以在民办高校内部治理中需要学习与研究关于群体心理和行为的知识，并将其应用于实践。

二、工作团队

工作团队是由具有互补技能的一组人所构成的，他们拥有并服从共同的使命、绩效目标和方法。团队和群体是两个不同的概念，工作群体的效能仅仅是每个群体成员个人贡献的总和，工作团队则不同，它通过其成员的共同努力能够产生积极的协同作用，其团队成员努力的结果使团队的效能水平远大于个体成员效能的总和。②卡岑巴赫（Katezenbach）认为，团队区别于一般群体的最关键特征是团队的工作需要，团队成员彼此相互依存，团队成员承诺共同的工作目标并互相承担责任。团队的成员具有明显的团队文化特征和成员身份，对团队有高度的认同感。团队通常镶嵌在组织中，其作为工作的基本单元，具有团队边界，在内部形成解决问题和沟通协调的机制，对外形成团队间的资源共享和合作。团队的任务与组织的目标具有一致性。表6-1总结了团队和一般群体的主要差别。

表6-1　团队与一般群体的比较③

一般群体	团　队
目标是不明确或个人化的	成员具有共同的目标
责任分散或者没有责任	团队有共同责任，成员为共同责任负责
任务不明确，与组织目标没有必然联系	团队任务是组织目标的一部分
没有明显的共同体特征，边界不清	明显的文化特征和成员身份，较明显的边界特征

---

① GERSICK C J. Time and transition in work teams: Toward a new model of group development [J]. Academy of Management Journal, 1988(31): 9-41.

② ROBBINS S P. Organizational behavior: Concepts, controversies, applications[M]. New Jersey: Prentice Hall, 1996.

③ 孙健敏, 李原. 组织行为学[M]. 上海：复旦大学出版社, 2005: 8.

一般群体	团　队
人们封闭个人的感受，回避或激化矛盾	每个人都能公开表达自己的感受
人们缺少足够的信任，各自为政	人们相互信任，相互支持
缺少合作和团队的训练	日常化的团队训练
个人化领导	面向团队整体的领导
个人权威	分享领导
技术的随机性	技术的互补性

赫尔雷格尔（Hellriegel）把团队分为机能团队、问题解决团队、交叉机能团队和自我管理团队四类，提出了虚拟团队的概念。[①]贝尔宾（Belbin）[②]首次提出团队中存在九种角色，分别为：创新者（plant），富有创造力和想象力，为团队带来创新和变革；信息者（resource investigator），善于发掘机会、谈判，为团队带来热情和发展机会；协调者（coordinator），成熟自信，是团队的掌舵支柱；推进者（shaper），充满活力、激发人心，为团队带来动力和韧性；监督者（monitor evaluator），沉稳冷静，为团队带来客观评价；凝聚者（team worker），善于倾听并性格温和，为团队带来凝聚力和帮助团队实现高效合作；实干家（implementer），执行力和纪律性强，为团队带来稳健和信誉；完成者（completer/finisher），勤恳尽职，为团队带来严谨、担当；专家（specialist），提供专业的知识和技能，为团队带来特殊技能、专业性。这九种角色对于一支结构合理、成员多元、运行高效的完美团队来说是不可或缺的。

马杰里森和麦卡恩（Margerison and McCann）进一步发展了团队角色理论，他们在1990年出版的著作《团队管理新的实践方法》中提出"团队管理轮盘"思想，将团队中的特殊角色分成四个大的范畴，即探索者、建议者、控制者和组织者。[③]

团队建设是指通过一系列有计划的活动，帮助团队改进它们完成任务的方式。团队建设活动分为与一个或多个个体相关的变革活动、专为改变团队整体的运行和行为的变革活动、改革团队与组织的其他部分的关系的活动。[④]团队建设能够帮助组织建立起一种有凝聚力的战略，并帮助团队促进紧密协作。[⑤]

杨炎轩比较了部门和团队不同的群体组织方式在组织结构设计要素上的变化特点，比如在工作专门化、部门化、命令链、控制跨度、集权与分权以及正规化上有明显的区

① HELLRIEGEL D, SLOCUM J W, WOODMAN R N. Organizational behavior[M]. New York: Harper Business School, 1999: 41.
② BELBIN R M. Team roles at work[M]. 2nd ed. Amsterdam: Elsevier Ltd, 2010.
③ 魏颖. 高校学术团队管理研究[D]. 大连：大连理工大学，2006: 2.
④ 托马斯·卡明斯，克里斯托弗·沃里. 组织发展与变革[M]，李剑锋，等译. 北京：清华大学出版社，2003: 255-256.
⑤ PATTEN T. Organizational development through team building[M]. New York: John Wiley&Sons, 1981.

别。他认为部门与团队的组织方式不同，形成了不同的组织结构设计上的差异化。例如，部门的群体组织方式中，工作由专人来独立完成，而团队组织方式中，工作是由人与人协作完成的；部门组织方式是将同类的工作和员工进行分组，而团队的组织方式则是将不同类型的工作和员工组成一组；在命令链条中，部门组织方式的特点是多管理层次、单向沟通，而团队的组织方式是少管理层次、多向沟能；部门组织方式的控制跨度较窄，而团队组织方式的控制跨度则相对较宽；部门组织方式是以高层独立决策为主，而团队组织方式则以基层自主决策为主；部门组织方式的正规化程度较高，重在控制，而团队组织方式正规化较低，重在发挥团队的自主性（见表6-2）。

表6-2　组织结构设计要素与群体组织方式的关系[①]

组织结构设计要素	群体组织方式	
	部门	团队
工作专门化	工作由专人独立来做	工作由人与人协作来做
部门化	同类的工作和员工分组	不同类型的工作和员工分组
命令链	多管理层次、单向沟通	少管理层次、多向沟通
控制跨度	窄	宽
集权与分权	高层独自决策	基层自主决策
正规化	较高（旨在控制）	较低（旨在自主）

◆ 第 二 节 ◆

工作群体的组织形式和类型

一、工作群体的组织形式

正式群体的形成是为了完成各项任务，为了便于领导与协调就组建了部门。根据组织理论，组织部门的结构形式有职能式结构、事业部结构和矩阵式结构。

---

① 杨炎轩. 从教研组到教师团队：组织结构理论的视角 [J]. 教育发展研究，2009, 29(08): 57-60.

（一）群体的职能结构

韦伯（Weber）提出的科层制组织描述了权力等级、专业分工、工作程序、职员遵守的规定、差异化的奖励等组织结构的特征。在科层制的范式下，韦伯把权威分成三类：传统权威、法理权威、感召权威。韦伯提出的范式为职能式结构奠定了理论基础。[①]

民办高校内部，从纵向层面一般划分为校院两级。校级层面有校级、处级、科级；院级层面一般有院级、系级、教研室。从横向层面一般划分为处室（含党群和行政机构）、学院、教辅及直属单位、学术及科研机构等。

民办高校内部群体的职能结构有两个问题需要引起高度的关注：一是"去行政化"。一直以来，我国大学在管理上主要沿袭科层制，一级管一级，隶属关系清晰，建构了一个金字塔式的组织结构。这种金字塔式的组织结构，容易形成部门和人员、教师和学生的隔膜。2010年的《国家中长期教育改革和发展规划纲要（2010—2020年）》和《国家中长期人才发展规划纲要（2010—2020年）》已经明确学校等事业单位"取消实际存在的行政级别和行政化管理模式"。去行政化就是要淡化高校内部管理中的行政色彩，尽可能地突破行政的束缚，突出教学和学术的主导地位。二是校院二级管理。高校是一个底部下沉的组织，高校的管理群体、教师群体普遍具有较高的专业知识和职业素养，积极推行以院级为主体的管理重心下移，构建"重心下移、职权共担、业绩导向"的校院二级管理运作机制是高校内部治理机制优化、提升治理效能的重要途径。

（二）群体的矩阵结构

高校内部还存在为了完成某项工作，长久或临时组建的项目组群体，形成由纵、横两套管理系统组成的矩阵组织结构。组织为了完成某项工作，设项目组，项目组设负责人，受组织的最高负责人领导，而项目组由各个不同的专业职能部门抽调的成员组成，这些成员既对项目组负责，又接受原来部门的领导。这种结构在大学中广泛设置，能最大限度地利用有限的人力资源；可以发挥高校多学科、综合性的优势；符合市场经济的若干原则，与现代社会相适应等。[②]

纵向科层行政体系和横向社团学术体系相结合，学术权力和行政权力各司其职成为现代大学组织的典型特征。实现学术权力和行政权力均衡配置，明确界定哪些权力属于学术权力行使的范围，哪些是行政权力行使的范围。在此基础上，一些高校根据具体业务的划分，建立相应的业务委员会，如学术委员会、教学委员会、教材建设委员会、学位授予委员会、职称评审委员会和财务委员会等，赋予委员会应有的职责。此外，还有

---

① WEBER M. Theory of social and economic organization[M]. New York: Qxford University, 1947: 87-423.
② 邵婷婷. 美国大学组织结构的研究 [D]. 哈尔滨：哈尔滨工业大学，2008: 10.

依法选举成立的教职工代表大会和工会组织、学生代表大会等组织。[①]

根据孔茨（Koontz）的分类，各类委员会根据履行职能的区别，可以分为直线委员会和参谋委员会。前者是指委员会有决策制定权，相当于委员会负责制，后者是指委员会没有决策权，只有提供咨询、建议、参谋的作用，是一种个人负责制。各类委员会组成的人员可以根据需要实现多元化，如吸纳教师代表、学生代表、家长代表、校外社会各界人士等代表参加。[②]

二、民办高校正式群体的类型

根据规范程度，高校群体可以分为正式群体和非正式群体；根据群体存在的时间，可以分为永久性群体或临时性群体；根据群体所承担的职责分工，可以分为教师群体、学生群体、行政管理人员群体、教辅人员群体和后勤保障群体，符合团队特征的也可以称为团队。以下介绍几种群体在民办高校内部治理中的地位及其所发挥的作用。

（一）教师群体

曾任清华大学校长的梅贻琦有一句名言被奉为大学圭臬，"大学者，非大楼之谓也，乃大师之谓也"。[③]教师是学校教学、科研、社会服务的灵魂，高等学校教师是高等学校的教育工作者，他们既是某一学科领域的专家，又是教育教学工作的承担者，要办好高等学校，必须全心全意依靠广大教师，必须注意教师素质的提高。

（二）行政管理人员群体

行政管理作为一种外在的结构形式维系着高校组织的存在和发展，行政职能部门的管理活动对高校教学、科研、社会服务等工作的正常开展起着不可或缺的保障和促进作用。高校行政管理提供的是教育管理服务，可以通过优化高校内部行政管理系统，提高管理效能和服务质量，使教育资源的利用率达到最大化，从而更好地为教学、科研、社会服务等工作发挥保障和促进作用。

（三）教辅人员群体

高校教辅人员是指为学校教学工作进行辅助的、教学以外的、与教学工作密切相关

---

① 梅莉娟. 论扁平化管理在民办高校中的应用 [D]. 武汉：华中师范大学，2013: 36.

② 孔茨. 管理学 [M]. 黄砥石，译. 北京：中国社会科学出版社，1987: 517-518.

③ 梅贻琦. "所谓大学者"：1931年梅贻琦就职清华大学校长的演说 [J]. 国立清华大学校刊，1931(341).

的、为教学工作提供服务的工作人员①。高校教学辅助岗位工作人员的规范化和专业化程度，决定了其为教学科研提供服务质量的高低，是保障高校教学科研活动顺利进行、发挥作用的重要力量。

（四）后勤服务人员群体

高校各项事业的发展，学校的稳定，教学、科研和师生日常生活的正常有序都离不开高质量的后勤服务。高质量的后勤服务，可以满足师生对美好校园生活的向往，让师生在一个环境宜人、服务暖心的校园里充分发挥自己的聪明才智并健康成长。后勤服务保障是师生对高校的第一印象和直接感受，影响着师生对学校的满意度。

当然民办高校内部存在的非正式群体也需要引起管理者的重视。非正式群体（informal group）是指人们在活动中自发形成的，未经任何权力机构承认或批准而形成的群体，如学校中存在的一些"小集团""小圈子"都属于非正式群体。非正式群体既有有利的一面，如有利于沟通和增加成员的归属感、安全感，也有其不利的一面。当非正式群体不妨碍组织目标实现时，可以纳入学校一般管理；当非正式群体可能妨碍组织目标实现时，要制定相应的制度防止侵害，并加以疏导利用，团结和发挥非正式群体领袖的作用；当其非常不利于组织目标实现时，在说服引导无效后可进行拆散。

◆ 第 三 节 ◆

如何打造高效能群体和团队

一、高效能群体的打造

成熟、高效能的群体有四个明显的特征：明确的目标和使命、容易理解的规范和执行标准、高度的群体凝聚力、灵活的组织结构。

（一）明确的目标和使命

群体的目标和使命有可能是外部委任给群体的，群体也可以重新检查目标，与上级

---

① 吴发科. 谈高校"教辅"的职能与建设[J]. 现代教育论丛, 2007(04): 57-60.

一起对目标进行修改和调整。目标确定后，团队中的每一个成员都要向着同一个方向努力，并且将清晰的目标转变为具体的任务和安排。以具体的目标的形式来表述群体目标，可以超出任何通过个体目标设定所获得的绩效。

（二）容易理解的规范和执行标准

行为规范是经过一段时间的发展而来的，它是在一个群体中得到充分理解的行为标准。行为规范是群体成员之间相互评价的标准，例如群体成员的出勤情况、行为准则，可以以文字的形式固定下来。行为规范能融入高校的方方面面，从而使整个团队受益，并能引起积极的共鸣。

（三）高度的群体凝聚力

群体凝聚力被描述为使群体成员聚集在一起的人际吸引力。群体凝聚力能使组织有效地管理成员，使他们的行为符合组织的规范与标准。一项对 238 个行业群体凝聚力的研究表明，凝聚力是影响群体的焦虑程度、紧张程度和生产率的一个重要因素。高凝聚力的团队所感受到的焦虑和紧张程度较低。相反地，低凝聚力的团队所感受到的焦虑和紧张程度则较高。这表明凝聚力对团队成员具有安抚作用，在凝聚力很高的群体中，实际生产率的变动很小。[1]

（四）灵活的组织结构

结构是群体成员之间的一系列职权和任务关系。团队中职权问题的成功解决，有利于形成一个能够反映上下级关系、易于理解的地位结构。群体中的多样性有益于队伍建设，群体中的成员可以分别担任贡献者、合作者、沟通者、挑战者四种角色，从而为自己所在的群体贡献力量[2]。另外，一个成功的群体必须拥有一位集这四种角色于一身的成员——整合者，尤其是在跨职能的群体中。

二、高效能团队的打造

当某一项工作的复杂程度、综合程度和相关程度较高时，而且（或者）工作量不是某个人能够承担的时候，采用团队方式来完成工作通常是非常有效的。

---

① SEASHORE S E. Group cohensiveness in the individual work group[R]. Ann Arbor: Institute for Social Research, University of Michigan, 1954.
② PARKER G. Team players and teamwork[M]. San Francisco: Jossey-Bass, 1990.

（一）加强团队的合作

团队合作是许多组织的核心价值之一。成功的团队合作依赖于三个基础：共同工作、团队多样性、授权。共同工作实际上包含着两个方面的信息：一方面是团队成员，另一方面为团队整体。对于团队成员来说，共同工作所传递的信息是拥有良好的情绪非常重要，它要求一个人做到大脑与心灵之间、思想与感觉之间的有效沟通。对于整个团队来说，共同工作所传递的信息是使团队取得成功的关键所在，而内部竞争则会起到相反的作用。团队中的合作行为依赖于成员之间的开放式沟通、相互信任和相互支持。共同工作所带来的益处是形成积极的相互依赖、融洽的人际关系和双赢的工作成果。

（二）促进团队的多样性和创造性

团队多样性是令团队合作取得成功的另一个基础。团队多样性（team diversity）是团队成员在能力、技术、经验和个性等方面的差异。团队多样性分为表层多样性和深层多样性。表层多样性是基于某些人口统计学特征（例如性别、民族和年龄）的差异性。深度多样性是基于个性偏好、人际需要、态度、信念和价值观的差异性。[①]要建立一个人力资源、成员观点和成员阅历丰富多样的成功团队，组建者需要认真考虑这两个层次的团队多样性。团队成员因具有共同点而相处融洽，因具有不同点而彼此互补，从而形成更强的团队力量。在团队中，创造性体现为提出新的或不同的主意，以及完成任务的方法措施。创新是创造性所表现出来的特征。

（三）推进自我管理团队建设

自我管理团队（self-managed teams）是指有权制定原来由管理者做出的决策的团队，自我管理团队也称为自我指导团队（self-directed teams），或自主工作群体（autonomous work groups）。自我管理团队是在组织中实施授权的一种方式。采用这种授权方式时，管理者在与自我管理团队沟通时一般应使用软性影响策略，从而产生积极的结果。在对一个自我管理团队进行为期一年的跟踪研究后，研究者发现这种团队模式对员工的态度会产生积极的影响，但是对旷工或人员流动却不会产生积极作用。[②]对自我管理团队的研究有利于我们更好地理解这种新型的团队工作方式和工作设计方法，有助于我们建立对自我管理团队的正确期望。例如，在对一个自我管理团队进行研究后，研究者发现要

---

① HARRISON D A, PRICE K H, BELL M P. Beyond relational demography: Time and the effect of surface-and deep-level diversity on group cohesion[J]. Academry of Management Journal, 1998(41): 96-107.

② CORDERY J L, MUELLER W S, SMITH L M. Attitudinal and behavioral effects of autonomous group working: A longitudinal field study[J]. Academy of Management Journal, 1991(34): 464-476.

增强团队成员的组织认同感，提高其工作满意度，关键是要认识到，员工要具有获得良好绩效所必需的技能和能力。^①而且，如果自我管理团队要想获得充分的发展并实现其全部功能，就必须预防或管理某些风险（如团体迷思）。

---

① WORKMAN M, BOMMER W. Redesigning computer call center work: A longitudinal field experiment[J]. Journal of Organizational Behavior, 2004(25): 317-337.

第七章　民办高校内部治理中的个体行为及其过程

第五章、第六章分别从民办高校内部治理中的结构和群体两个层面进行了研究，本章将研究的视角转向个体，研究民办高校内部治理中个体的行为和过程。据统计，截至2020年年底在民办高校任职的教职工达49万人（其中专任教师36万人），拥有在校生791万人。①民办高校是高层次人才的聚集地，也是青年学生的聚集地。民办高校的师生，在实现组织目标过程中分别承担了不同的工作或任务，形成了分工。高校是一个专业化程度很高的组织，教师是主导，学生是主体，高校中师生个体地位及其在内部治理中发挥的作用理应得到重视和彰显。

---

① 2020年中国民办高等教育行业发展现状分析行业稳步增长[EB/OL]. (2020-11-17)[2022-12-26]. http://baijiahao.baidu.com/s?id＝1683577118148587470&wfr＝spider&for＝pc.

个体心理和行为

一、个体差异

个体的行为千差万别，个体的人格、知觉、能力、态度、情绪、伦理及压力应对方式的不同，都会导致个体做出不同的行为选择。对组织来讲，每个个体不同的行为有着不同的意义，因而它也在微观层面上影响组织的绩效。管理者要面对很大的挑战，原因在于他们必须与大量拥有不同个体特征的人一起工作。因而，管理者对个体差异了解得越多，就能使多样性的员工之间的沟通更为有效，就能更好地与他人合作。图7-1说明了个体的差异和环境是如何影响人的行为的。

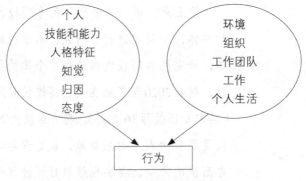

图7-1 影响个体行为的变量

知觉（perception）是人脑对直接作用于感觉器官的当前客观事物的整体的反映。人们的行为往往不是现实的反映，而是个体对现实知觉的反映。对观察到的行为结果进行分析并推断其原因的过程，称为归因。根据归因理论，个体对自己成败原因的归纳分析会对今后的行为方式产生重大的影响。价值观（values）代表了人们最基本的信念。从个人或社会的角度来看，某种具体的行为模式或存在的最终状态比与之相反的行为模式或存在状态更可取。① 德国学者斯普兰格（Spranger）在《人的类型》一书中指出，社会生活有六个基本的领域，并据此将人相应地分为六种类型，即理论型、经济型、审美

---

① 于洋. 基于个体行为模型的人才集聚因素分析 [J]. 商业时代, 2013(02): 87-88.

型、社会型、权力型、宗教型。价值观主要在两个方面影响员工的行为：对一个人选择什么样的工作和生活方式有很大影响；对一个人如何对待获得具体结果的激励有很大影响。态度（attitude）是指个体对外界特定事物所持有的较为持久且稳定的内在心理倾向。①心理学家认为，能力（ability）指的是个体能够顺利完成某种活动所需具备的心理特征。②能力—工作匹配理论认为，要达到人岗匹配、扬长避短、能力互补及动态平衡。

人格（personality），是影响个体行为的、相对稳定的一系列心理特征和行为模式。③近年来，大量研究证实，有五项人格维度是所有其他维度的基础，并且包含了人格特质中最重要的变量。这种人格理论模型被称为大五模型（Big Five），即外倾性、随和性、尽责性、情绪稳定性、经验开放性。研究表明，责任心强者工作表现更好；外倾性强者更适合做销售、管理工作；经验开放者会有更高的学习效率，而情绪稳定性与工作绩效无明显关系。④迈尔斯—布里格斯类型指标（Myers-Briggs type indicator, MBTI）是目前使用最广泛的人格测试之一，这一测试可应用于职业咨询、团队建设、冲突管理和理解管理风格等方面。

压力（stress）或应激反应（stress response），是指当一个人在面对任何需求时，作出的一种准备战斗或逃跑的无意识行为。耶基斯—多德森法则（Yerkes-Dodson law）指出，压力会把绩效提高到一个最佳点。超过最佳点，更人的压力和激励会给绩效带来不好的影响。⑤因此，适当程度的良性压力会激励一个人的行动，从而提高绩效，超过了最佳点绩效反而会下降。

马克思认为，人的本质不是一成不变的，而是随着历史的发展而不断发展的，随着生产力和生产关系的改变而发展的。⑥这就为我们更加动态地、发展性地认识个体的差异提供了思路。

二、民办高校个体（师生）特点

（一）民办高校教师

1. 具有强烈的物质需要

物质报酬是人们生活的保障，更是其工作成果和自身价值的体现，尤其在经济社会

---

① 《组织行为学》编写组. 组织行为学 [M]. 北京：高等教育出版社, 2019: 35-36.
② 《组织行为学》编写组. 组织行为学 [M]. 北京：高等教育出版社, 2019: 26-28.
③ 《组织行为学》编写组. 组织行为学 [M]. 北京：高等教育出版社, 2019: 46.
④ 理查德·L. 达夫特. 组织理论与设计 [M]. 王凤彬, 刘松博, 译. 北京：清华大学出版社, 2008: 76-77.
⑤ YERKES R M, DODSON J D. The relation of strength of stimulus to rapidity of habit-formation [J]. Journal of Comparative Neurology, 1908(18): 459-482.
⑥ 李梦颖. 马克思"现实的人"的思想及其当代价值 [D]. 石家庄：河北师范大学, 2021: 19.

中，物质报酬更具有独特吸引力和激励力。与公办院校相比，目前民办高校教师工资相对偏低，在对民办高校的调查中民办高校教师认为"较高的工资福利待遇"对其"非常重要"和"重要"的共占92.6%。[①]可见，民办高校教师的物质需要十分强烈。理论上，只有民办高校教师工资高于公办高校才能引进和留住人才，这已经引起民办高校高度的重视和关注。

2.具有较强的归属与爱的需要

由于民办高校体制机制的特点，大部分民办高校教师不享受事业编制的身份待遇，有些还属于企业性质参加社会保障，因而在民办高校，教师会比公办高校教师缺少安全感，而产生一种"心理落差"。民办高校教师更加迫切期盼在学校获得一种真挚、和谐、平等的人际关系，教师寻求关怀认可、归属与爱的需求也更为强烈。因此，教师对归属与爱的需要是民办高校激励中不容忽视的要素。学校应充分理解教师的情感需要，多多关爱教师，积极倡导和营造和谐的感情氛围，使他们时刻感受到来自学校的温暖，增强教师团队的向心力和凝聚力。

3.具有较强的发展提升需要

现有民办高校师资的来源大致有三个方面，即退休返聘教师、从其他高校引进的中青年教师和应届高校毕业生。对于中青年教师来讲，他们迫切需要学校提供更多更好的教学和科研平台，促进他们自我价值的实现，而退休返聘教师相对来讲年龄老化、知识陈旧，也需要学校为其提供发挥所长的平台。

（二）民办高校学生

1.有较强的自我实现需要

目前我国民办高校的学生录取分数相对较低，对于民办高校学生来说，往往认为高考成绩不是非常理想，有一定的自卑情绪。但是，在进入民办高校后，随着学生自我意识的逐渐成熟，民办高校的学生又比较迫切地需要得到更多的支持，在学习或生活中更为期望得到他人的认可，有强烈的自尊心和自我实现的需要，所以需要为学生创造各种机会和平台，更好地激发学生的内在潜能。

2.抗挫能力较差和学习较缺乏自觉性

同层次民办高校大学生相比公办高校大学生而言，学习动力和信心会相对不足。在进入民办高校以后，原先高压态势下的学习环境突然改变，部分学生由于缺乏学习自觉性，容易丧失学习目标，学习积极性下降，遇到挫折或由于自身所存在的一些问题比较容易放弃，对学业生涯和未来职业生涯比较迷茫，进而影响到周围的同学。因此，民办

---

① 张道梅. 民办高校教师需要的特点及其激励研究[J]. 价值工程, 2011, 30(01): 257-258.

高校需要设计一系列的学生活动载体，来鼓励和激发学生持续学习的热情和恒心。

3.综合活动能力较强

与普通高等院校大学生相比，民办高校学生的思想更为活跃，个性突出，更热衷于参加丰富多彩的社团活动，擅长表现自己。大多数学生往往在协调能力、活动能力、组织能力与动手能力等方面都比较突出，尤其在艺术、体育等方面具有特长，也乐于参加社会公益活动，如无偿献血、志愿服务等，在这些公益活动中找到自我认同感。学校为学生搭建的各种参与内部治理的平台，更易得到民办高校学生的响应。

三、个人—组织的契合度

组织行为学家认为个人—组织契合度（person-organization fit，也称为个人组织匹配度）反映了个人与组织在不同层面上的一致程度。从个人—组织契合度的内容看，契合度可分为补足式的契合度（complementary fit）和补充式的契合度（supplementary fit）。补足式的契合度是指个人弥补组织不足的程度，例如在知识和能力等方面个人如何满足组织的需要。补充式的契合度是指个人适应组织的程度，例如在个人目标和价值观等方面个人如何适应组织。补充式的契合度主要对个人的情感和态度产生作用，补足式的契合度更多对工作绩效产生影响。

个人—组织契合度的意义主要在于个人与组织的价值观一致后，对于个人与组织会产生一些有利影响。从组织层面看，当个人与组织价值观具有较高的一致性时，个人与组织就会有共同的思考框架，这些框架便构成了组织内部沟通与行事的基础，能够改善组织效能。同时，价值观上的一致，能够产生组织规范的整合功能，就是对组织成员行为所产生的控制，这种控制出自员工自身价值观的影响，而非组织所强制的，因此，这种控制所具有的内在性和自动性，相对于外在控制系统，更能使大家自动采取协调一致的行动。当然，如果个人—组织契合度过高，也会产生一些不利的影响，比如说这个组织的适应能力和创新能力就会降低，因为员工缺乏了多样性的思维。

从个人层面看，个人—组织契合度可以影响个体的工作态度、业绩表现、离职意愿和工作满意度，还可以影响员工的甄选过程、组织承诺和社会道德行为。有研究发现，当个人—组织的契合度越高，个人的工作态度就会越积极。除了人格因素外，人与组织在价值观和工作环境上的一致性，会影响员工的工作满意度、组织承诺。有学者还证明了个人—组织契合度对个人的职业成功有着重要的促进作用。[①]在离职意愿方面，个人—组织契合度较高

---

① 《组织行为学》编写组. 组织行为学[M]. 北京：高等教育出版社，2019: 252-255.

的员工会有较低的离职意愿。这些理论都很值得民办高校管理者研究和在具体实践中应用。

◆ 第 二 节 ◆

民办高校教职员工的职务设计及工作再设计

一、民办高校教职员工的职务设计

卡明斯、沃里指出职务设计是创造不同的职位和工作团队，以激发员工更高水平的满足感和积极性[①]。他们还分析了三种不同的职务设计。

（一）工序方法

它假定最高效的职务设计能够清晰地说明要执行的任务、工作方法、工作流程等，这个工序方法来自科学管理之父泰勒（Taylor）的先驱性工作。[②] 工序方法科学地分析工作过程、改进工作程序，做到以最少的能源、资源投入来获得最大化的产出。这种方法通常导致工作设计中高水平的专门化与规范化。[③] 这种工序方法设计出了两种不同的职务：传统的职位和工作团队。[④]

（二）激励方法

职务设计的激励方法把组织行为的效能看作实现成员需求和提高满意度的职能，这种方式利用丰富职位来提高雇员的表现和满意度。激励方法的理论与赫兹伯格（Herzberg）的双因素激励理论[⑤]，以及哈克曼（Hackman）和奥尔德姆（Oldham）的职务丰富化理论息息相关[⑥]。图7-2概括了哈克曼和奥尔德姆的职务设计模型。

---

① 托马斯·卡明斯, 克里斯托弗·沃里. 组织发展与变革 [M]. 李剑锋, 等译. 北京: 清华大学出版社, 2003: 382-408.
② TAYLOR F. The principles of scientific management[M]. New York: Harper & Brothers, 1911.
③ TAYLOR F. The principles of scientific management[M]. New York: Harper & Brothers, 1911.
④ CUMMINGS T C. Self-regulating work groups: A socio-technical synthesis [J]. Academy of management review, 1978(3): 625-634.
⑤ HERZBERG F, MAUSNER B, SNYDERMAN B. The motivation to work[M]. New York: John Wiley&Sons, 1959.
⑥ HACKMAN J, OLDHAM G. Work redesign[M]. Mass: Addison-Wesley, 1980.

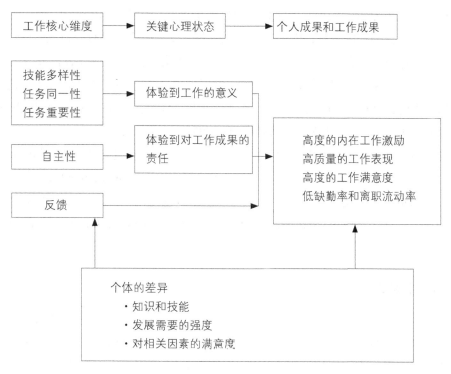

图7-2 职务设计模型

（三）社会技术系统方法

社会技术系统方法是应用最广泛的一种科学化、实用化的方法，它支持员工参与和革新职务设计。它建立在两个基础性假设之上：一个组织或工作单位是一个社会和技术结合的体系，同时这个体系对于它周围的环境是开放的。[①]这种方法与自我管理团队是相连的，自我管理团队成员拥有多重技能和高度的自主权，基于共同的目标，实行自我管理，过程中来自外部的控制很少。自我管理团队运作包括团队任务设计、团队流程变革等。

二、工作再设计

工作设计就是设计员工的岗位职责、工作内容和履职方式，工作再设计是指为了更好地激励员工，企业要对员工所要完成的具体工作任务及完成工作任务的方法进行重新

---

① TRIST E, HIGGIN G, MURRAY H and POLLOCK A. Organizational choice[M]. London: Tavistock, 1963.

确定，同时重新调整该工作与其他工作相互联结的方式。工作再设计在很多情况下是改善员工工作、生活质量的工具，因而是一种激励员工工作积极性的有效方法。

工作再设计必须要整体考虑：首先要考虑组织的环境因素、成果输出情况，如生产率、员工满意度、出勤率、离职率等；其次要充分考虑工作设计本身的因素，如工作的内容、难度、自主程度，以及工作职权关系、与他人协作及集体合作的要求等；最后要重点关注员工的个人特征，比如个人需求、价值观倾向、个性等。

在知识型企业中，考虑工作再设计的思路有以下几种：通过工作轮换（job rotation）实现相互任务转化，横向扩大工作范围实现工作扩大化（job enlargement），增加员工工作的自主性与责任感，使得工作丰富化（job enrichment），以及实行弹性工作时间（flex time）、压缩工作周（compressed workweek）、在家办公（work at home）以及柔性工作设计。

（一）岗位轮换

所谓岗位轮换，就是让员工在不同的岗位之间进行轮岗工作，以丰富其工作经验。传统的工作设计强调岗位的"专业化"，它往往经过本岗位的专业学习或者培训，使员工具备专业化的能力，然后员工就在这个岗位上固定下来，变成了"行家里手"。这种方式对岗位的专门化有一定的优势，但是由于长久使用相同的技能，往往会在"专业化"后形成"单一化"，员工会形成职业倦怠，而岗位轮换正能解决此问题。

（二）岗位扩展

岗位扩展又称工作扩大化，是指不改变员工所在岗位，但是增加岗位的工作内容，使一个员工同时承担几项工作，或者员工原来只承担工序流程中的其中一项，现在增加员工所负责的流程工序，从而扩大岗位工作范围和减少工作循环重复的一种工作设计方法。岗位扩展是工作广度的横向扩展，工作种类多了，所需的动作技能多样化了，员工在其中的获得感也会随之增加。

但是，岗位扩展并不是随意地增加工作任务，它必须与员工原先承担的工作有关联或性质相似，这样可以使员工不经培训即可胜任，节省了招聘新员工所需的培训费用；工作程序上的连贯性则避免了任务在不同员工之间的传递，减少了交接的程序，节省了时间。另外，从员工成就感角度而言，以前所从事的仅仅是一大项任务中很微小的一部分，个人在整个工作中的获得感不高，而进行岗位扩展之后，员工完成的是一个较大的单元，甚至是整个产品，这对员工的个人价值是一个很好的认可，可以极大地激励员工掌握更多的知识和技能，丰富工作经验。

岗位扩展存在的弊端就是，对于那些需要层次停留在较底层次的员工，获得报酬是他们工作的唯一目的。他们并不认为增加一些额外的工作可以带来更多获得感，而是把它当作一种额外负担，不仅起不到激励作用，还会助长负面情绪的产生。因此，在实施岗位扩展之前，要调查员工的实际需求，因人而异、对症下药是十分重要的。

（三）工作丰富化

工作丰富化是纵向的工作扩展，是指改变工作内容，使员工在管理的主要几个环节，如计划、组织、领导、协调、控制等方面承担更多责任的工作设计形式。工作丰富化不但给员工增加了工作任务，还为员工提供了获得更多赏识、进步、成长的机会。员工可以更好地发挥主观能动性，更优异地完成任务。

工作丰富化给每一个员工以充分的工作自主，它要求每一个员工能够自行规划所承担的工作，自行控制完成工作任务所花费的时间和要达到的工作质量，自行负责最后实现的工作成果并承担相应的责任。在这种高度"自治"的背后，管理者的授权和信任是必不可少的。在承担责任的同时充分下放权力，相信员工的个人能力和优秀品质，相信他们可以圆满完成任务，不时时监管，不横加指导，让员工成为工作的主人。

工作丰富化的局限性在于，承担更多的工作职责就意味着需要掌握更多的知识和技能，因而组织必须增加培训成本以及整修和扩充设备的费用，还需要付给员工更高的报酬。这就要求组织有相应的薪酬体系和良好的工作环境。没有这些前提条件，而一味增加员工的工作内容和层次，只会起到相反的作用。

（四）弹性工作制

弹性工作制是指员工可以自主安排工作的具体时间，没有统一的、固定的上下班时间，在工作时间安排上是自由而有弹性的，但是总的目标是需要员工在规定的时间内完成规定的工作任务，或确保固定的工作时间长度。弹性工作制是在员工完成固定工作时间长度的情况下，满足员工个人多样化的需求。目前，很多高校教师不实行坐班制，只规定授课的课时要求，教师在完成规定课时及学校交办的其他工作任务后，可以比较自主地掌握个人时间，实际上这就是一种弹性工作制。弹性工作制有如下几种形式。

（1）核心时间与弹性时间结合制。这种形式的弹性工作制主要由核心时间、带宽时间和弹性时间组成。核心时间是每天所有员工必须到班的时间，这个时间段里可能会有会议安排，或是有重大事件需要集中处理。带宽时间界定了员工最早到达和最晚离开的时间，核心时间被包括其中。弹性时间则是员工根据个人需要，可以自由选择的时间，只要全部工时得到完成，每天的工作时间安排可以有不同。

（2）成果中心制。这种形式的弹性工作制是以任务的完成为指标的，员工只需要在所要求的期限内按质按量完成任务即可获得薪酬，具体的时间进度安排可根据个体差异，将工作活动调整到最佳的身心状态、最具生产率的时段内进行。

（3）紧缩工作时间制。这种形式的弹性工作制可根据员工个人实际能力，通过增加每天的工作时间长度，使一个完整的工作周在少于五天的时间内完成。剩余时间或休假或娱乐，由自己处理。

（4）全日制工作与临时聘用人员相结合制。目前一些单位也采用"双轨聘用制"的方式。其中，核心轨道是全日制的正式员工队伍，辅助轨道则是机动灵活的临时外聘或兼职人员，两者互相配合。

弹性工作制的优点是：对教职工而言，灵活的时间安排使员工对个人的工作有了更大的自主权，可以更好地实现工作和生活的平衡，自尊、社交需要得到满足，满意度更高；对学校管理者而言，不必处心积虑地盯着员工的缺勤和迟到现象，办公设备更优化地使用，办公资源紧张得到缓和，避免员工"出工不出活"的尴尬局面；对于学生而言，个人学习、生活方面的问题可以在更多的时间段得到解决，提升了学校形象。

弹性工作制的局限性有以下几方面：首先，在该体制建立之初，必须对该岗位的工作流程和技术规范进行严密的考察和规划，能进行精确的个体工作绩效（质量、数量）考核的工作才适合应用该制度；其次，必须考虑到监管上的安排，要确保有充足的员工可以轮班，有良好的沟通协作渠道避免"盲点"，有严密的管理规章制度保证工作的井井有条；最后，一些岗位由于其特殊性无法实施弹性工作制，如宿舍管理员、后勤人员、安保人员等。

◆ 第三节 ◆

如何有效进行个体行为激励

一、采用多种激励方法

如何激发不同个体员工的积极性和主动性，这是领导科学的关键问题，也引起了众多管理学家、心理学家和社会学家们的关注。他们从不同角度研究如何激励人的问题，并提出了相应的激励理论，通常可以分为内容型激励理论和过程型激励理论。

内容型激励理论主要有：①马斯洛（Maslow）的需求层次理论。它阐述了人类需求的五级模型，通常被描绘成金字塔内的等级。从层次结构的底部向上，需求分别为：生理（食物和衣服）、安全（工作保障）、社交（友谊）、尊重和自我实现的需求。②生存、关系成长需要理论。它由奥尔德弗（Alderfer）提出，认为人的需要由生存、关系和谐和成长三个层次组成，需要的级序并非严格，可以越级，也可以同时有一个以上的需要，而且每个人的需要取向都不相同。该理论修正了马斯洛的论点。③双因素理论。该理论由赫兹伯格（Herzberg）提出，他把有关因素分为满意（激励）因素和不满意（保健）因素两类，故称为双因素理论。他认为有些因素（如成就、赞赏、工作本身的意义及挑战性、责任感、晋升、发展）可以提高满意度，但是有些因素（如公司的政策与管理、监督、工资、同事关系和工作条件等）只能降低满意度。④需要理论。该理论由麦克莱兰（McClelland）提出。他认为人的需要由成就、权力、情谊三个层次组成，成就需要的高低对一个人、一个企业、一个国家的发展成长起着重要作用。

过程型激励理论主要有：①期望理论。它由弗鲁姆（Vroom）提出，是研究人的期望与行为积极性关系的一种理论。该理论认为，激励水平＝目标效价×期望概率。②自我效能感理论。它由社会学习理论的创始人班杜拉（Bandura）提出。自我效能感是个人对自己完成某方面工作能力的主观评估。评估的结果如何，将直接影响一个人的行为动机。③公平理论。它由亚当斯（Adams）提出，他认为，人的公平感来自一种比较，当某人感到他投入工作的努力与工作所带来的报酬的比与他人的投入产出比相等时是公平的，否则就是不公平的。激励的强弱不取决于报酬的多少，而主要取决于是否公平，即中国古语当中的"不患寡而患不均"。④强化理论。它由美国著名心理学家斯金纳（Skinner）提出，他经过对人和动物的学习的长期实验研究，得出了强化理论，又叫操作条件反射理论。他认为人或动物为了达到某种目的，会采取一定的行为作用于环境。当这种行为的后果对他有利时，这种行为就会在以后重复出现；不利时，这种行为就减弱或消失。⑤目标设置理论。它由美国学者洛克（Locke）提出，目标设置理论是强调设置目标会影响激励水平和工作绩效的理论。他认为目标本身就具有激励作用，目标能把人的需要转变成动机，使人们的行为朝着一定的方向努力，并把自己的行为结果与既定的目标相对照，及时调整和修正，从而实现目标。这种使需要转化为动机，再由动机支配行动以达成目标的过程就是目标激励。

二、强调教职员工参与

学校改革是基于高度参与性管理（high-involvement organization）原则进行的，它是创建激励雇员和授权雇员主动提高组织绩效的系统变革模型。高度参与性管理把控制权分散到整个组织，以使所有组织的利益相关者，包括家长，能够影响决策，对战略和方向提出建议，并参与改善组织绩效。

员工参与（employee involvement）的理论基础是管理学家所提出的关于人性假设的理论。戴维斯将参与定义为：个人的思想和感情都投入一种鼓励个人为团队目标作出贡献、分担责任的团队环境中。①他的思维逻辑是让员工更多地参与到影响他们的决策中去，增加他们的自主性和对工作生活的控制，这样员工的积极性会更高，对组织会更忠诚，生产力水平更高，对他们的工作更满意。

民办高校教职员工参与至少可以通过四种途径提高工作效能：一是改善教职员工与民办高校之间的沟通，促进民主参与和监督，搭建多途径的参与学校治理的平台，如教职工代表大会等；二是加强合作，实现不同部门和教职员工工作的整合和任务的完成；三是加强对教职员工的激励，尤其使教职员工个人需求得到满足；四是提高教职员工的能力，使他们能更好地工作（见图7-3）。

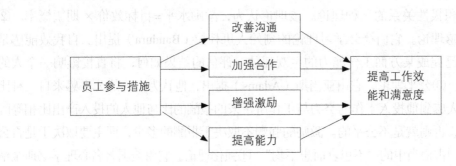

图7-3　员工参与如何影响工作效能和满意度

欧文斯（Owens）指出，教育组织在实施教师参与的过程中应该以下列三个因素作为实践指南：必须有明确的决策过程；理解将要解决或是决定的问题的性质；弄清吸收其他人参与决策过程的标准。②

促进教职员工参与的四个关键因素如下：一是权力。向教职员工授予足够的权力，让他们就诸如教学（工作）方法、任务分配、绩效产出、师生服务和同级聘任或挑选等工作相关的问题做出决策或参与决策。二是信息。给具有决策权的教职员工提供相关的信息来促使教职员工参与。三是知识与技巧。通过提供教职员工知识和技巧方面的培训和发展计划促进教职员工参与。四是报酬。可以给员工提供报酬，让员工有一种实现自我价值的感觉。③

① DAVIS. Human behavior at work: Human relations and organizational behavior[M]. 4th ed. New York: McGraw-Hill Book Company, 1972: 136.
② 罗伯特·G. 欧文斯. 教育组织行为学 [M]. 窦卫霖，温建平，王越，译. 上海：华东师范大学出版社，2001: 400.
③ LAWLER E. High-Involvement management [M]. San Francisco: Jossey-Bass, 1986.

三、突出学生主体地位

高校人才培养改革强调以教为中心向以学为中心的转变，从教学范式向学习范式的转变。这种转变的核心是尊重和发挥学生的主体作用，聚焦于学生的学习和发展。学生是高校治理结构中的重要主体，民办高校要注意平视学生在学校治理结构中的主体地位。

民办高校必须"围绕学生、服务学生、关照学生"，重视学生主体地位，搭建"学校与学生、教师与学生、学生与学生"常态化沟通平台，形成与学生的良性互动。正视代际更迭下学生思想的发展变化。高校思想政治工作者要有危机意识，不仅要"走近学生"，更要"走进学生"，掌握学生思想动态和发展诉求；不仅允许学生表达想法，还要创造条件让学生表达想法，更要积极回应学生想法，帮助学生疏解情绪，解决问题，化解矛盾。

高校教学改革要立足于创建学习环境，引导学生构建知识体系，发挥学生的主体作用，推动学生"自主学习、自我教育、自我服务"。健全大学生团学组织及自主管理组织，负责自主管理大学生的日常学习、生活，如学生自主管理委员会、学生公寓自主管理委员会、学生膳食自主管理委员会、学生社团自主管理委员会等。积极探索"辅导员助理、班级助理、行政管理助理"的队伍建设，发挥学生自主管理作用。

做好突出学生主体地位的管理保障。构建院系主导的校院两级学生工作机制，充分发挥校院两级单位在学生工作上的积极性和创造性。学校一级重在引导、服务与支持，重在目标管理；学院一级重在自主、精细与特色，重在过程管理；通过合作与评估，推进校院两级的良性互动。加大对学生满意度工作的考核力度，对学校毕业生职业发展与人才培养状况进行跟踪调查，将其情况与在校生对职能部门、二级学院的满意度评价结果纳入二级单位目标考核；发布学生满意度评价指数，提升学生对学校的满意度。

第八章 民办高校内部治理变革的几个关键环节

在民办高校内部治理变革中，有几个关键环节和重点工作与其息息相关，它们之间形成互为依存和相互推动的关系。举办者在民办高校内部治理优化中具有举足轻重的地位，发挥着不可替代的作用。讨论民办高校内部治理优化，必须重视举办者权力保护和责任监督落实问题。大学内部治理结构是现代大学制度的重要基石，大学内部治理结构的改革与完善是建设现代大学制度的核心要义，从现代大学制度的视角来审视大学内部治理结构尤为重要。[①]内部治理体系的创新与高校办学自主权的赋予等密切相关。办学自主权是民办高校的生存权、发展权，在我国大学内部治理改革中，应不断扩大与落实办学自主权。办学自主权有其必需的边界和限制，它的基本前提是学校具有完善的内部治理。[②]优化民办高校内部治理，要充分发挥民办高校基层党组织在民办高校中的战斗堡垒和政治核心作用，保证党组织在重大事项上的决策、监督、执行各环节有效发挥作用，坚持社会主义办学方向和落实立德树人根本任务。

---

① 眭依凡, 蔡连玉, 王占军, 等. 大学内部治理研究: 文献回顾与研究展望 [J]. 河北师范大学学报 (教育科学版), 2021, 23(05): 1-10.
② 张慧英: 我国中小学自主办学的权限及存在问题 [J]. 教学与管理, 2009, (10): 31-33.

◆ 第一节 ◆

举办者权力保护和责任监督

一、民办高校举办者责权的历史变迁

（一）从"无限"责任到"有限"责任

初始的民办学校举办者全面负责的要求意味着早期的文件是非常笼统的，到了后期才慢慢具体化。1987年7月出台的《国家教委关于社会力量办学的若干暂行规定》是针对社会力量办学的首个明文规定，其第十九条规定"办学的单位或公民，必须对学校工作全面负责"，由此明确了举办者对学校全面负责的要求。之后颁发的《国家教委关于社会力量办学几个问题的通知》，明确了举办者依法办学责任要求。2004年2月通过的《民办教育促进法实施条例》是配套我国历史上第一部《民办教育促进法》落地的实施条例，其专章阐述举办者相关规定，明确民办学校的举办者应当按时、足额履行出资义务，明确民办学校存续期间，举办者不得抽逃出资，不得挪用办学经费。民办学校的举办者不得向学生、学生家长筹集资金举办民办学校，不得向社会公开募集资金举办民办学校。①在随后出台的《国务院办公厅关于加强民办高校的规范管理引导民办高等教育健康发展的通知》《关于鼓励和引导民间资金进入教育领域促进民办教育健康发展的实施意见》，以及《关于鼓励社会力量兴办教育促进民办教育健康发展的若干意见》中，明确规范内部管理的要求，以及建立民办学校风险防范机制，加强监管以及资产过户的要求。

（二）权利从相对模糊到逐步明朗

1997年施行的《社会力量办学条例》提出，"校董会由举办者或者其代表、教育机构工作人员的代表和热心教育事业、品行端正的社会人士组成"。由举办者推选首批董事，今后则按照校董会规定进行推选，经过审批机关核准后聘任。校长或主要负责人的人选，设立校董会的由校董会提出，不设校董会的由举办者提出。②这是最早明确举办者在组建校董会过程中的自身成员权、推选权和聘任学校负责人的权力。2002年《民办教育促进法》明确了国家奖励和表彰对象为发展民办教育事业做出突出贡献的组织和个

---

① 中华人民共和国民办教育促进法实施条例[EB/OL]. (2004-04-01)[2020-07-14]. http://www.chinalawedu.com/falvfagui/fg22598/4165.shtml.
② 社会力量办学条例[EB/OL]. (1997-07-31)[2020-07-14]. http://www.people.com.cn/zgrdxw/faguiku/jy/F44-1010.html.

人，出台合理回报制度。《民办教育促进法实施条例》（2004）明确"民办学校的举办者参加学校理事会、董事会或者其他形式决策机构的，应当依据学校章程规定的权限与程序，参与学校的办学和管理活动"。[①]《关于鼓励和引导民间资金进入教育领域促进民办教育健康发展的实施意见》（2012）指出民办学校举办者退出举办、转让举办者权益或者内部治理结构发生重大变更的，应事先公告，按规定程序变更后报学校审批机关依法核准或者备案。[②]新《民办教育促进法》（2016）修订时明确"非营利性民办学校举办者不得取得办学收益，办学结余全部用于办学"，同时确定了非营利性民办学校举办者补偿和奖励的原则规定。[③]

二、民办高校举办者责权落地过程中的现实偏差及原因分析

综观1987年以来的相关法规，我们发现国家从理论上完成了对民办教育举办者的权责设计，然而政策执行过程中却存在着象征性执行、替换性执行和敷衍执行等情况，造成了应然和实然之间的现实偏差。

（一）应履责任与现实责任的偏差

与有关法规明确要求履行的举办者责任相比，在现实中尚存在一些偏差：一是举办者对民办高校的后续资金投入缺少动力，长期靠学费的单一渠道滚动式发展的模式已严重地制约了民办高校内涵建设的发展。二是资产过户遇阻，学校法人财产权落实困难。可查到的相关资料显示，自2007年《民办高等学校办学管理若干规定》作出资产过户1年时间限定后，2011年广东省只有6%[④]、2012年江苏省也只有7%[⑤]的民办高校实现了资产完全过户。三是学校内部治理结构不完善，存在"举办者控制"现象，举办者通过控制决策机构实施对学校的支配和控制。

造成责任偏差的原因分析：一是举办者应履责任的内涵和外延概念模糊。如举办者（发起人）完整地履行出资义务，应当同时包括出资时间的及时性、出资金额的充足性和出资权利的完整性。其外延范围既包括初始投入，也应当包含后续资金的筹措或投入，

① 中华人民共和国民办教育促进法实施条例[EB/OL]. (2004-04-01)[2020-07-14]. http://www.chinalawedu.com/falvfagui/fg22598/4165.shtml.
② 教育部关于鼓励和引导民间资金进入教育领域促进民办教育健康发展的实施意见[EB/OL]. (2012-06-18)[2022-10-20]. http://www.gov.cn/zhengce/2016-05/22/content_5075597.htm
③ 中华人民共和国民办教育促进法(2016年修正)[EB/OL]. (2016-11-07)[2020-07-14]. http://search.chinalaw.gov.cn/law/searchTitleDetail?LawID=406468&Query=%E6%B0%91%E5%8A%9E%E6%95%99%E8%82%B2&IsExact=.
④ 李强, 徐林, 雷辉, 等. 代表: 给民校"民办事业单位"待遇[N]. 南方日报, 2011- 6-16(2).
⑤ 李勤, 钟建芳. 制度视域下的我国民办高校法人治理结构分析[J]. 黑龙江高教研究, 2014(9): 56-58.

提供持续稳定的经费支持。二是配套落地政策不完善。比如在资产过户过程中手续繁杂、税费征缴的承担方不清，举办者资产增值过户的诉求无法得到回应，涉及税务部门、登记机关、审批机关的相关政策不衔接，形成了资产过户过程中一道道无形阻碍，这些都延缓了资产过户的进程。三是责任监督机制弱化。目前对非营利性民办高校举办者责任监督机制较弱，这些因素使得有关法规对举办者的强制约束力低，举办者不履行责任或不完全履行责任所应承担的不利后果较轻，直接造成了应履责任和现实责任的偏差。

（二）应有权利与实有权利的偏差

与责任相对应，举办者的权利也没有在现实中得到很好的落地：一是原合理回报政策落地难。通过对40所民办高校公布的学院章程分析，39所高校明确不要求取得合理回报，仅有1所高校明确要求取得合理回报。究其原因，主观上，学校担心选择"合理回报"后可能存在招生、道德等办学风险；在客观上，"合理回报"制度本身存在缺陷，相关配套政策始终未出台。二是补偿或奖励兑现难。新《民办教育促进法》规定，非营利性民办高校"终止时，民办学校的财产依照本法规定进行清偿后有剩余的……给予出资者相应的补偿或者奖励"。这一政策兑现在学校终止之时，对致力于"百年树人"的高校来讲，实则渺茫，而且涉及清产核资这一环节，对于在办学初创时期难以核定投入的举办者来讲，更是难上加难。三是学院章程对举办者相关权利表述笼统，权利保障难。根据笔者对全国40所非营利性民办高校公布的章程文本分析（见表8-1），大多只是重复有关法律法规中举办者权利的规定，粗放简单，缺乏针对性和个性。

表8-1　40所非营利性民办高校章程内容分析

内容	有明确举办者单位或个人	有单设举办者章节	有单设举办者权利条款	有单设举办者义务（责任）条款	有单设董事会职权条款	有明确举办者是否取得合理回报	有单设举办者变更条款	有明确举办者获得补偿和奖励办法
数量/所	36	8	13	12	40	31	21	6
占比/%	90	20	32.5	30	100	77.5	52.5	15
备注	（1）其中有2所学校明确无举办者； （2）其中有1所学校明确要求取得合理回报，其余均为不要求取得合理回报； （3）其中有3所学校明确清偿债务后的剩余财产，返还举办者的部分，按照举办者的出资比例进行分配，另有1所明确财产最后清偿为投资方收回投资。							

造成责任权利偏差的原因分析：一是基于"道德人"的政策制定假设和现实复杂人的冲突。一方面，举办者期望从投资中可取得合理的回报，符合"经济人"的属性；另一方面，举办者也乐于献身公益事业，符合"道德人"的属性。然而，现实里对举办者来说，权利少、责任多的制度设计，显然不符合社会主义初级阶段的国情。二是尚未形成

科学合理的政策体系。政策的正确性是政策有效执行的根本前提。关于举办者的权利和责任规定散见于各类法规条例意见和决定中，宏观和微观政策之间、新老政策之间、各部门政策之间没有很好的衔接和配套，给政策执行带来困难。三是争议解决机制缺位。尚未建立举办者与民办高校办学争议解决机制，尚未合理定位举办者与民办高校的法律关系，明确举办者具有协商，独立提起复议、诉讼等主体资格。缺少可供对照和比较的权利争议表现形式，就争议的处理主体、解决争议方式和解决程序都没有进行明确的规定。

三、举办者责权的政策调适路径

按照渐进决策理论，政策过程是一个对以往政策行为的不断补充和修正的过程。[①]我国积极鼓励社会力量举办教育，政策执行者（各级政府及主管部门等）与受影响者（非营利性民办高校举办者）基于双方在政策上的利益，彼此放弃或修正其立场，寻求一个双方皆可接受的政策执行方式，这种方式适用于政策调适模型。这一相互调适的过程是举办者与学校法人之间处于平等地位的双向交流过程，在分类管理的框架下，以双方间的平等法律关系为基础，以办学的公益性为宗旨，加强政策调适，完善法律法规，实现举办者实有责权和应有责权的统一。这种调适的互动关系可用下图来表示（见图8-1），调适的内容从以下两部分着力。以下以非营利性民办高校举办者责权为突破口，讨论举办者权责的政策调适路径。

图8-1　政策执行相互调适过程

（一）明确非营利性民办高校举办者责任范畴与健全监管机制

1.明确非营利性民办高校举办者责任范畴

首先是出资责任，民办学校举办者应依法按时、足额履行出资义务；其次是依法落实学校法人财产权，投入的资产须经会计师事务所验资和评估机构评估后，将资产足额

---

①　陈佳云.试论公共政策的主要分析模型与超理性分析[J].广东行政学院学报，2011，23(02)：5-9.

过户到学校名下；同时需要履行信义、勤勉责任，遵守法律、法规、规章和国家有关规定，贯彻国家的教育方针，坚持社会主义办学方向和教育公益性原则，保证教育质量，提高办学水平；接受监督及依法承担责任，对举办者不当干预办学、侵犯学校办学自主权，不履行章程规定义务等行为，应依章承担责任。[①]非营利性民办高校举办者的主要责任清单见表8-2。

表8-2　非营利性民办高校举办者主要责任清单

主要责任	内涵表述
出资责任	按时、足额履行出资义务，在学校存续期间筹措办学经费，提供办学条件
落实学校法人财产权	在学校法人登记成立后办理资产（含土地、房产和其他资产）过户手续
信义、勤勉责任	贯彻国家的教育方针，坚持社会主义办学方向和教育公益性原则，保证教育质量

2. 完善监督约束机制

探索个人自觉遵守、学校内部利益相关群体监督、政府与公众督管的责任约束机制。通过健全学校信息披露制度、年度检查制度、督导制度、中介组织的市场评估制度、法人控制制度、财务会计制度、审计监督制度等，监督和约束举办者的办学行为。

（二）健全非营利性民办高校举办者权利内涵及保障机制

1. 明晰非营利性民办高校举办者权利内涵

在财产类权利方面，其不再拥有财产收益权和剩余财产所有权，但拥有奖励和补偿权，即按照国家有关规定给予出资者一定额度的补偿或者奖励。建议换一种思路，鉴于非营利性民办高校举办者类似于"捐资办学"性质，宜以"分类选择时的捐资激励"兑现补偿或奖励，用这一政策来取代"终止时的补偿奖励"，明确补偿奖励的原则、标准和具体实现方式、路径，可参照湖北省规定，清偿后的剩余资产可按不高于经确认的出资额返还举办者，仍有结余的，可视情况给予举办者学校净资产（扣除国有资产、捐赠、土地房产增值部分）15%的奖励；[②]黑龙江省对于原始出资额不明确的民办高校，"一次性给予举办者学校净资产（扣除国有和社会投入）15%的奖励，作为初始出资额"；温州市、绍兴市按总数不超过剩余额的50%、不超过举办者2017年8月31日之前累计投入额为基数的同期银行一年期贷款基准利率2倍利息额，奖励出资人。税收减免权，对捐

---

① 施文妹，罗佳敏. 非营利性民办高校举办者责权的历史变迁、现实偏差及政策调适路径：基于1982年以来国家、地方政策文本及40所民办高校章程分析[J]. 教育理论与实践，2022, 42(03): 11-15.

② 中国民办教育协会. 湖北省人民政府关于鼓励社会力量兴办教育促进民办教育健康发展的实施意见[EB/OL]. (2017-12-18)[2022-10-20]. https://www.canedu.org.cn/site/content/2004.html.

赠资金的税收减免，我国可借鉴美国的做法，加大扣税幅度和结转的年限；拥有合法关联交易权，允许举办者与非营利性民办高校进行合法关联交易；举办者变更（转让）权、继承权和赠予权，除捐资举办的民办学校外，其他民办学校存续期间，举办者对举办者权利可以依法转让、继承、赠予。

在非财产类权利方面，主要是举办非营利性民办学校和参与学校办学及管理相应的权利，尊重举办者的办学理念与管理治权。一是拥有举办权，举办民办学校的社会组织，具有法人资格的社会组织和应当具有政治权利、完全民事行为能力的个人，符合条件的可以举办民办学校；二是推选权，非营利性民办学校举办者有权力推选学校理事会、董事会或者其他形式决策机构的组成人员；三是举办者自身的成员权、选举权、表决权，学校重大事务的知情权和监督权，尤其是举办者对过户到民办学校法人下的财产监督权。[①]非营利性民办高校举办者主要权利清单见表8-3。

表8-3　非营利性民办高校举办者主要权利清单

一类权利	二类权利	内涵表述
财产类权利	奖励和补偿权	合法奖励、补偿的获得，给作出突出贡献的举办者相应的社会荣誉等
	税收减免权	捐赠资金享有税收减免
	关联交易权	与民办学校进行合法关联交易
	举办者变更（转让）权、继承权和赠予权	出资份额可以转让、继承、赠予
非财产类权利	举办权	具有法人资格的社会组织、企业和具有政治权利、完全民事行为能力的个人，符合条件可以举办民办学校
	推选权、成员权、选举权、表决权	推选民办学校的首届理事会、董事会或者其他形式决策机构的组成人员，以及自身成为成员，依据董（理）事会章程参与选举及会议表决
	治理权	根据学校章程规定的权限和程序参与学校的办学及管理
	知情权和监督权	学校重大事务的知情和办学监督，有权查阅、复制学校章程、董（理）事会会议决议、监事会会议决议和财务会计报告等

2. 完善激励机制

学校章程明确规定举办者的薪酬激励、荣誉激励、精神激励、工作激励等机制，为举办者提供合理的薪酬待遇，给予举办者相应的社会荣誉并定时进行表彰，消除政策歧视和"有色眼镜"，为他们提供较好的工作条件和人文环境，激发他们的创造活力，帮助他们实现自我价值和社会价值。

---

① 施文妹, 罗佳敏. 非营利性民办高校举办者责权的历史变迁、现实偏差及政策调适路径：基于1982年以来国家、地方政策文本及40所民办高校章程分析[J]. 教育理论与实践, 2022, 42(03): 11-15.

3. 建立非营利性民办高校举办者的权利救济制度和争议解决机制

开通学校举办者权利诉求表达渠道，通过沟通、协商、疏导、教育和诉讼等手段化解学校权利主体之间的矛盾，明确各级政府在保障非营利性民办高校举办者权利中的职责和举措。

（三）完善学院章程修订要求

大学章程是大学的法律权利进一步转化成为内部的、具体可行的、约束各方面行为的并保障大学未来健康发展的组织性契约。[①]建议非营利性民办高校章程应设立专章"举办者与学校"，专章需要明确举办者与高校关系规制的标准与基本原则，举办者的责任、权利条款，举办者与高校发生争议时的解决途径，举办者违章行为的认定及追责等具体内容。

◆ 第 二 节 ◆

现代大学制度建立与优化内部治理

一、现代大学制度的概念辨析

学术界普遍认为现代大学制度分为宏观和微观两个层次。一方面，从外部宏观层面上，主要是国家要建立符合现代高等教育的"宏观调控、市场调节、社会参与、依法办学、科学管理"的办学机制和管理体制，构建政府、学校、社会之间的新型关系。另一方面，从内部微观层面上，主要是指在大学内部构建完善"党委领导、校长负责、教授治学、民主管理、社会参与"的治理结构、管理体制与运行机制。[②]大学内部自我管理的制度体系又分为中观层面与微观层面，中观层面涉及大学层面；微观层面涉及院系层面。[③]

现代大学制度包括大学法律章程、大学使命宣言和大学治理结构三大核心要素，这

---

① 赵士谦. 大学举办者、管理者和办学者权力关系配置与重塑 [J]. 沈阳师范大学学报 (社会科学版), 2018, 42(04): 101-106.

② 马德益. 新时代中国特色现代大学制度价值机理阐释 [J]. 重庆交通大学学报 (社会科学版), 2021, 21(06): 70-76.

③ 涂紫菱. 现代大学制度下高校二级学院内部治理结构研究 [D]. 广州: 华南理工大学, 2018: 25.

三者分别是大学发展的根、魂和骨架，标识着大学的特质。①中国特色现代大学制度是指在中国特色社会主义教育思想指导下，按我国现行法律法规体系建设的，吸收中外高等教育有益成分，构建的符合教育规律，具备时代化、科学化、现代化的，为实现学校关于政治权力、行政权力、学术权力、民主权力分配制衡的高等教育制度体系。②

新时代民办高校现代大学制度建设，建立在营利性与非营利性分类登记的背景之下。不同的所有制有不同的制度逻辑、行为特征、组织文化和实质利益关系，营利性组织和非营利性组织在组织目标和价值、运行规律、内部治理结构等方面有明显差别，两类组织与政府、市场、社会、服务对象的关系，以及组织存在和发展所遵循的基本规则也有明显区别。③因此，民办教育制度建设的逻辑起点，是区分营利性与非营利性。以此为起点，两类民办学校现代学校制度建设在呈现其共性特征的基础上，它们的组织目标和价值、运行规律，其内部治理结构也应呈现出不同的制度倾向。

二、非营利性民办高校现代大学制度构建对策

非营利性组织的运营目标一般不以获取利润为目的，而是追求拟定的社会目标。当然，非营利性组织并不等于没有盈利，而是指那些具有为公众服务的宗旨，不以营利为目的，组织所得不为任何个人谋取私利，组织自身具有合法的免税资格并可为捐赠人减免税的组织，④它是以执行公共事务为目的而成立的组织。非营利性组织具有非营利性，所提供的服务具有福利性、公共性，并且具有多样化的资源支持系统。

非营利性民办学校是教育领域的非营利性组织，其现代学校制度的建立必须符合"依法办学、自主管理、民主监督和社会参与"的共性要求和非营利组织制度建设的共性特征。在此基础上，其外部制度的建构，需要强调政府简政放权、健全监督机制和强化社会参与；其内部制度的建构，则着重突出完善理（董）事会决策机制、健全内部监督制约机制、发挥党组织政治核心和保障作用、重视学校章程的规范作用以及明确校长负责制和校长管理团队建设、发挥学术权力的作用、建立利益相关者共同治理机制等方面。以下重点从外部制度建构方面提出对策。

---

① 史静寰. 现代大学制度建设需要"根""魂"及"骨架"[J]. 中国高教研究, 2014(04): 1-6.

② 别敦荣. 论现代大学制度之现代性 [J]. 教育研究, 2014, 35(08): 60-66.

③ 王烽. 营利性与非营利性民办学校分类管理：挑战及对策 [EB/OL]. (2014-04-15)[2022-10-20]. http: //www. wendangku. net/doc/0e18747545. html.

④ 田翼强, 罗洁. 效用、交易费用与类非营利性组织 [J]. 商场现代化, 2012(20): 163-164.

（一）转变政府职能是其现代学校外部制度构建的基础

在社会主义市场经济体制逐步建立完善的过程中，政府必须改变传统的控制模式，明确自身角色定位，推动"管、办、评分离"，构建政事分开、权责明确、统筹协调、规范有序的教育管理体制。

一是要明确政府角色定位。以现代经济学和企业管理理论为基础的新公共管理理论认为，政府的角色是掌舵者而不是划桨者，政府的服务应以市场为导向，采用私营部门成功的管理经验和手段，在公共管理中引入竞争机制；政府应放松严格的行政管制，广泛采用授权的方式，追求政府行为的有效性。[①]二是要转变政府管理职能。美国教育部的基本职能只有两项：建立国家教育数据库，为教育评估、教育决策提供信息服务；维护和保证教育的公平性。[②]我国政府的教育管理职能主要是切实履行统筹规划、政策引导、监督管理和提供公共教育服务。今后要以转变职能和简政放权为重点，加强部门协同，确保放权到位。具体来说，要深化考试招生制度改革，政府可根据民办高校办学条件核定办学规模，逐步扩大本科层次招生自主权，积极扩大大专层次招生自主权，对高职招生可由学院自主确定年度招生计划、招生范围、入学标准和录取办法，支持高校科学选拔适合培养需要的学生；支持民办学校特色办学，根据经济社会发展需求自主调整优化学科专业；允许民办学校根据自身办学条件、服务水平和办学成本，结合社会需求和承受能力等因素，自定收费项目和标准，报价格主管部门备案后公示。三是改变政府管理方式。政府管理手段、方式转变的核心要求就是由微观管理走向宏观管理、由直接管理走向间接管理、由办教育向管教育转变、由管理向服务转变。改变直接管理学校的单一方式，综合应用立法、拨款、规划、信息服务、政策指导和必要的行政措施，减少不必要的行政干预，进行宏观管理。政府对高校的直接管理转变为宏观调控，不是政府职能的削弱，而是在更高层次上的加强，意味着它要承担更大的责任，发挥更为重要的作用。[③]目前，尤其需要完善相关法律，细化相关规定，增加可操作性；在规定民办学校办学自主权的同时，也应该规定相关义务主体应该承担的义务及其法律责任。应充分认识各级各类学校的差异性，立足于不同类型学校的特殊性，分别分类立法。

（二）健全监督机制是其现代学校外部制度构建的保障

高校办学自主权是一项系统工程，需要各方联动并发挥其效能，在政府逐步权力下

---

① 施文妹，周海涛. 落实民办高校办学自主权的地方实践与创新发展：基于六省区民办高等教育政策的分析[J]. 教育发展研究，2014, 13(Z1): 86-91.
② 王昆来. 民办高等教育管理研究[M]. 成都：西南财经大学出版社，2012: 176.
③ 吴涛. 我国高校办学自主权的保障机制研究[D]. 杭州：浙江大学，2008: 74.

放和高校办学自主权不断扩大的情况下，民办学校一方面要在高校内部设立专门的监督机构对权力机构的行为进行监督和约束，即内部监督；另一方面也要通过政府管制、社会化的机构等对高校办学活动进行评价，即外部监督。民办学校外部监督机制包括政府监督和社会监督，应该建立起"政府主导、部门配合、社会参与"的监督机制。

政府的监督主要检查民办高校对法律法规的落实情况以及有无违法行为，具体包括：一是民办高校日常管理工作的规范化监督，即民办高校是否按照其章程规定，建立健全内部管理制度，完善内部治理结构，实行民主管理，推进民主决策；二是监督和查处民办高校那些未经登记而擅自开展活动的，抽逃、转移或挪用办学资金的，办学结余分配不符合国家有关规定的行为。

社会监督包括群众监督、新闻舆论监督、民主党派监督和社会团体监督等。应该通过各种媒体，如报纸、电视、广播等，向社会公众介绍、公布如何监督和举报，并创设各种条件、措施，如提供免费举报电话、举报信箱、举报电子邮箱，为举报者保密，奖励举报者等。

此外，应健全财务会计和审计制度。非营利性民办学校执行非营利组织会计制度；非营利性民办学校要建立银行专款账户，将收取的学费、财政拨款、政府补助等公共性资金分项存入专款账户，专款专用，保证资金用于学校教育教学活动；建立学校财务年度会计决算报告制度，每年终了要将学校的学费收入、财政拨款、政府补助等公共性资金使用情况报告学校董事会、理事会、职工代表大会，报送同级教育主管部门备案，并通过校园网等媒体向社会公开；会计年度终了，由经教育主管部门认定的会计师事务所对民办学校资产和财务状况进行审计，并出具审计报告。

（三）强化社会参与是其现代学校外部制度构建的重点

要强化社区参与学校管理。《中国教育改革和发展纲要》指出："支持和鼓励中小学同附近的企事业单位、街道或村民委员会建立社区教育组织，吸收社会各界支持学校建设，参与学校管理，优化育人环境，探索出符合中小学特点的教育与社会结合的形式。"在美国，社区参与学校管理的形式包括：学校与学区单位挂钩，争取单位工作人员的帮助；社区中知名人士、家长代表联合组成教育委员会；由家长选举成立家长工作委员会，直接参与学校管理。以法国为例，在学校管理体制中，教师委员会、家长委员会、学校理事会和校长共同参与学校管理。如何在我国建立"社—校"联系机制，真正发挥民主参与协商机制在学校发展中的能量，除前面的校务委员会制度外，还可以采用不同层面的委员会制度，如家长、班级、学生和学校委员会制度的建设。①

---

① 徐冬青. 市场引入条件下的政府、学校和中介组织 [D]. 武汉：华东师范大学，2005：62.

此外，应引导和支持中介组织的建立与发展。例如，美国的联邦和州都设立了单独的负责私立教育事务的机构，同时还依靠社会机构对私立高等教育进行管理，很多管理职能是由非官方的社会机构承担的，如非官方的评估系统、非官方的拨款委员会等，均承担了在特定方面对私立高校的管理。[①]《国家中长期教育改革和发展规划纲要（2010—2020）》第十五章第四十七条指出："培育专业教育服务机构。积极发挥行业协会、专业学会、基金会等各类社会组织在教育公共治理中的作用。"在国家的鼓励和推动下，一批承担教育督导评估、决策咨询、信息管理、考试认证、资格评审等功能的教育中介机构相继成立。要发挥社会组织在教育评估监测中的作用，提供管理咨询、监督和评估服务，通过提供专业评价服务为政府决策提供参考，为高校改进教学提供依据，为社会公众监督提供信息。

最后，还应建立家校新型伙伴关系，即建立家长咨询委员会。教师与家长定期交流，学校要提供各种社会服务。

三、营利性民办高校现代大学制度构建策略

营利性组织是经工商行政管理机构核准登记注册的以营利为目的，自主经营、独立核算、自负盈亏的具有独立法人资格的单位，如企业、公司及其他各种经营性事业单位。"营利"区别于"赢利""盈利"的概念，"营利性"的含义并不是经济学意义上的一定有利润，而是一个用以界定组织性质的词语，它指这种组织的经营、运作目的是获取利润。营利性组织在管理和经费上更为独立，较多地引入了商业性、经营性、竞争性和独立性的机制。

营利性民办学校具有双重性质，既是商业机构更是学术机构，是融合了企业和学术机构特点的独特的机构，营利性民办学校的现代学校制度建立必须符合"依法办学、自主管理、民主监督和社会参与"的共性要求和营利组织制度建设的共性特征。在此基础上，其外部制度的建构，侧重于健全营利性民办学校配套政策法规的制度、落实充分的办学自主权以及进行有效的财务监控。其内部制度的建构，则按照成熟的公司法人治理，完善内部治理。

（一）外部制度建构

第一，健全法规制度是营利性民办学校现代学校外部制度构建的基础。目前，营利

---

① 王昆来.民办高等教育管理研究[M].成都：西南财经大学出版社，2012：33.

性民办学校法规制度构建主要解决两个问题：一是解决公益性与营利性的关系问题。根据《中华人民共和国教育法》（以下简称《教育法》）这一教育根本大法，教育不得以营利为目的，在这一法律制度下，营利性民办学校生存空间较小。因此，教育立法的第一步是要修改这一上位法，给予营利性民办学校正式的法律地位。与此同时，要建立一系列与营利性民办学校相关的配套政策，如申请设立程序、组织运行要求、监督保障规定和政策扶持制度等，使得营利性民办学校这一新生事物在出生期就有适合生长的"土壤"。二是解决教育规律和经济规律的统一问题。营利性民办学校首先是一个教育机构，必须遵循教育规律，遵守《中华人民共和国教育法》《中华人民共和国高等教育法》《中华人民共和国教师法》《中华人民共和国职业教育法》《民办教育促进法》等相关法律法规。营利性民办学校又是按照企业运行规律运作的独立经济法人，必须遵循《中华人民共和国公司法》《中华人民共和国市场规制法》《中华人民共和国价格法》《中华人民共和国合同法》《中华人民共和国知识产权法》等公司法律制度。因此，要充分考虑这些法律规定同时作用于营利性民办学校的统一性、协调性，注重创新和发展，使我国营利性民办学校的法规制度具有现实性、适用性和科学性。

第二，充分的自主办学是营利性民办学校现代学校外部制度构建的关键。根据我国经济体制改革的基本经验，以市场为导向的社会主义市场经济改革首先从发展民营经济试点开始，逐步实行国有经济扩权、民营经济放权的改革，营利性民办学校应该有完全独立自主的办学权，具体包括：招生自主权，即自主制定学校规模和年度招生总规模，在国家法律法规及政策允许的范围内，以市场化、社会化为导向自主招生；收费自主权，即结合学校未来发展规划的需要以及物价波动的因素，自主确定、调整收费标准；教学自主权，即根据学校办学定位及特色，自主地开展学生教育教学；学历授予权，即在教育行政部门指导下，采取行业、专业组织认证、评估的方式获得所发文凭的市场信誉，自主授予学历证书；财务自主权，即实行自主经营、自负盈亏。

第三，有效财务监控是营利性民办学校现代学校外部制度构建的重点。汉斯曼（Hansmann）提出的"契约失灵"极具代表性。他认为，如果让营利性机构来提供某些产品或服务，那么这类产品或服务需具有以下特点：一是它们本身很复杂，产品或服务的提供者比购买者具有更强的信息优势，购买者很难对这些产品和服务的质量进行评估或判断；二是这些服务的付费者本身可能不是服务的直接享有者；三是这些服务的周期较长，购买者与提供者很难达成一致的契约，即使契约达成了也很难实施，从而出现契约失灵现象。[①]营利组织提供这些产品和服务则很可能利用信息不对称降低服务的质量和数量，为追求利润的最大化而出现坑害消费者的机会主义行为。

---

① HANSMANN H. The Role of nonprofit enterprise [J]. The Yale Law Journal, 1980(89): 835-901.

因此，教育行政部门需要对营利性民办学校进行财务上的有效监控。一方面，应该实施财务公开制度，努力实现光明正大营利，同时，政府要正确对待民办学校营利，在监管中要区分投资人的营利行为和学校法人的营利行为。只有财务公开，实施公开监督，才能控制资金流向。另一方面，建议在一些民办学校中进行会计制度改革试点，实施会计委托代理制，从制度上保证财务公开、公平、公正。①

（二）内部制度建构

第一，按照公司制度健全治理结构。营利性民办学校内部制度的构建需要按照《中华人民共和国公司法》的要求，形成由股东（代表）会、董事会、监事会和高级经理人员组成的相互依赖又相互制衡的公司治理结构（见图8-2），以保证内部制度的有效运转。一是健全股东会制度。股东会是公司的权力机构，股东会职权包括：决定公司的经营方针和投资计划；选举和更换非职工代表担任的董事、监事，决定有关董事、监事的报酬事项；审议批准董事会的报告；审议批准监事会或者监事的报告；审议批准公司的年度财务预算方案、决算方案；审议批准公司的利润分配方案和弥补亏损方案；对公司增加或者减少注册资本作出决议；对公司合并、分立、解散、清算或者变更公司形式作出决议；修改公司章程；公司章程规定的其他职权等。②二是优化董事会运行机制。通过董事来源的多元化提高董事会决策的科学化，探索建立独立董事制度，独立董事对于维护股东权益、完善公司治理有积极意义，探索建立专职董事，保证董事的履职能力和履职时间，通过健全董事会专门委员会提高决策的专业化，如建立战略、审计、提名、薪酬和考核委员会等。三是发挥监事会作用。监事会是现代公司治理中的法定必备监督机关，强化监事会对公司经营者的监督、改善公司经营业绩、保护股东权益意义甚大。在监事会的设立和运作方面，《中华人民共和国公司法》明确规定，监事会是独立于董事会和经理层之外，由股东代表和职工代表组成的对公司经营决策机构行使监督检查的机构。③

第二，建立现代学校资产管理制度。现代企业制度是以市场经济为基础，以企业法人制度为主体，以有限责任制度为核心，以产权清晰、权责明确、政企分开、管理科学为条件的新型企业制度。营利性民办学校按照有关法律法规可以登记为公司制企业、个人独资企业、合伙企业及其他法人企业，具有建立现代企业制度的条件。

"产权清晰"是指产权的占有权、使用权、收益权和处分权等关系明晰，营利性民办学校享有学校法人财产权，举办者与民办学校的财产关系，可以按照股东与公司营利组

---

① 徐冬青. 市场引入条件下的政府、学校和中介组织 [D]. 上海：华东师范大学, 2005: 51.
② 夏露. 经济法概论 [M]. 北京：高等教育出版社, 2010: 39.
③ 庄乾志. 集团治理与管控 [M]. 北京：社会科学文献出版社, 2013: 100.

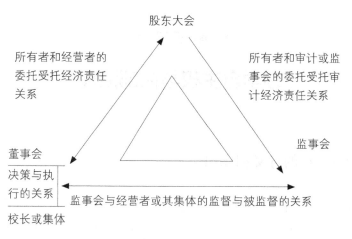

图8-2　营利性民办学校内部治理结构

织的关系进行处理。"权责明确"是指合理区分和确定企业所有者、经营者和劳动者各自的权利和责任。民办学校所有者按其出资额，享有资产收益、重大决策和选择管理者的权利，民办学校破产时则对学校债务承担相应的有限责任。"政企分开"是指政府行政管理职能、宏观和行业管理职能与企业经营职能分开。对营利性民办学校来讲，就是要扩大学校办学自主权，实现管办评分离。"管理科学"是组织合理化，要求组织管理的各个方面科学化。

第三，形成适宜的组织形式和科学的内部管理制度。营利性民办学校可以根据现代企业制度要求，建成适宜的组织形式和科学的内部管理制度，处理好学校与学校、学校与政府、学校与市场、学校与社会之间的多方面关系。一是要更新经营管理上旧的思想观念，确立以市场为中心和依托的现代化管理观念；二是实现管理组织现代化，建立市场适应性能力强的组织命令系统；三是建立高水平的战略研究机构和高效率的决策机构，学校办学根据市场需求适时调整；四是广泛采用现代管理技术方法和手段；五是各种生产要素有足够的开放性和流动性，营利性民办学校可以与外部的资本市场、经营者市场、劳动力市场及其他生产要素市场相配合，通过资产的收购、兼并、联合，通过经营者的选择和再选择以及劳动者的合理流动，使学校结构得以优化，竞争力得到有效提高。

总体来看，无论是营利性还是非营利性民办学校，都应依法制定章程，按照章程管理学校，健全董事会（理事会）和监事会，优化人员构成，完善学校法人治理结构，规范办学。政府应健全针对两类民办学校现代制度建设的法律法规和财政监管制度，以外促内、内外结合，合力推进民办学校现代学校制度建设。

◆ 第三节 ◆

办学自主权与内部治理

一、落实办学自主权的意义和作用

新时期、新阶段，随着国家扶持力度的不断加大，随着民办学校办学自主权的逐步落实，民办学校的生存和发展进入一个新的阶段，民办学校的体制机制活力得以充分激发，展现出民办学校体制机制的适切性；弹性的办学自主权为民办学校各项教育教学活动带来了广阔的发展空间，各级各类民办学校立足于地区发展需要和学校办学宗旨，力求特色化发展，开创了中国民办教育百花齐放的景象；充分的办学自主权也为民办学校内部治理结构的优化和教育教学的创新管理提供了平台，有利于推进现代学校建设。

（一）激发了民办学校办学活力

中国的民办学校根植于现代市场经济中，学校的发展规划、学校建设等在很大程度上以市场为导向，在保证学校公益性的前提下充分考虑社会需求是民办学校的生存常态。当今，随着独立性和自主性的增强，民办学校与社会接触的机会更多，能够对教育服务和其他服务使用者的需求做出灵活的反应，这有利于充分激发民办学校的办学活力，形成一种主动的"自适应"机制。比较充分的办学自主权很好地调动了学校的办学积极性，让民办学校主动地为自己的战略选择承担责任，制订长远的计划，以及履行自己的使命，民办学校的机制优势得以充分展现，民办学校的社会吸引力得以增强。得益于比较充分的办学自主权，各级各类民办学校能够立足于社会需要和自身办学特色，有针对性地确定招生人数和招生范围，有计划地调整专业结构。

西安外事学院2022年在新疆、陕西、黑龙江、河北、吉林、江苏、内蒙古和广东八省区进行播音、表演、主持艺术三个类别艺术类专业的专业课校考，这八个省区的考生在报考该校艺术类专业时，文化课成绩达到省区规定录取分数线即可按该校专业课校考成绩由高到低被择优录取。[①]吉林外国语大学（前身为吉林华侨外国语学院）作为全国唯一承担"国家教育体制改革—探索非营利性民办高校办学模式试点"任务的民办高校，凭借较大的自主权，立足校情、省情、国情，重点加强了学校层面的体制

[①] 西安外事学院2022年招生章程 [EB/OL]. (2022-05-18)[2022-10-20]. https://zsw. xaiu. edu. cn/info/1055/4089. htm.

建设，进一步完善了大学章程、理事会章程、监事会章程，制定了学校校务委员会工作条例、职工代表大会条例、学位评定委员会工作条例等数十个制度文件，通过全面加强制度建设，使管理工作逐步实现制度化、程序化、规范化，也初步构建了保障公益性的制度屏障。①

（二）促进了民办高校的多样性、特色化发展

面对各级各类民办学校的数量逐年增多的现状，办学同质化问题越来越引起社会的广泛关注，这和民办学校办学自主权的缺失有很大关系。办学自主权是中国民办学校不断超越自身、实现特色化发展的金钥匙。纵观2013年以来中国各级各类民办教育的发展历程，那些享有充分办学自主权的民办学校凭借先进的办学理念、个性化的办学模式，开始主动考虑民办学校教育如何以特色取胜，以使培养的学生能够适应社会主义市场经济的需要。

民办高校在特色化发展上显示出更多的优势，它们立足于学校的办学理念和人才培养方针，注重充分发挥教师和学生的主体精神，为发展学生的个性特长创造必要的环境条件，也形成了民办高校多样化发展的格局。如吉利学院立足于"产教协同"的目标在教学改革、教师发展、学生发展等方面进行了一系列开创性的改革，在能力目标项目化教学、微格教学上都取得了不少的成效，充分体现了办学自主权的优势。西安欧亚学院本着"以学生为中心"的教育理念，与美国杜肯大学共同建立卓越教学中心（CTE）项目，强调学生在各个学习阶段参与到自我学习的过程中去。②

民办职业学校以"实用、会做、够用"为原则，坚持课程改革与企业岗位需求相适应，大胆进行课程体系及内容改革，及时增添新知识、新技术，开发新课程，构建以学生专业能力和基本技能为主的课程体系，开展校企合作。培养了一大批工作在生产、服务、管理等领域第一线的应用型、技能型人才，适应了社会经济发展对人才多方面的需求，并得到了社会的公认。如北京市私立汇佳学校秉承"新型、高品位、国际化"的办学宗旨，在课程改革方面卓有成效，像国际文凭组织小学项目（PYP）、初中项目（MYP）、国际文凭预科课程可谓别具一格，展现出浓厚的人文关怀和先进的国际视野。③

中国各级各类的民办学校，正在以多样化、个性化的教育需求为导向，以特色化办学和差异化教学为方式，探索适合民办学校自身发展的道路，以此来提升民办学校的竞争力，促进民办学校特色发展，同时为中国教育改革提供了有益参考。

---

① 秦和. 创新体制机制，探索非营利性民办高校发展路径[J]. 中国高等教育，2013(17): 32-39.
② 胡建波. 应用型高校"以学生为中心"的范式转型：西安欧亚学院的转型实践历程[N]. 中国教育报，2021-12-28(8).
③ 北京市私立汇佳学校网站[EB/OL]. (2014-04-15)[2022-10-20]. http://www.huijia.edu.cn/.

（三）加强了民办学校内部治理

学校内部治理是学校良性运行的根本保障。充分的办学自主权为民办学校内部治理结构的优化和教育教学的创新管理提供了平台，有利于推进现代学校制度建设。而现代学校制度的核心是"产权清晰、利益共享、学校自治"，[①]落实办学自主权是民办学校完善内部治理、提高学校管理效能的重要途径。

浙江树人学院实行董事会领导下的校长负责制。董事会的构成富有自身特色，即高层次性、专家性和社会性。董事会负责宏观决策，坚持办学的非营利性。学校内部管理公开、透明，重要人事任免正常化。[②]黑龙江东方学院通过"四位一体"的法人治理结构，使学校行政系统、党委系统、教职工代表大会系统和学术系统有机融合、各司其职、相互协调、民主监督。学院机构精简、人员精干，建立一整套内部人事管理及考核激励制度，诸如亲属回避制、竞聘上岗制、岗位责任制、末位淘汰制等。[③]民办学校提倡以人为本的管理服务理念，如浙江越秀外国语学院倡导"三个层次服务"：第一层次是从校长开始，校级的各个部门，都要为各个二级学院提供有效服务；第二层次是从校长开始，校级各个部门和各个二级学院，都要为全体教师提供有效服务；第三层次是从校长开始，到各个二级学院，到全体教师，都要为全体学生提供有效的服务。该学院在此理念指导下，改变行政化管理模式，建成了别具一格的集聚学校各大处室的行政服务一条街，为师生提供便利的"临街服务"。[④]吉林外国语大学通过完善理事会建设、成立监事会、加强民主议事民主监督机制建设和党组织的政治核心作用，在全校初步形成了符合非营利性民办大学特色的治理结构，切实规范了内部运行机制，提高了管理效率。[⑤]

民办学校逐步优化的内部治理结构也在某种程度上增强了内部管理的自主性，许多学校在此基础上建立了适应社会要求的优化机制，诸如资金筹措机制、人才经营机制、市场开拓机制、校内竞争机制等，使得民办高校在内部管理效益与经营方面发挥了自身优势，在这些方面领先于公办高校。

总之，充分认识到自主权关乎民办高校的生存、发展，是顺应时代潮流的重要表现。进一步落实和扩大民办学校办学自主权，不仅可以发挥民办学校体制机制的优势，促进民办学校本身的发展，也可以为我国教育管理体制改革积累经验，促进整个教育事业的发展。

---

① 吴华，宁冬华. 从现代企业制度到现代学校制度：对椒江"现代学校制度"实践的理性思考 [J]. 浙江大学学报（人文社会科学版），2004(1)：31-37.
② 徐绪卿. 我国民办高校内部管理体制改革和创新研究 [M]. 北京：中国社会科学出版社，2012：210-213.
③ 赵奇. 构建民办高校"四位一体"法人治理结构的探索 [J]. 中国高等教育，2011(5)：4.
④ 杜世卫. 大学文化建设的探索与实践 [M]. 北京：中央文献出版社，2013：235-246.
⑤ 秦和. 创新体制机制　探索非营利性民办高校发展路径 [J]. 中国高等教育，2013(17)：32-39.

二、落实办学自主权尚存在的问题

落实办学自主权调动了学校的办学积极性，激发了民办学校的办学活力。凭借更加灵活的办学体制机制，民办学校掌握了更多的主动权，并在整个教育体系中拥有了相对自由的发展空间。民办学校在特色化发展上显示出更多的优势，它们立足于学校的办学理念和人才培养方针，注重充分发挥教师和学生的主体精神，遵循人才成长的客观规律，改革课程内容和教学方法，着重培养学生的创造精神和实践能力，为发展学生的个性特长创造必要的环境条件，也形成了民办学校多样化发展的格局。但是，民办学校办学自主权的落实也存在一些问题。

（一）政策制定的笼统性

尽管《中华人民共和国教育法》《中华人民共和国高等教育法》《民办教育促进法》等法律法规明确规定了办学自主权的主要内容，各地也纷纷出台了一些相关政策，但现有法律法规对高校自主权的规定仅局限在制度规定层面，针对性不强，未体现出不同院校之间的差异性。如在学科和专业的设置权方面，教育部相关政策明确规定，各高校不得设置和开办其颁发的专业目录上没有的专业，这与《中华人民共和国高等教育法》中对高校专业设置权的规定存在冲突。可见，针对民办学校办学自主权的很多问题都缺乏法律的明确规定和具体的实施细则。[①]

（二）权力使用的局限性

目前，民办学校办学自主权的落实还受举办者管理方式的较大制约。民办学校尚未完全建立独立的法人治理结构和合理的权力制衡机制，以民主决策、有效监督为特征的法人治理结构没有完全建立，存在着权力运行中的出资人（举办者）控制、以校长为核心的执行团队职权不明确、内外监督机制缺失及缺少利益相关者参与等问题，缺乏依法自我发展、自我约束的能力，影响了学校作为独立法人行使办学自主权。在招生计划及自主招生考试录取权方面，管理方式基本上沿袭计划经济体制的模式，虽然政府在这一方面有所改革，但尚未从根本上实现转变。在学科专业设置权方面，政府对学科专业的设置口径过窄，一些社会急需的专业难以及时设置。在收费方面，应允许民办学校根据自身办学条件、服务水平和办学成本，结合社会需求和承受能力等因素，确定收费项目和标准。

---

① 黄新宇. 我国高校办学自主权实现的障碍及其法律对策 [D]. 长沙：湖南师范大学, 2004: 15-18.

（三）区域间的不平衡性

社会主义市场经济具有区域性特征，这种不平衡性决定了民办教育资源发展区域环境的不平衡性。我国民办教育发展中出现的"浙江现象""广东现象"都是这一特征的体现。民办教育发展较快的省份，往往给予了本地民办学校发展的良好政策环境，根据民办教育发展实际需要，更好地落实了民办学校的办学自主权。地方政府是制度创新的源泉，制度创新往往是由地方政府发动，在地方率先实施。因此，各地需要针对本地的实际情况，在遵循有关法律的基本精神和基本原则的前提下，制定一些既切合本地实际又符合本地民办学校发展的地方性规定。

三、进一步落实办学自主权的对策建议

根据我国经济体制改革的基本经验，以市场为导向的社会主义市场经济改革首先从发展民营经济试点开始，逐步实行国有经济扩权、民营经济放权的改革。这是一条十分成功的经验。教育体制改革建议也应当实行"公办学校逐步扩权，民办学校全面放权"的策略。

（一）充分发挥市场对教育资源配置的作用，政府要大胆放权

以转变职能和简政放权为重点，确保放权到位，在招生、专业设置、学历学位、人才培养上使民办学校拥有更大的自主权。具体来说，要深化考试招生制度改革，政府对民办高校可根据办学条件核定办学规模，逐步扩大本科层次招生自主权，积极扩大大专层次招生自主权，对高职招生可由学院自主确定年度招生计划、招生范围、入学标准和录取办法，支持高校科学选拔适合培养需要的学生；支持民办学校特色办学，根据经济社会发展需求自主调整优化学科专业；允许民办学校根据自身办学条件、服务水平和办学成本，结合社会需求和承受能力等因素，自定收费项目和标准，报价格主管部门备案后公示实施。

（二）细化有关法律规定，针对不同类型的学校全面扩权

总结和推广区域试点实践的成功经验，完善有关法律，细化有关规定，增加可操作性。在规定民办学校办学自主权的同时，也应该规定相关义务主体应该承担的义务及其法律责任。各种类型的学校，包括民办幼儿园、民办中小学、民办职业技校、民办高校等，它们的权利义务并不尽相同，应进一步分别制订细则。当前，尤其是随着基础教育的重要性日益凸显，让民办中小学能够办出特色、办出水平，扩大民办中小学的自主权已成为教育改革的重要内容。

（三）健全法人治理结构，举办者主动赋权

积极完善法人治理结构，落实董（理）事会领导下的校（院）长负责制，实行董（理）事长、校（院）长分工负责的管理架构，实现民办学校内部决策权、执行权、监督权三权各自角色分离、相对独立、权责明确。按照《中华人民共和国公司法》精神，股东在投资行为完成后，所拥有的是公司的"股权"，其主要权利体现在以其投入公司的资本额享有所有者的资产收益（剩余索取权）、重大决策（行使表决权）和选择管理者（主要是董事会成员）三个方面，非营利性民办学校举办者不享有资产收益权。

（四）加强规范和努力创新并举，学校合理用权

进一步落实办学自主权，一方面在于能否分好权，另一方面在于能否用好权。因而民办学校要依法规范办学，严格按照法律法规对民办学校的要求来行使办学权力，建立自我监督机制，加强对校内学术权力及其他群众性组织对行政权力的监督和制衡机制，不碰触底线。此外，民办学校要发挥体制机制优势，用好用活办学自主权，积极创新，激发办学活力。

（五）强化外部监督和建立中介组织，社会有效督权

民办学校外部监督机制包括政府监督和社会监督，应该建立起"政府主导、部门配合、社会参与"的监督机制。政府的监督主要检查民办学校对法律法规的落实情况以及有无违法行为，社会监督包括群众监督、新闻舆论监督、民主党派监督和社会团体监督等。政府要引导和支持中介组织的建立与发展。要发挥社会组织在教育评估监测中的作用，提供管理咨询、监督和评估服务，通过提供专业评价服务为政府决策提供参考，为高校改进教学提供依据，为社会公众监督提供信息。

◆ 第四节 ◆

民办高校党组织作用的发挥与完善内部治理

民办高校有着不同于公办学校的办学体制和领导机制，如何加强党的建设、促进党组织作用的充分发挥，始终是各级各类民办学校党建所面临的重要问题。优化民办高校内部治理，要求充分发挥民办高校基层党组织在民办高校中战斗堡垒和政治核心作用，

保证党组织在重大事项上的决策、监督、执行各环节有效发挥作用。

一、加强民办高校党建工作的要求

20世纪80年代中期随着民办教育的兴起，民办高校由于自身发展及思想政治工作开展的需要开始建立党的基层组织。进入新世纪后，国家和中央陆续颁布了高规格、高质量、高密度的政策文件，党建工作的领导体制、制度建设、队伍建设等方面逐渐规范化和系统化，新时期国家和地方都对民办高校党建提出了新要求。

（一）全面加强民办高校党的领导

党的二十大报告提出，建设教育强国是中华民族伟大复兴的基础工程，必须把教育事业放在优先位置，办好人民满意的教育。全面加强民办高校党的领导是坚持社会主义办学方向的必然要求，是解决"为谁培养人、培养什么样的人、怎样培养人"问题的根本举措。

自2000年中共中央组织部与中共教育部党组联合下发的《关于加强社会力量举办学校党的建设工作的意见》成为第一个针对民办学校党建工作的指导性文件以来，2006年又出台了《中共中央组织部中共教育部党组关于加强民办高校党的建设工作的若干意见》等国家层面的文件，针对亟须解决的民办学校党建工作中的问题，如民办学校党组织的设立、隶属关系、作用、自身建设等方面进行了全面部署，特别是2004年颁布的《民办教育促进法实施条例》第四条规定，民办学校应当坚持中国共产党的领导，坚持社会主义办学方向，坚持教育公益性，落实立德树人根本任务。这是新中国恢复民办教育以来第一次从法律层面上明确了党对民办学校的领导，使民办学校党建工作进入法治化阶段。2016年12月，中共中央办公厅印发了《关于加强民办学校党的建设工作的意见（试行）》，共包含八个部分二十个具体条目，对新形势下如何全面加强和改进民办学校党的建设做出了系统安排，提出了明确要求。其主要包括：理顺党组织隶属关系；着力推进党的组织和党的工作有效覆盖；突出党组织"战斗堡垒"政治定位；建强党务干部队伍；建立健全民办学校党组织参与决策、监督机制；做好发展党员和党员教育管理工作；严格党的组织生活，创新党的活动载体；抓好民办学校思想政治教育和德育工作等内容。同时，该文件在落实责任、经费保障、加强培训等方面也提出了具体要求。

同期出台的国家系列政策也把加强民办学校党的建设作为重点内容。国务院于2016年12月29日颁布了《国务院关于鼓励社会力量兴办教育促进民办教育健康发展的若干意见》，对如何全面加强民办学校党的领导作出了具体规定。2016年12月30日，教育部、人力资源社会保障部、民政部、中央编办、工商总局等五部门联合印发的《民办学校分类登记实施细则》第二条指出，坚持党的领导，坚持社会主义办学方向，坚持公益性导向，坚持立德树人。同日，教育部、人力资源社会保障部、工商总局联合印发的《营利性民办学校监督管理实施细则》第三条指出，全面贯彻党的教育方针，坚持党的领导，坚持社会主义办学方向，坚持立德树人。这些都是作为新社会组织的民办学校党组织的原则要求和基本定位，必须从战略上高度重视民办学校党的建设。各省随后出台的相关文件都把加强民办学校党的领导作为首条内容，使原来比较笼统的规定变得更为具体。

（二）明确民办学校党组织的设置

民办高校党组织是党在民办高校工作中发挥战斗力的重要基础，肩负着把党的路线、方针、政策落实到学校各项工作中的重要任务。党组织的设置直接关系到党建工作是否能有效开展，如若明确民办高校党组织设置，则能最大限度地推动民办高校党建工作的顺利开展。

《关于加强民办学校党的建设工作的意见（试行）》第三条提出要积极实现党组织和党的工作的全面覆盖。凡有3名以上正式党员的民办学校，都要按照党章规定建立党组织，并按期进行换届，党员人数不足3名的，可采取联合组建、挂靠组建、派入党员教师单独组建等形式建立党组织。暂不具备建立党组织条件的，要通过选派党建工作指导员、联络员，或建立工会、共青团组织等途径开展党的工作，条件成熟时及时建立党组织。

同时《关于加强民办学校党的建设工作的意见（试行）》也要求理顺民办学校的党组织隶属关系。实行条块管理相结合，即主管部门管理与属地管理相结合，并且以主管部门党组织管理为主，学校所在地的党组织做到积极配合、主动指导和管理。文件对各层次民办学校党组织隶属关系逐一予以明确，民办高校党组织关系一般隶属于省（自治区、直辖市）、市（地、州、盟）党委教育工作部门或教育行政部门党组织。有特殊情况的，党组织隶属关系由党委教育工作部门或教育行政部门、人力资源社会保障部门党组织，与同级党委组织部门确定。

（三）确立党组织参与决策的具体方式

公办高校实行的是党委领导下的校长负责制，党委在学校中处于领导核心地位，对学校工作实行统一领导。[①]校长负责学校的行政工作，并根据党委的集体决策，具体负责实施。而民办高校大多实行的是董（理）事会领导下的校长负责制，董（理）事会是所办学校最高的决策权力拥有者，党组织参与决策，发挥政治核心作用和保证监督作用。为此，明确党组织参与决策的具体举措，能较大程度地提高党的建设的规范化水平。

---

① 李玉华, 黄詹媛, 孔颖. 党政双向进入 切实加强民办高校党组织建设[J]. 中国高等教育, 2012(Z2): 41-43.

《关于加强民办学校党的建设工作的意见（试行）》明确指出，要推进党组织班子成员进入学校决策层和管理层。具体的参与方式为：一是建立董事会与党委沟通协商制度。经与董事会研究形成重大事项，在作出决策前与党委沟通协商，取得一致意见后，再研究决定的工作机制，强化党委对学校重要决策的参与和监督。二是建立交叉任职制度。实行党政"双向进入、交叉任职"，党委书记以法定程序进入董事会，党委委员兼任行政职能部门负责人，各二级学院党总支书记兼任副院长，形成党政合理分工、相互促进、和谐高效的管理体制，解决党政"两张皮"的问题，从决策和执行两个层面强化党组织的作用。三是建立党政联席会议制度。学校日常的重大问题和重要事项，采用董事长、校长、党委书记和有关部门负责人参加的党政联席会议方式集中研究决策；学校二级学院的重大问题和重要事项，同样采用党政联席会议方式研究决策，形成党组织从决策到实施全过程、全方位参与学校管理的有效形式，强化基层党组织作用的发挥，从而加强党委在学校中的地位，充分发挥党委在重大事项把方向方面的重要作用。《国务院关于鼓励社会力量兴办教育促进民办教育健康发展的若干意见》第五条指出，要健全董（理）事会和监事（会）制度，董（理）事会和监事（会）成员依据学校章程规定的权限和程序共同参与学校的办学和管理。经过法定程序审议后，学校党组织领导班子成员进入学校决策机构和行政管理机构，行政机构成员如党员校长、副校长等，可按照党的有关规定进入党组织领导班子。2021年4月修订的《民办教育促进法实施条例》中明确党组织负责人参与学校决策机构（第二十六条），党的基层组织代表进入监事会（第二十七条），并要求学校章程中规定学校党组织负责人进入学校决策机构和监督机构的程序（第十九条），将加强党的领导的要求落细落实。

根据中央文件精神，地方政府、教育部等相关部门也相继出台了政策文件，以推进民办学校党组织参与重大事项的决策。现今已有众多民办学院落实了党组织班子成员与学校决策层、管理层"双向进入、交叉任职"的要求。

（四）细化与改进思想政治教育要求

思想政治教育是民办高校党组织的首要政治责任，也是落实民办高校政治领导权的最重要的工作。细化改进思想政治教育要求，把思想政治教育做精、做细、做实，是进一步提升民办高等教育的实效性、针对性的有效途径。能使其贯穿于教育教学全过程，最大限度地促成"全员育人、全程育人、全方位育人"局面的实现。

《关于加强民办学校党的建设工作的意见（试行）》提及如何抓好思想政治教育和德育工作，主要包括三个方面：一是推动中国特色社会主义理论体系进课堂、进头脑。实施思想政治课"名师工程"，安排政治强、业务精、作风好、综合素质高的教师授课。党组织书记要带头讲形势政策课，回答师生关心的热点难点问题。要把思想政治教育融入学生学习生活各环节，抓好学校教室、寝室和网络等思想文化阵地建设与管理，促进全员、全过程、全方位育人。二是重视师德师风建设。将思想政治要求纳入教师日常管理，坚持学术研究无禁区、课堂讲授有纪律，引导教师恪守职业道德，自觉为人师表。对师德失范、不适合继续从事教育教学工作的，要提出调整岗位或调离学校的建议。三是加强思想政治工作者队伍建设，尤其是要致力于建立一支专业化、职业化的民办高校辅导员队伍，从职业发展和专业晋升两个方面开辟通道，激发他们的工作积极性。

2016年12月7日，习近平同志在全国高校思想政治工作会议上的讲话，明确了新时期高等学校发展和高校思想政治工作的意义、目标、任务，深刻阐释了高校应该培养什么样的人、如何培养人以及为谁培养人的根本问题，对目前高校如何开展思想政治工作具有重要的指导作用。全国思政工作会议前期，中共中央、国务院印发了《关于加强和改进新形势下高校思想政治工作的意见》，从重要意义和总体要求、强化思想理论教育和价值引领、发挥哲学社会科学育人功能、加强对课堂教学和各类思想文化阵地的建设管理、加强教师队伍和专门力量建设、推进高校思想政治工作改革创新、加强和改善党对高校的领导等七个方面，对加强和改进高校思想政治工作作出全面部署。①

各省根据中央的文件精神，也纷纷出台了相应的政策文件。在政策要求下，学生思想政治教育得到加强。各校积极建立健全思想政治教育工作机构，逐步形成党组织统一领导，有关职能部门各司其职、密切配合、齐抓共管的良好局面。

（五）明确党建的督导考核要求

加强民办高校党建督促检查，建立民办高校督导制度，加快向民办高校选派党组织负责人和督导专员，是各省市教育主管部门加强民办高校管理的一个重要创新举措，对充分发挥党的政治核心作用具有深远影响。

《关于加强民办学校党的建设工作的意见（试行）》提出，对民办学校党的建设要加强分类指导和督促检查。结合各类民办学校实际，引导党组织围绕学校发展、贴近师生需求开展党的活动，增强党建工作的针对性、实效性，防止"两张皮"。在民办学校注册登记、年检年审、评估考核、管理监督过程中，党建工作情况作为必备条件和必查内容。对不重视、不支持党建工作的高校，要教育引导、督促整改；对办学出现严重问题的，要依法依规扣减招生计划，直至撤销办学资格。

《鼓励社会力量兴办教育若干意见》中提出推行向民办高校选派党组织书记，并兼任政府督导专员，选派将成为民办高校党组织书记产生的唯一一路径。它提及了民办高校党组织负责人要兼任政府派驻学校的督导专员。《中华人民共和国民办教育促进法实施条例》也提及了完善督导制度。根据《关于加强民办学校党的建设工作的意见（试行）》《国

---

① 人民政协网. 中共中央国务院印发《关于加强和改进新形势下高校思想政治工作的意见》[EB/OL]. (2017-02-27) [2022-10-20]. http://www.rmzxb.com.cn/c/2017-02-27/1367227_1.shtml?n2m=1.

务院关于鼓励社会力量兴办教育促进民办教育健康发展的若干意见》《民办教育促进法实施条例》等中央文件的精神，教育部及全国多个省市相继制定了民办高校督导专员委派及管理办法，如中共陕西省委教育工委、陕西省教育厅印发了《关于向高校选派党委负责人（委派督导专员）实施办法》的通知，福建省教育厅出台了《福建省民办高校督导专员委派及管理办法》等，这些省市的文件对督导专员的委派、主要职责、管理等提出了具体的要求。[①]

经调查发现，根据中央有关部门的文件要求，现已扩展各省委派督导专员情况，福建、河北、辽宁、广东、云南、湖南、宁夏、江西等省（自治区、直辖市）先后研究制定选配民办高校党组织负责人的工作方案，挑选德才兼备、熟悉教育工作的党员干部，到民办高校担任党组织负责人，兼任政府派驻学校的督导专员。从已派遣党组织负责人（督导专员）的省市情况来看，多数省市采取以下程序派驻：从高教系统在职的或是刚退休的党政干部中，选拔党委书记人选；再由省级党委组织部门会同当地教育工委或直接由后者，联合教育行政部门共同发文；再将有关人选先任命为相关民办高校党委书记，再明确其兼任督导专员。但也有一些省市在坚持中央文件精神的基础上，结合当地实际情况，创新了选派党组织负责人、委派督导专员的方式。如浙江省因本省民办高校党组织较为健全，并未向学校另派党委书记，采取的方法是把现有的党组织负责人直接聘任为政府兼职督导专员，并定期对民办高校进行巡视、督察和指导。再如，云南省的做法是由省委组织部、省委高校工委和省教育厅共同调研、选聘了一个由6名督导专员（均具有高校党政工作经验）组成的巡视组，分别面向有关民办高校，协助省委高校工委和省教育厅党组，指导学校选配党组织主要负责人和建立民办高校党组织及领导班子。上海市则是前期向有关民办高校派出党建督察员，经过一定时期的磨合和适应，在取得学校各方面的理解和信任后，再按一定程序将党建督察员任命或选举为党委书记，最后再由教育行政部门发文聘任为督导专员。[②]

设立民办高校党组织负责人兼督导专员，对加强党的领导，贯彻落实党的方针政策，坚持社会主义的办学方向，保证民办高校的办学质量，规范民高学校的办学行为，促进其健康发展具有重要作用。

二、民办高校党建工作的关键问题

新时代，民办高校党建工作取得了新进展，也面临着新问题、新挑战，在肯定其新

---

① 查明辉. 民办高校"三驾马车"领导管理体制研究[J]. 现代教育管理，2012(4): 29-32.
② 董圣足，李蔚. 民办高校督导制度的建立与完善[J]. 教育发展研究，2008(2): 7-12.

进展和新成绩的同时，我们也要认识到，在民办高校党建快速发展和不断规范的同时，一些深层次的问题也随之凸显。

（一）党组织隶属关系的多元化尚未有效解决

党组织隶属关系一直是困扰民办高校党的建设的重要问题，它会直接影响民办高校党组织作用的发挥。《关于加强民办学校党的建设工作的意见（试行）》中虽然规定了党组织隶属关系原则，但是其具体落地尚有时日。民办高校党组织的隶属关系基本上按照主办原则、属地原则确定其隶属关系。从目前已设党组织的民办学校来看，党组织的隶属关系呈现多元化状态，有的隶属于校本部党委，作为基层分党委；有的隶属于省、市党委教育工作部门党组织；有的隶属于企业集团，或挂靠某个党组织。[①]如陕西省，现有民办高校17所（其中本科院校5所），非学历高等教育机构24所，两者共计41所。其中有17所民办高校党组织，是直接由省委教育工委和学校所在地市委教育工委批准并管理的，有12所由学校所在地的区委、街道办事处党委批准并管理，有5所由学校举办者（多数为企业）的党委批准并管理的，还存在7所民办高校并未设立党组织。

民办高校党组织隶属关系的多元化给师生党员的发展带来了诸多问题。如归属学校党委的，由于民办学校的人员配置上相对比较精简，人员不足，党组织审批发展工作的经常性开展深受影响，而归属企业主管部门或属地党组织的，则会受到发展名额的指标限制和培养程序的制约。由于党组织的隶属关系没有理顺，影响了民办高校党建工作的整体推进。

（二）党建发展仍存在地区间与学校间的不平衡

民办高校的创办时间、产生背景和条件等不同，其党建发展也存在不平衡现象。从全国范围内看，东部的省、市因地理位置、经济水平、人员配备等相对优于中、西部，使得其能较早接触与党建工作相关的新理论、新方法、新手段，将其运用于实际的党建工作中，所以东部省、市的民办学校，相对于中、西部的，其党建发展更为顺利和健全。从省、市范围内看，具体表现在：一是规模层面上。规模较大的民办学校，其党组织设置、内部制度建设、决策管理机构等发展要优于规模较小的民办学校。二是从成立时间来看，成立时间较早的民办学校，其党组织设置、内部制度建设、决策管理机构等发展要优于成立时间较晚的民办学校。有些起步较早的民办学校，如黄河科技学院、浙江树人学院等早于20世纪80年代就已先行建立了党组织。三是从类别上看，较高层次的民办学校如本科民办学校，其党组织设置、内部制度建设、决策管理机构等发展要优

---

① 吴维维，蒋涛. 新时期民办高校党的工作机制存在的问题、成因及科学化路径[J]. 经济研究导刊，2018(20)：181-183.

于较低层次的民办学校如专科民办学校。四是从党建工作开展情况来看，有的民办高校、民办教育机构等已基本制定较为规范的规章制度，党建工作有序开展，而有的民办学校、民办教育机构等存在诸多问题，还在为地位、体制所困，党建工作不能正常开展；有的民办学校已建立了相对完善的党建工作机制，党组织的政治核心作用得到有效发挥，而有的民办高校对民办高校党组织的作用与地位的认识还不清晰，机制建设与应有的作用发挥不足。

（三）党建工作的开展有待规范

规范党建工作是民办高校可持续发展的重要保障。但目前仍有不少民办学校的党组织的建设还未形成一种较为成熟完善的理论模式或工作实践模式。首先，2016年11月7日以前国家和政府出台的关于加强民办教育、民办教育机构等党建的指导性文件的指向性不强；其次，虽于2016年11月7日后国家和各级地方政府出台了指向性较强的指导性文件，但缺乏可供参考的实际操作模式，实践过程并不顺利。党建工作被弱化，不能落到实处，与长期以来的法律政策文件相关，民办高校治理结构及管理机制限制党组织作用的发挥，以往制定的相关法律政策对于民办学校党组织设置、决策管理层的决策执行等方面缺乏硬性标准，造成民办高校的举办者可直接通过董（理）事会掌控民办学校的实际运行，民办学校的管理层、教职工、学生的参与权、话语权等深受限制，难以形成对举办者权力操作的有效制约。在民办高校党的基层组织建设中，规范意识有待进一步加强。基层党组织工作还存在不平衡现象，部分党组织主动性不强，存在重业务、轻党建的现象。党务工作者的主体多为年轻人，有工作热情，但缺乏经验。部分支部"三会一课"还不完善，党课上对党员思想教育还需进一步加强。档案意识有待进一步加强，部分基层党组织存在着对党建工作文件资料收集不全面、工作台账更新不及时、档案分类管理不科学、活动情况记载有缺失等情况。

（四）体制机制建设相对滞后

通过对现有民办高校党建工作开展情况的分析，可以发现不少民办高校党建工作的理论基础可能已达到科学化水平，但是其执行却仍未达到预期效果。这主要是因为作为理论与实践的中间环节，即党的机制建设相对落后，未能达到预期效果。党的机制建设的滞后性主要表现为以下几个方面。

一是相应的法律政策规章不健全。民办学校党组织于民办学校成立后建立，但与党建工作有关的法律法规和规范性文件还比较薄弱，使得民办学校党建工作长期处于较为缓慢的发展状态。二是党员管理机制不完善。党员再教育制度的缺乏增加了党支部对党员教育的管理难度，同时也使得一些党员存在懈怠倾向，党员的先锋模范作用被削弱。党务工作干部的培训、交流机制也不健全。而现今众多民办学校党务工作干部的整体素质不高，普遍比较年轻，缺乏党务工作经验，相应的培训和交流机制也并未完全建立起来，这使得民办学校的党组织建设难以取得有效的成绩。[①]三是激励机制存在漏洞。目前众多民办学校未将兼职党支部书记的工作量和薪资待遇等问题纳入学校工作量的计算范畴，未制定兼职总支委员、党支部书记、支部委员的工作考核标准、奖惩措施等，在某种程度上，这会削减党务工作者的工作热情，产生懈怠心理，使得他们不愿投入较多的时间和精力去研究如何加强和改进党务工作，如何发挥党支部的战斗壁垒作用和党员的先锋模范作用。四是决策机制落实不到位。国家、地方各层面出台的诸多文件都对民办学校党组织如何落实决策机制进行了具体规定，但民办学校未能将国家、地方的文件精神落到实处，其党组织存在被边缘化的趋势。在民办学校党委的建设上，部分民办学校党委书记的委任、党委成员进入董事会尚未被写入董事会章程，且未形成制度，党建制度建设的不健全使得实际操作备受阻碍。不少民办学校的党组织书记没有按照既定要求进入董（理）事会，无法参与表决董（理）事会上学校各类重大事项，使得民办学校党组织无法充分发挥政治核心作用。

（五）党务工作队伍存在较大差异

从党组织的负责人来看，部分民办学校党组织的负责人同时受上级党组织和教育行政部门的委派担任督导专员，工作任务繁重，超负荷现象比较严重，使得党务工作质量难以保证。

此外，部分负责人以民办学校管理人员的身份受聘于举办者，其人事关系、个人收入、工作岗位等均依靠于举办者与董（理）事会，主要依据董（理）事会的意志开展党务工作。从党务干部来看，部分民办学校党务干部年龄分化现象严重。一部分专职党务干部是从公办学校党建工作岗位上退下来的老同志，具有丰富的党建工作实践经验，能处理较为复杂的党建工作，但缺少对新理论、新方法、新手段的探索与应用，其思想观念和工作方法等难以适应现今新时代的要求。而另一部分的专职党务干部由近年来新入职的大学生、研究生等组成，他们易于接受与党建工作相关的新理论、新方法、新手段，但缺乏前期的党建工作积累，短时间内难以完全接手党务工作。这种复杂情况使得党务工作的开展受到极大的限制。从党务部门来看，民办高校存在行政部门和党务职能部门合署办公的情况，使得在实际工作中，行政部门和党务职能部门的职责不清晰，甚至党务工作人员从事行政工作居多。从总体来看，民办高校现有党建工作队伍的基础比较薄弱，造成了一定程度上民办高校党建研究有待进一步深入。近年来民办学校积极探索党建工作实践取得了良好的成效，但是在民办高校党建研究方面不够深入，存在重

---

① 王彦慧.民办高校基层党组织建设研究[D].武汉：武汉纺织大学，2014：17.

实践、轻理论的现象。有关研究的缺乏使得民办高校党务工作人员的创新意识有待进一步提升，尤其是随着互联网时代的到来，信息传播方式、思维方式、交往方式发生了巨变，传统的组织动员方式、教育管理模式已经难以适应工作要求。如何运用现代信息技术和智慧手段，开展基层党建工作，激发民办高校党建工作的生机和活力，还需要不断思考。民办高校党建特色和品牌创建仍不明显，需要进一步加大工作投入力度。民办高校党组织必须重视党务工作队伍建设，打造一支擅长马克思主义理论、精通现代科学技术、勇于开拓创新的党务工作队伍。

三、民办高校党建工作的改革与实践动向

加强民办高校的党建工作是一项艰巨而复杂的系统工程，掌握民办高校未来党建工作的动向，有助于其进一步加强和改进党组织的建设，推动党建工作的创新。

（一）落实全面从严治党要求，加强党对民办高校的领导

坚持中国共产党领导是中国特色社会主义最本质的特征，同时也是中国特色社会主义制度的最大优势。落实全面从严治党要求，加强党对民办学校的领导有助于确保党的路线、方针和政策在各级各类民办学校得以充分贯彻落实。

一是政治上引领，始终坚持党的路线、方针、政策，坚持政治立场与政治方向，严格执行党的政治路线、政治规矩和政治纪律；二是理论上引领，始终坚持用马克思主义中国化最新理论成果武装头脑、指导实践、推动工作，用社会主义核心价值观教育引领师生；三是思想上引领，以习近平新时代中国特色社会主义思想为指导，始终坚持解放思想、实事求是，不断与时俱进、真抓实干，勇于锐意进取、开拓创新，始终保持党组织的生机与活力，坚定办好社会主义大学的自信；四是方向上引领，始终全面贯彻党的教育方针，落实立德树人根本任务，坚持社会主义办学方向；五是作用上引领，在学校教科研管理和改革建设发展各项工作中，带领广大师生员工为实现办学目标而奋斗。

（二）抓好德育工作，巩固民办意识形态和学校思想文化阵地

习近平指出，"做好高校思想政治工作，要因事而化、因时而进、因势而新。要遵循思想政治工作规律，遵循教书育人规律，遵循学生成长规律，不断提高工作能力和水平"。[①] 要把德育工作纳入发展规划，抓好德育工作，是民办学校党组织的首要政治责任，

---

① 习近平出席全国高校思想政治工作会议并发表重要讲话 [EB/OL]. (2016-12-08)[2022-12-26]. http://www.81.cn/dblj/2016-12/08/content-7398878.htm.

也是落实民办学校政治领导权的最重要工作。上述提及的中央、地方出台的法律政策文件无不强调了要重视民办学校党的建设和思想政治工作，巩固民办学校意识形态的话语权，守好学校思想文化阵地，最终落实到育人工作的各个环节。

一是要构建党组织领导的德育工作运行机制。学校党组织居于全局中心的位置，要统领学校思想政治工作，形成教育合力，牢固树立全员意识，将思想政治工作融入各部门、各单位业务工作之中，推动形成专职兼职的思政工作人员协调配合，教学单位与职能部门协同努力，共同构建思想政治教育工作的新局面。

二是要明确党组织领导的德育工作内容。校党委牢牢把握意识形态领导权、管理权和话语权。首先，加强思想政治理论课建设。将习近平新时代中国特色社会主义思想、社会主义核心价值观融入课程教学全过程，大力推进学生思政、教师思政、课程思政、学科思政、环境思政等"五个思政"建设，组织思政部教师开展思政课教学方法改革，坚持线上线下相结合，课内课外、校内校外相结合，理论教学和实践教学相结合的"三结合"教学模式，开展讨论问答式、情景互动式、混合式、嵌入式、翻转课堂等现代教学方法。其次，加强意识形态阵地的有效管理。强化阵地意识，严明课堂教学管理和教学秩序，坚持学术研究无禁区、课堂讲授有纪律，公开言论守规矩，决不允许在课堂上出现突破政治底线和价值底线的现象。坚持校领导不定期听课、查课制度。每学期开学初及各个重要时间节点，及时收集师生思想动态，形成调研报告，创新政治思想宣传形式和途径，提升舆论导向效果。利用互联网技术实现与高校师生、员工的即时互动，开展平等对话、提升教育效果。

三是要形成党组织领导的德育工作的队伍。坚持将思想政治工作融入各学院、各部门业务工作中，所有教师、干部、职工都负有育人职责，要在党委统一部署下，全员参与、分工协调、各负其责。通过组织教师进行理论学习、访学、学术交流、社会实践活动，在新教师入职培训中专题开展中国特色社会主义理论和校史校情教育等方式，加强对青年教师的思想教育引导，让教育者先受教育，着力加强师德师风建设，让教师更好承担起学生健康成长指导者和引路人的责任。

（三）加大民办高校党组织组建力度，理顺党组织隶属关系

加大民办学校党组织的组建力度，理顺党组织的隶属关系，有助于民办学校党组织作用的最大化发挥。对获得国家承认的办学资格的，实行全国统一招生计划的民办学校，其党组织应统一由教育行政部门直接管理，这有利于党和政府对办学较为规范、基础较好的民办学校的党建工作实行统一领导。对明确主办单位的民办学校，由主办单位党组织负责建立民办学校党的基层组织，并领导其工作，这有利于理顺教育主管部门、主办单位、民办学校三者之间的关系，分清职责。对主办单位以及公民个人办学暂不具备建立党组织条件的学校，应指定相应的部门和组织负责该类民办学校的党建工作。不

同办学形式的民办学校应从实际出发选择适合自身性质的隶属关系，以增强党组织的领导管理体制的可操作性。

此外，加强党员组织关系的管理，确保每个党员都能被纳入党的一个基层组织的管理之中。从公办学校调到民办学校的教师党员、党务工作者等，或是新入职的教师党员、党务工作者等，应将党员的组织关系及时转移到所在民办学校的党组织。对于学生党员，特别是毕业生党员，已落实工作单位的，应及时将党员组织关系转移到所在单位的党组织；如工作单位尚未建立党组织或未落实工作单位的，应按照就近就便原则，将党组织关系转移到工作单位所在地或本人及父母所在的街道、乡镇党组织，或随同档案转移到县以上政府所属公共就业和人才服务机构的党组织。①

（四）从严做好党员发展和教育管理工作，发挥党员先锋模范作用

党员发展工作是党组织建设工作的重要环节。按照"控制总量、优化结构、提高质量、发挥作用"的总体要求，坚持和完善发展党员工作的标准和程序，遵循"成熟一个，发展一个"的原则，实行发展党员公示制度和发展党员票决制，确保民办学校新党员的质量。

教师党支部要把抓好教师思想政治工作作为中心任务，把严格规范各项党的组织生活制度作为根本要求，把做好在青年教师中发展党员工作作为重要着力点，统筹推进、综合施策，促进思想政治工作落到支部、从严教育管理党员落到支部、群众工作落到支部，努力使教师党支部成为教育党员的学校、团结群众的核心、攻坚克难的堡垒②，使广大教师党员成为有理想信念、有道德情操、有扎实学识、有仁爱之心的好老师的表率。

学生党支部是民办学校党的基层组织，是党组织在学生中的"战斗堡垒"，大学生的思想政治教育有赖于学生党支部的政治核心作用、战斗堡垒作用和学生党员的先锋模范作用的发挥。要教育引导学生党员成为崇尚理念信念的典范、弘扬正气的典范、刻苦学习的典范和全心全意为同学服务的典范。

（五）加强基层党建评议考核，强化党建工作指导督促和基础保障

民办高校基层党建的考评体系由所属上级党组织对学校基层党建的考评机制和民办学校内部的考评机制两个部分组成。两种考评机制的建立和完善是强化党建工作指导督促和基础保障的需要。

从所属上级党组织对学校基层党建的考评机制而言需要做好以下工作：一是上级考评部门需加强对民办高校的检查和评估，定期开展对民办学校基层党建的监督检查。二

---

① 章清. 关于民办高校党建工作若干问题的思考[J]. 理论学刊, 2003(05): 105-107.

② 中共教育部党组关于加强新形势下高校教师党支部建设的意见[EB/OL]. (2017-08-02)[2022-10-20]. http://www. moe. gov. cn/srcsite/A12/moe_1416/moe_1417/201708/t20170823_311692. html.

是制定符合民办学校特点的基层党建考评机制，突出适用性、可操作性。三是明确民办学校基层党建评议考核的重点，突出党建工作对社会力量办学的方向指引和实践指导意义。四是重视民办高校基层党建评议考核结果的运用，对通过考评或考评优秀的民办学校党组织进行表彰和奖励。就民办学校内部而言，要制定有关考核制度，探索基层党组织堡垒指数管理和党员先锋指数考核，建立定期对党员，特别是对学生党员的考核机制，增强党员管理的科学性和规范性。

民办学校是社会主义市场经济条件下教育发展的新形式，重视并加强民办学校的党建工作建设，是党在新时期下加强党建工作的一个重要内容。面临新的形势和任务，作为社会主义教育事业重要力量的民办学校需继续贯彻和落实中央和地方文件的精神，遵循党的建设的发展方向，构建党建工作的有效机制，发挥基层党组织的战斗堡垒作用和党员的先锋模范作用，深入推进党的建设，为新的伟大工程贡献更大力量。

第九章 民办高校内部治理的效能评估与制度化

　　组织效能是指组织实现其目标的程度，通过优化内部治理来更好地提高组织效能是民办高校内部治理的主要目标。组织效能的评估有基于目标的评价、资源使用的评价、内部过程评价和战略性利益主体评价等方法。它旨在给组织及其成员提供反馈信息，这些反馈信息可以反映民办高校内部治理变革方案是否需要差错修正、补充完善，或者表明该治理变革是否成功。对于其中比较成功的变革，可以对其进行特定的、长期性的修改并将其固化为工作制度，这样可以保证变革成功的方案可以长期发挥效用。

◆ 第一节 ◆

组织效能的概念

在结构权变理论的研究中，人们常常用两个词来衡量组织结构与背景因素匹配的好坏：效能（effectiveness，有时也称为有效性）和业绩（performance）。好组织总是相对而言的，绝对意义的"好组织"是不存在的。在一种情况或标准下被定义的"好组织"，在另一种背景或标准下也许就不是"好组织"。效能包括两个方面：一个是效率；另一个是效果。效果与组织的目标相关，而效率是指一个单位所消耗的资源和产出比，可以用投入产出衡量。在某些组织中，效率会对应产生效果，但是在另外一些组织中效率和效果却不一定相关。例如：一个非常有效率的组织却不能实现其目标，因为它生产的产品是没有需求的；一个组织实现了利润目标，但是可能是没有效率的。[①]

李（LEE）将组织效能定义为组织成员对组织整体成功程度、市场份额、盈利能力、增长率和创新能力的看法，是与主要竞争对手相比的。组织效率远不止是你的公司销售或盈利的能力。相反，它侧重于这些短期领域的整体有效性，以及可持续性、对环境的关注、企业文化、人才管理、领导力、创新、战略、参与和沟通。[②] 沈曦指出了有效组织结构的特征，认为它至少应该包括明确性、经济性、组织目标的导向性、组织决策的稳定性、适应性、组织的可持续发展性。[③]

宋亦芳指出，教学管理的有效性是指学校实现教学管理目标的能力，以及管理效率、效果和效益的综合反映。这是学校合理利用各种资源的结果。其特点是指导组织目标，强调资源的有效利用。教学管理的有效性在很大程度上反映了学校的有效性。追求教学管理效率的不断提高是教学管理活动的中心，也是学校管理的出发点。它的价值最终体现在学生的学习效果上。[④]

段敏娜专门研究了高校管理有效性的评价。高校的组织特性以及高校的组织目标与功能决定着高校管理活动的有效性既不能只顾社会性因素与精神性因素，也不能单纯地追求经济效益，不应把高校的管理工作利润化。高校管理有效性的测度主要从目标指标和管理能力指标来衡量，目标指标主要通过师生的满意度、学生发展、教师的专业发展

---

① 李颖新. 战略管理价值化中的组织结构设计 [D]. 北京：北京化工大学，2003: 23-27.

② LEE M H, GOPINATHAN S. Reforming university education in hong kong and singapore[J]. Higher Education Research & Development, 2003, 22(2): 167-182.

③ 沈曦. 大学组织结构有效性的一种评判方法 [J]. 上海教育评估研究，2015, 4(05): 16-20.

④ 宋亦芳. 成人高校教学管理效能研究 [J]. 教育发展研究，2011, 31(21): 57-61.

与质量，以及获取资源的能力来评价的。管理能力指标主要通过规划性能力、结构性能力和实施性能力三个维度进行评价。[1]

在本研究中，我们采用了达夫特关于组织有效性的定义，即组织效能是指组织实现其目标的程度。[2]大部分研究者都将组织目标作为衡量组织有效性的一个关键，这一定义的适用性更强。

◆ 第二节 ◆

组织效能的评价方法

如何评价组织效能一直是专家学者探讨的重点。用来评估组织有效性的标准工具是波斯版本的帕森斯量表，该工具包括二十八个项目，可以评估组织执行四项职责的能力，即适应、目标实现、集成和延迟。理查德（Richard）从组织效能的主要评价标准、组织效能的规范性或描述性、组织效能的普遍性和组织效能的推导性等方面综述了十七种组织效能的多元模型。[3]

斯特拉斯尔（Strasser）等学者提出了两个评价组织有效性的模型，即目标模型和系统模型。[4]罗宾森（Robbins）提出了基于目标评价组织有效性、基于系统评价组织有效性、基于利益相关者的方法、基于竞争价值评估组织有效性四种组织有效性的评价方法。[5]在结构权变理论的研究中，基于目标的组织有效性的测量方法被分成两类：第一类，采用客观数据，如财务指标等实际数据[6]；第二类，采用主观数据，如公司销售增长与行业平均值的相比从低到高的得分[7]。谭劲松等学者开发了公司综合绩效量表，

① 段敏娜. 高校管理有效性研究 [D]. 南京: 南京航空航天大学, 2008: 2-4.

② 理查德·L. 达夫特. 组织理论与设计 [M]. 王凤彬, 刘松博, 译. 北京: 清华大学出版社, 2008: 25.

③ RICHARD M. Steers. Problems in the measurement of organizational effectiveness[J]. Administrative Science Quarterly, 1975(20): 546-558.

④ STRASSER S, EVELAND J D, CUMMINS G, DENISTON O L, ROMANI J H. Conceptualizing the goal and system models of organizational effectiveness-implications for comparative evaluation research[j]. journal of management Studies, 1981, 18(3).

⑤ ROBBINS S P. Organization theory: Structure, design and applications [M]. Englewood Cliffs, N. J. : Prentice Hall, 1983

⑥ ARMOUR H O, TEECE D J. Organization structure and economic performance: A test of the multidivisional hypothesis[J]. The Bell Journal of Economics, 1978, 9(1).

⑦ JORIS M, MARYSE J B, MARCO M. organizational structure and performance in dutch small firms[J]. Small Business Economics, 2005, 25(1).

该量表已由王端旭等翻译成中文在中国使用，它由利润、销售收入、市场份额、销售增长、员工士气、资产增长和竞争地位七个项目构成。朱青松、陈维政通过验证性因素分析后，将七个项目划分为两个维度，一是组织效益绩效维度，包括利润、销售收入和市场份额，二是组织成长绩效维度，包括销售增长、员工士气、资产增长和竞争地位。①

关于组织内部治理效能的评价，达夫特的四种组织有效性的评价方法、平衡计分卡和360度评估法等比较有代表性。

一、四种组织有效性的评价方法

达夫特总结出四种组织效能的评价方法（见图9-1）。组织作为一个开放系统，整个活动的基本过程是从环境中取得资源投入，然后资源转换为产出，再将其输出到环境中去。组织在内部和外部有很多利益相关者。这四种评价组织效能的方法关注组织不同的部分，评价指标涉及了产出、投入、内部活动，以及关键利益相关者，也就是战略性利益主体。

效果的目标评价法（goal approach）包括识别组织的产出目标以及测评组织在何种程度上实现了这些目标。②操作性目标是这种效果评价法所考虑的主要衡量指标，包括盈利能力、市场份额、成长能力、社会责任和产品质量等，既可以有定量指标，也可以有主观指标，管理者可以从各个方面搜集信息。

资源评价法（resource-based approach）是指组织获得稀缺而又宝贵的资源并成功地加强整合和管理的绝对或相对能力的方法。③衡量指标包括：讨价还价能力，认识外部环境能力，利用有形、无形资源的能力，对环境变化的反应能力。

在内部过程评价法中（internal process approach），效果是以组织的健康状态和效率来衡量的。评价指标包括公司文化和工作氛围、信任度、运营效率、沟通情况、员工成长与发展情况、协调度。④

战略性利益主体评价法是指对组织关键利益相关者需求的满足情况，不同的利益主体使用不同的衡量标准。

---

① 朱青松, 陈维政. 员工与组织的价值观实现度匹配及其作用的实证研究 [J]. 管理学报, 2009, 6(05): 628-634.

② STRASSER S, EVELAND J D, CUMMINS G, DENISTON O L, ROMANI J H. Conceptualizing the goal and systems models of organizational effectiveness: Implications for comparative evaluation research[J]. Journal of Management Studies, 1981(18): 321-340.

③ RUSSO M V, FOUTS P A. A resource based perspective on corporate environmental performance and profitability[J]. Academy of Management Journal , 1997, 40(3): 534–559.

④ CUNNINGHAM J B. Approaches to the evaluation of organizational effectiveness[J]. Academy of Management Review, 1977(2): 463–474.

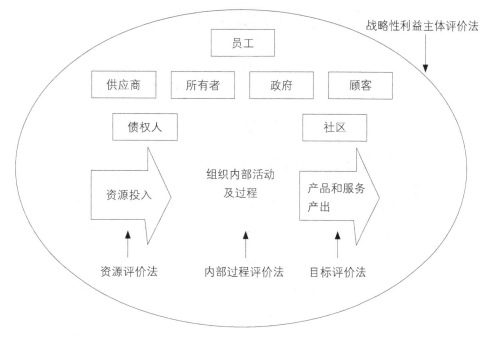

图9-1　衡量组织效能的四种方法

二、平衡计分卡

美国学者卡普兰（Kaplan）和诺顿（Norton）研究提出的平衡计分卡（the balanced scorecard），是一个整合的源于战略指标的新框架（见图9-2）。它在保留以往财务指标的同时，引进了未来财务业绩的驱动因素，这些因素包括客户、内部业务流程、学习与成长等层面，它们以明确和严谨的手法解释战略组织，形成特定的目标和指标。平衡计分只在使用过程中，通过阐明战略并在组织内达成共识，在整个组织中把部门和个人的目标与战略相联系，把战略目标与长期的目标值和年度预算相联系，以此确定并协调战略行动方案，同时组织进行定期和系统化的战略研讨，获得反馈以便学习和改进，这是一个系统化的战略行动和反馈流程。[①]正如卡普兰和诺顿所说，平衡计分卡最初的焦点是用以改善营利企业的管理，但是经过实践证明，平衡计分卡在改善非营利性组织的管理上，效果更好。

---

① 陶然. 基于平衡计分卡的县级政府绩效管理模式[D]. 北京：中央民族大学，2009：33.

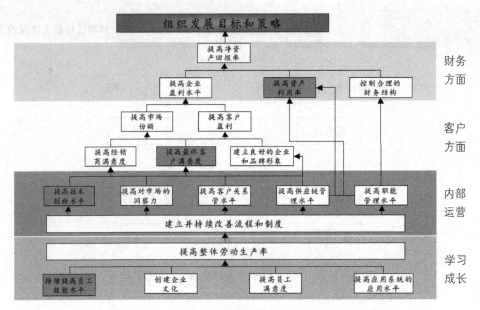

图 9-2　平衡计分卡

2002年，平衡计分卡被《哈佛商业评论》评为"过去80年来最具影响力的十大管理理念"，它把战略分解为行动方案，是衡量和管理组织战略的最佳实践操作方法，为组织提供了一种客观的方法来验证组织成功实施战略的设想。平衡计分卡在财务方面关注提高企业盈利水平和控制合理的财务结构基础，强调提高资产利用率；在客户方面，关注建立良好的企业品牌和形式，提高最终客户的满意度；在内部运营方面，注重提高技术创新水平、企业对市场的洞察力、提高客户关系管理水平及职能管理水平，建立并持续改善流程和制度；在学习成长方面，重视持续提高员工技能水平，创建企业文化以及提高员工满意度，提高整体劳动生产率。

平衡计分卡实现了四个方面的有机协调和平衡，即战略管理与经营管理的平衡、财务指标和非财务指标的平衡、内部人员与外部人员的平衡以及结果指标和动因指标的平衡。它的引入，对中国组织的业绩评价和内部治理带来革命性的变化。[①]

三、360度评估法

360度评估又被称为360度反馈或者全视角考评。它是20世纪80年代美国爱德华

---

①　罗伯特·卡普兰，大卫·诺顿. 平衡计分卡：化战略为行动 [M]. 刘俊勇，孙薇，译. 广州：广东经济出版社，2013：12.

（Edward）和尤恩（Ewen）等学者在一些企业组织中不断研究发展而成的。[1]360度评估法评估组织中不同层级的人及经常与其打交道的外部相关者针对其进行的客观、真实的信息反馈。它是针对组织评估主体差异化而提出的评估方法，组织评估主体的演化经历了一个渐进的过程，即由传统的上级领导考核及自我评价，发展到由同一层级的其他同事进行绩效反馈，再发展到由直接的下级进行信息反馈，最后发展到360度全方位的评估。

360度评估法是对多元主义的回应，它与传统评估方式最大的不同在于其避免了传统的单项评估所造成的评估结果的主观偏失及上级在评估中所产生的绝对影响。评估的目的在于改进组织管理，从这种意义上讲，评估结果的全面性、准确性和公正性有着重要的意义。多元评估主体的引进可以通过从内外、正反、上下等多个维度反映同一评估对象的不同侧面，从而形成一种理性的评价氛围，对组织有效性提出较公正、符合实际的评估标准和结果。

在用360度评估法进行测评时，第一个也是最重要的环节是评估表格的设计。由于组织中被考核者层级不同，每个层级的被考核者又面临着不同的上级、下级和同级考核者，因此需要确定不同的考核指标从而设计不同的评估表格。比如，上级考核者主要考核被考核者的指导统率力、计划决定力，同级考核者主要考核被考核者的协作力，下级考核者主要考核被考核者的领导水平等。考核表格设计好后，发放给考核者填写，然后对表格进行统计和分析，形成考核意见，再向被考核者进行反馈。[2]

◆ 第三节 ◆

在民办高校内部治理效能评估中的运用

一、实施与评估反馈

实施与评估反馈不但包含实施过程中对变革是否确已实施的评估，还包含实施后对变革是否带来了预期效果的评估，基于指导实施变革目标的评估可被称为"实施性反馈信息"，以考察变革效果为目的的评估可被称为"评估性反馈信息"。

反馈信息应用贯穿于过程始终，用于看清变革过程的进展情况。借助这些信息对变

---

① 李华, 任荣伟, 蒋小鹏. 360度绩效评估法的运用及有效性分析[J]. 现代管理科学, 2004(08): 33-34.
② 金东日. 组织理论与管理[M]. 天津: 天津大学出版社, 2016: 270-271.

革有一个更清晰的认识，即实施变革所需的行为和程序。其次，还可以利用这些信息为下一步变革制订计划，反馈信息预警变革还不够完美时，就应启动评估性反馈信息。评估性反馈信息要花费更长的时间去收集数据并对其进行论证，包括大量的效果方面的量化，如果量化的结果不乐观，就要重新进行诊断与分析或寻求更有效的变革方案。如得到的结果比较乐观，则将这些有益的组织变革进行制度化，从而使这些变革成为组织日常运作的一个长期固定的部分。

二、信息收集方法

（一）问卷调查

这是一种规范化的实证研究方法，包括测量工具有效性、可靠性、内部有效性、外部有效性四个方面的要求。测量工具有效性是针对研究的问题构造有效性的测量工具；可靠性是指其他研究者可以复制同样的研究，并预期得到同样的结果；内部有效性是指研究证据能够支持研究结论中所阐述的现象或者因果关系；外部有效性是指研究结论具备相当高的普适性。[①]量表调查的步骤：提出研究假设；设计研究的变量；设计测量变量的量表；设计问卷；样本选择与问卷调查；数据收集与信度、效度检验；数据分析；结果解释。

设计出的问卷，需要进行信度和效度分析。信度是指测验结果的一致性、稳定性和可靠性，一般多以内部一致性表示该测验信度的高低。它是检验测量工具一致性和可靠性的基本工具。信度系数愈高即表示该测验的结果愈一致、稳定与可靠。一般测量内部一致性的信度主要采用克伦巴赫（Cronbach）α系数。[②]效度（validity）即有效性，它是指测量工具或手段能够准确测出所需测量的事物的程度。效度是指所测量到的结果反映所想要考察内容的程度，测量结果与要考察的内容越吻合，则效度越高；反之，则效度越低。一般选取内容效度来评估绩效考评的效度。内容效度又称逻辑效度，是指项目对于测的内容或行为范围取样的适当程度，即测量内容的适当性和相符性。我们在实际应用中，内容效度往往是通过有经验的专家来进行评审，依据经验评估出检测内容与实际情况直接的关联性。一般采用"内容效度比"（content validity ratio, CVR）。

在问卷调查实施过程中，一般采用抽样调查，即选定抽样框，分层抽样，将总体要素分成相对同质性群体。这样的过程能够降低误差，并增进样本的代表性。

① 叶康涛. 案例研究：从个案分析到理论创建：中国第一届管理案例学术研讨会综述 [J]. 管理世界, 2006(02): 139-143.
② 李潇. 360度绩效考评方法在高校管理人员中的应用研究 [D]. 西安：西安建筑科技大学, 2014: 38.

（二）个别或团队访谈

访谈可以采用开放式问题或者封闭式问题形式。开放式问题（open-ended questions）是指受访者可针对问题做出自己的回答，一般用于深度访谈和定性访谈。封闭式问题（closed-ended questions）是指受访者被要求在研究者所提供的答案中选择一个答案，这种方式能够保证回答具有更高的一致性。相比较而言，开放式问题更容易操作。封闭式问题答案的分类应该穷尽所有的可能性，答案的分类必须是相互排斥的。

（三）观察

观察组织在运行过程中的行为，信步于工作场所，到处看看，或只是简单观察一些特定行为所引起的事件。观察得到的是实时信息，描绘的是当前发生的而不是过去发生的事。它的灵活性很强，可以根据不同情况来选择或改变想观察的对象。应用这种方法存在的问题是，很难把观察到的东西忠实地描述出来，系统地记录信息。

（四）非显著性的方法

收集一些二手材料，如学校领导讲话稿、工作制度、会议记录、档案、完成一项综合性工作所涉及的部门配合情况、学校绩效的体现、成本的支出情况、师生的满意度、绩效考核评价结果。这些二手材料可以作为访谈和问卷调查的有用的辅助工具。

三、组织内部治理变革的制度化

组织内部治理变革的制度化是在组织对内部治理进行变革的过程中，将其中运行有效的做法转化为组织日常运作的一部分，并对其原有内容进行特定的、经常性的修改，这将保证变革成功的方案可以长期发挥效用。制度化有以下几种主要方式。

（一）社会化

实施组织发展变革通常包括相当多的学习、试验，因而要推进变革项目则必须有一个持续的社会化过程。组织成员必须集中精力去逐渐认识变革的本质以及持续变革的意义。特别是老员工还需要与新员工交流这些信息，传递有关变革的信息有助于使新员工进入状态，并且可以让参与变革者重新对变革的信念、规范和价值进行确认。例如，那些参与了变革项目的员工通常要进行变革信息的传播，还要对现有的参与者以及新成员进行再次培训，这些过程的目的是推动项目的持续进行。

（二）承诺

它是指组织及员工公开同意实施变革并按变革要求采取行动。应允许员工自主、清晰、公开地选择必要的行为方式，这些有利于增加新行为模式的稳定性。承诺应该来自组织的不同层次，包括直接包含在变革项目中的员工，能支持或阻挠变革的中高层管理者。例如，在一些员工参与的变革项目中，实施者主要致力于取得员工对这些项目的认同，否则会产生变革的"阻力"。

（三）报酬的分配

它要求在报酬和变革所要求推行的新行为模式之间建立联系。组织报酬至少可用两种方式强化变革的持续实施。首先，内在激励和外部激励的并用可以强化新行为模式的推行。内在激励是内在的，包括工作上出现的挑战、可以实现发展或获得成功的机会。当变革能提供这样的机会时，就会产生推行变革的积极性。为取得更好的绩效，若再进行外部激励，如提供报酬，则这种行为模式将进一步加强。但是由于外部激励的效果会随着时间的推移而呈现下降趋势，因而有必要不断地修改完善激励系统。当然，新行为模式的持续程度还有赖于员工对报酬的公正性水平的感受。

（四）传播

它是指将变革向其他组织或组织中的其他部门推广，以获得更广泛的组织基础来支持变革行为。传播可以减少制度化过程中的阻力。许多变革未能持续的原因就是由于它们与更高层次上的组织的价值观、规范相抵触，因而这些高层次组织非但不支持变革，反而拒绝它，并常常对变革施加压力，以期回到原来的行为模式中去。将变革向组织中的其他部门推广可减少这种反作用力。通常可利用在组织的其他部门试点推行，来逐渐形成统一的行为模式。此外，制度化的传播行为还有利于强化对变革的承诺。

（五）跟踪和纠偏

它是指在变革进行一段时间或告一段落后检查与预期的变革行为模式之间的偏差并且采取相应纠正措施。行为模式的制度化总是会遇到各种不稳定的作用力，如环境的改变、新领导的出现、来自其他想中断变革的部门的压力等。这些因素导致员工的表现、偏好、规范和价值观等都会发生一定的变化。要想监测这种变化并采取纠正措施，组织就必须具有某种跟踪机制。像实时反馈这种跟踪措施就能够提供有关偏差产生的信息。知道偏差后就能着手改变行为方式，以确保行为模式与变革相符，对于取得的长短期成果进行巩固，形成制度化文件或规章。

第十章 代表性私立高校内部治理的做法与启示

　　私立高等教育在全世界范围内已经得到了较大发展。20世纪80年代初期，随着全球经济的发展，世界各国都采取措施扩大高等教育发展规模，来满足国民对接受高等教育愈来愈迫切的需求，同时也满足经济发展对人具备更高素质和更强能力的要求，从而使私立高等教育有了发展的契机，呈现出空前的发展态势。当前，许多国家的私立高校不仅在数量上多于公立高校，而且其质量也享誉世界。如被世界公认的名校，美国的哈佛大学、斯坦福大学、耶鲁大学、麻省理工学院，英国的剑桥大学、牛津大学，日本的早稻田大学、庆应义塾大学，韩国的高丽大学等世界著名大学均是私立大学。相对于世界各国私立高校发展的宏观形势，私立高校内部治理则相对属于微观层面的，由于更广范围和更具真实性的私立高校内部治理资料的获取难度较大，本书选择了美国、韩国、日本、德国、墨西哥、新加坡以及中国香港的七所代表性的私立高校，这些私立高校都在本地乃至世界高校中有很大的影响力。本章运用解剖麻雀式的方法，通过系统地收集数据和资料，聚焦这几所私立高校的内部治理做法，用个别来窥视全体并"以小见大""见微知著"，以期对我国民办高校内部治理变革有所借鉴和裨益。

七所代表性私立高校的内部治理

一、美国麻省理工学院的内部治理

（一）学校基本情况

美国麻省理工学院（Massachusetts Institute of Technology，MIT）于1861年由著名自然科学家威廉·巴顿·罗杰斯（William Barton Rogers）创立，是一所综合性的私立大学。麻省理工学院素以顶尖的工程与技术而著名，拥有麻省理工人工智能实验室、林肯实验室和麻省理工学院媒体实验室，其研究人员发明了万维网、GNU操作系统、Emacs编辑器、RSA加密算法等。

截至2021年10月30日，该学校拥有员工（包括教师）15 722名，教授1 069名，其他教职员工970名，本科生与教师的比例为3∶1。学校共有学生11 934名，其中本科生4 638名，研究生7 296名，学生来自美国50个州、哥伦比亚特区、两个地区和131个国家。[①]

麻省理工学院位列2021—2022年度QS世界大学排名第一、U.S. News世界大学排名第二、软科世界大学学术排名第四、泰晤士高等教育世界大学排名第五，同时列2020年泰晤士高等教育世界大学声誉排名第二。该校诺贝尔奖获得者有98名、国家科学奖章获得者有59名、国家技术与创新奖章获得者有29名。

（二）内部治理情况

美国麻省理工学院的成功与其治理结构密不可分。麻省理工学院在长期的发展过程中，逐渐形成了由外部人为主的法人团体、以校长为首的行政管理团队和教职工大会共同构成的现代治理结构。这一结构呈现出权力制衡、协商治理、教授治学的特征。

1. 以外部人为主的法人团体

学校法人成员（董事会）共75人，由科学、工程、企业、公共服务领域的杰出领袖组成，学校董事会及其所设置的各类委员会指导、评估大学发展的战略方向，审批年度预算，承担长远的受托职责，审批新的人才培养方案和课程，选任校长，并向校长提出建议。

---

① 美国麻省理工学院官网 [EB/OL]. (2021-10-30)[2022-12-26]. http://www.mit.edu.

学校董事会以外部人员为主，学校章程规定任何在MIT工作的人（除了法人管理层），无论有无薪资，任何被MIT录取攻读本科生或研究生学位的学生，都不能成为法人成员。若选举之后，此人在MIT工作，或被MIT录取，其法人成员资格立即失效。只有大学前任校长、退休的校长或法人成员（非荣誉成员）才有资格被选举为法人主席。学校董事会有任期董事43人，终身董事24人，当然董事"4+4"人，组成人员为：外部人士主要有州长、马萨诸塞州教育部长、马萨诸塞州最高法院首席法官及校友协会主席、法人主席；内部人员主要有校长、执行副校长兼财务主管、副校长兼法人秘书。它由校友协会提名，经法人成员选举产生15名成员；由相关学生和刚毕业的校友提名，经法人成员选举产生5名成员。法人全体成员由法人成员选举产生，法人全体成员人数不应超过规定的人员限制。

董事会通过设置执委会和若干功能委员会来保证和监督学校各个方面的良性运作。执委会包括：法人主席、校长、执行副校长兼财务主管、根据章程设立的投资管理公司的主席，这些为当然成员；5名任期为5年的法人成员；3名任期为3年的法人成员；执委会主席（校长为执委会主席）。执委会可授权执委会成员（而非当然成员）组成的分委员会，在执委会休会期间，有权任命、批准个体职员，管理教师的薪酬体系。

功能委员会包括成员委员会、发展委员会、审计委员会、巡查委员会和全校事务法人联合顾问委员会等。成员委员会由法人主席、校长（当然成员），以及5~8名任期为4年的法人成员组成，成员委员会负责向法人提名法人成员候选人，并将其根据要求推荐的不同候选人的推荐意见传达给法人，同时向法人成员/董事会建议分派到各常委会中的候选人。

发展委员会成员包括法人主席，校长、执行副校长兼财务主管（以上为当然成员），以及根据条件当选的有任期期限的法人成员，法人主席为委员会主席。发展委员会职责广泛，负责制定政策和计划以获得捐助和办学经费，在筹资中，与校友协会合作，鼓励其发挥作用。

审计委员会成员包括5名成员，其中3人为任期为5年的法人成员，2人为任期为3年的法人成员。审计委员会聘用会计师检查MIT的账目，以及该委员会认为有必要检查的其他财务、投资记录，并由会计师向财务委员会报告，财务委员会则将包括检查范围在内的审计报告提交给法人成员。

巡查委员会成员可全部由法人成员组成，也可以一部分由法人成员组成，一部分由其他人组成，其职责为巡视和检查各学系、MIT的其他部门，并据此向法人成员汇报。

全校事务法人联合顾问委员会（CJAC），它由法人成员、教师、学生组成，是一个组成成员来源广泛的代表性团体，对全校性的需要法人关注的事务予以关心，提出建议，委员会应就这类事务向法人提交报告。

董事会一般为5年一届，并有规定的召开会议的时间，法人成员（董事会）的年会在10月的第一个周五进行，法人成员的其他例会会议时间为12月的第一个周五，3月的第一个周五以及学年末的毕业日或经主席决定毕业日的前一天，一般每年召开4次。同时法人主席可提前或推迟会议时间，但一般在原定时间的前后2周内，法人主席可召集法人特别会议，经3名法人成员书面申请，可由法人秘书召集特别会议。

2. 以校长为首的行政管理

校长为麻省理工学院的首席执行官，是法人的当然成员，执委会的主席以及当然成员，是成员委员会、发展委员会、任何投资委员会的当然成员，是根据章程成立的任何投资管理公司的当然董事。执行副校长兼财务主管是大学首席财务官，是法人的管理人员，负责管理法人的财务资源。

校长作为首席执行官规定需要向MIT全体人员负责，负责向董事会执委会建议：MIT的组织结构，某些教职员工的任命和薪酬，年度预算，学费，教育、研究工作的范围，与联邦政府和其他组织的特别合同，新设施、新设备的需求，以及其他有关大学运作、需要执委会采取行动或取得一致意见的所有事务。

在遵循董事会既定的学校发展目标后，校长负责学校的一切行政工作。同时，为避免权力滥用及做出不利于大学发展的决策，校长还受到董事会的监督。校长行使权力的方式主要是通过各级委员会实现的，通过这些机构行使章程中规定的权力，诸如管理学校内部各类事务、任命学校内各类职位、有限支配学校资源、监管学校财务等。[1]校长将部分权力授予下一级管理人员或相关委员会执行，以使工作具体细化，但同时校长还建立了监督机制，以对各级部门的工作情况进行及时监督，及时发现过程中的问题。

3. 以教职工大会为主的学术治理

麻省理工学院最高学术治理决策机构是教职工大会（faculty），成员包括法人主席、校长、所有副校长、教务长、校监、3位副教务长、所有教授、副教授或助理教授、讲师、高级教练、教练、5位院长、32个教学部门和42个实验室，以及研究中心主任、田径部主任、图书馆馆长和学生金融服务执行主任等。

教职工大会通过其常设和专门委员会制订和执行政策，常设委员会的成员由提名委员会确定，并在每年5月份举行的年会上由教职工投票批准。教职工大会之常设委员会有提名委员会、学术评价委员会、课程委员会、学科委员会、校区规划委员会、教师政策委员会、图书馆系统委员会、研究生项目委员会、本科生项目委员会、学生生活委员会、本科生入学和金融资助委员会等。这些委员会成员由相当比例的普通教授、师生代表组成。他们分工负责，对MIT的学术活动进行全方位的管理和监督。[2]

---

① 湛中乐. 大学章程精选[M]. 北京：中国法治出版社，2010: 369.
② 董钊. 世界一流大学治理结构探析：以MIT为例[J]. 现代教育科学，2019(04): 45-49+54.

二、韩国浦项科技大学的内部治理

（一）学校基本情况

韩国浦项科技大学由世界著名的钢铁公司浦项制铁公司于1986年创办，浦项制铁公司举办大学的原始捐赠是浦项公司价值约20亿美元左右的股票，这笔经费支持了学校的创建，在之后学校的发展过程中，浦项制铁公司始终确保了学校拥有充足和可靠的资金来源。[①]2017年全校共有3 581名学生，其中包括1 422名本科生、2 159名研究生（含96名外国研究生）；教师有446人（其中国际教师44人），研究员655人（其中66人为国际研究员），员工有241人，本科生与教师的比为3.2∶1。[②]为了贯彻培养卓越科学家和工程师的教育目标，浦项科技大学在专业设置上坚持以理工教育为主，社会人文教育为辅的教育模式。学校以"提供最好的教育，进行最尖端的科学研究，服务国家乃至全世界"为办学理念，在不到40年的发展过程中已成为世界顶尖的研究导向型大学，2022年位列QS世界大学排名第81名。

（二）内部治理情况

浦项制铁公司作为举办者，致力于建立学校内部科学规范的治理体系，而不是把浦项科技大学仅仅作为自己的附属大学。大学成立了理事会，理事会拥有最终的决策权，负责主要学术、财政和政策事项的决策。浦项科技大学的理事会内部类似于典型的美国私立大学，聘用了校外理事为大学的建设献计献策。目前理事会共有10位理事、2名监事（事务长），学校法人兼理事长由浦项制铁公司委派，由董事长崔正宇先生担任，10位理事中有3位是浦项科技大学的代表，其余有4位来自校外，分别是韩国延世大学、首尔大器械航空工学院、庆北大学通商学院、建国大学的教授，其余2名为行业代表，分别是矽致微电子有限公司（Silicon Mitus）和DR & AJU（国际律师事务所）代表。2名监事（事务长）分别是浦项科技大学和嘉泉大学经营专业教授。理事及监事采用任期制，其中理事任期为4年，监事（事务长）任期为2年。[③]理事会主席将管理权委托给校长，如校长有权聘任教师等。这在韩国私立大学中并不常见，一般私立大学的主席或者其家庭成员通常是大学的拥有者，他们都积极参与学校管理。

---

① 菲利普·阿特巴赫，贾米尔·萨尔米．世界一流大学：发展中国家和转型国家的大学案例研究[M]．王庆辉，王琪，周小颖，译．上海：上海交通大学出版社，2011：77-97．

② 韩国浦项科技大学网站[EB/OL]．(2022-05)[2022-10-20]．https: //www. postech. ac. kr/about-postech/school-juristic-person/board-of-directors/．

③ 韩国浦项科技大学网站[EB/OL]．(2022-05)[2022-10-20]．https: //www. postech. ac. kr/about-postech/school-juristic-person/board-of-directors/．

在办学过程中，大学竭力创造开放、透明、改革的组织环境，为改变其他国立或私立大学存在的官僚作风，克服拖延决策的现象，浦项科技大学在建校开始就利用企业办学的优势，有选择地借鉴浦项制铁公司的管理技术和体系。在组织机构的发展中，该校采用跨学科、重基础的扁平组织机构，这一组织机构，既促进了学术合作与交流，保障教学资源和研究资源的充分利用，也使各个基层单位拥有相对独立的资源使用权，确保学术资源使用的自由性。

浦项科技大学内部治理还有一个比较显著的特点是校长对系主任的授权。大多数韩国大学的系主任均由各自的学系任命，而且系主任只有象征性的权力，轮流管理系科的日常事务。然而，浦项科技大学系主任没有固定任期，他们负责新教师的招聘以及教师的绩效评估。通过授权给中层管理人员，浦项科技大学已在招聘和保留优秀的科学家方面取得成功，全职教师全部拥有博士学位，其中60%~70%为海外归国的韩国著名科学家。[①]

除此之外，为激发教师追求卓越，浦项科技大学建立了奖励制度，2000年推出了以绩效为基础的薪酬体制。在新的体制下，教师的工资不取决于他们的资历，而是根据其3年来在教学、科研和公共服务3个方面所取得的成就。此外，之后的几年中大学进一步完善工资制度，校长可以根据6个等级水平考虑教师当年在学校、企业和国家经济中所做的贡献，对$\frac{2}{3}$符合资格的教授给予表彰和奖励。浦项科技大学是首个实施以教师绩效为基础的薪酬体系的大学，现在这个体系已经被韩国私立大学广泛采用，旨在加强教师之间的竞争。[②]

三、日本早稻田大学的内部治理

（一）学校基本情况

早稻田大学的前身为东京专门学校，于1882年10月21日创立。因为创立者大隈重信的家位于东京府南丰岛郡早稻田村，而且校舍位于同郡的户塚村，所以也被称为"早稻田学校"或"户塚学校"，但最终被命名为"东京专门学校"。作为专科学校的"早稻田学校"于1902年9月2日改名为"早稻田大学"。

截至2021年，在校教职员工共5 394人，其中教授有1 001人，在校学生与教职员工的比例约为10∶1。本科教师一人平均教授29.6名学生。学生总数共50 065人，其中

① 王一涛.一流企业举办高水平民办高校的国际经验与中国路径[J].浙江树人大学学报，2022,22(03): 1-7+46.
② 菲利普·阿特巴赫，贾米尔·萨尔米.世界一流大学：发展中国家和转型国家的大学案例研究[M].王庆辉，王琪，周小颖，译.上海：上海交通大学出版社，2011: 89.

本科生有38 685人（女性14 619人），研究生有8 409人（女性3091人），海外留学生高达6 579人。①

早稻田大学2022年度位列QS世界大学排名第203名。1969年早稻田大学研制成功了世界第一台双足步行机器人。由早稻田大学高西淳夫研究室研制的WABIAN系列机器人，是目前行走最接近人类的双足机器人。早稻田大学还研发了日本第二个搜索引擎。在世界排名中，学校涵盖的25个研究领域有18个领域排在100名以内，学校培养目标为在10年内培养出10万名全球领导者。

（二）内部治理情况

早稻田大学的学校法人全称"早稻田大学学校法人"，是学校的管理者和领导者。日本的《学校教育法》和《私立学校法》规定，私立学校必须由政府批准认可的学校法人来设立。作为私立大学，早稻田大学有其特殊的管理体制、组织机构、人事制度和经费筹措渠道，与公立大学有很大不同。②该学校法人的最高领导机构是"评议员会"，评议员既有校内人员也有校外人员，校内评议员大部分是各学部、各研究科的领导人（教授），或是大学的财务部部长、综合企划部部长，校外评议员大部分是大企业的领导人。评议员会主要职责是审议学校规定及理事会确定的重要事项，涉及学校的重大决策、决定都须经评议员会同意。

早稻田大学学校法人的最高执行机构是理事会，现任理事长为田中爱治总长，理事会下设2位副总长、6位常任理事、10位理事，另外还有3位监事（监督检查法人的工作，资产状况，提交检查报告）。此外，早稻田大学还设立了特有的商议员会，负责接受教务报告，对征求意见进行审议，根据需要向总长提出意见和建议。

早稻田大学的总部机构一共包括12个大学事务局职能部门：教务部、研究推进部、国际部、文化推进部、总务部、学生部、人事部、财务部、校园企划部、总长室、宣传部、监察室。它以通过技术革新、产业振兴、地区振兴、人才培养、国际合作、文化交流等形式将迄今为止的教育研究成果回馈给社会为目的，推进了与许多地方自治团体等的合作，以及与企业的合作，如共同研究、受托研究、设立捐赠讲座。

早稻田大学学部的决策机构是教授会。在日本大学管理中，有一条基本的原则是"教授治校"，而教授会则提供了组织上的保证，成为各学部的最高决策机构。一般教授会下面会设若干个专门委员会，提前审议相关内容，早稻田大学设立了教学课程审议、教员人事及学部运营等三个专门委员会。

---

① 日本早稻田大学官方网站[DB/OL]. (2022-11-10)[2022-12-26]. https://www. waseda. jp/top.
② 早稻田大学的沿革与现状[DB/OL]. (2022-08-08)[2022-10-27]. https://wenku. baidu. com/view/ 0de96 bfef705cc175527093c. html.

早稻田大学的日常管理，由前文所讲述的法人机构、大学事务局职能部门和学部教授会三个不同的层次构成。早稻田大学日常议事的会议主要有学部长会、大学院研究科委员长会、研究所长会、教务主任会、课长和事务长会、部长会等，这些会议将三个层次的管理机构有机地衔接起来，形成了大学日常有序的管理和运营。[1]

早稻田大学通过引入竞争机制来推动教学改革，已经运行并且取得效果明显的有法学部对民法、刑法等本科专业的必修课的改革。它规定每一相同的课程，必须由三位教师分别同时开课，称之为"竞争讲座系统"。教师可用不同的观点，采取不同的讲课方法，学生可以自由地选择其中任一个讲座听课。这种做法激励了该校的教学与科研活力，提高了学术水平。[2]

四、德国不来梅雅各布大学的内部治理

（一）学校基本情况

1997年11月，不来梅市政府、不来梅大学和美国得克萨斯州休斯敦的莱斯大学的代表一致同意，设立一所以科学与工程为重点、以英语作为授课语言的、具有高选择性的国际私立研究型大学。2001年8月，学校拥有了第一批26名教师以及来自43个国家的131名本科生，9月20日不来梅国际大学（International University of Bremen, IUB）正式成立。

不来梅国际大学是德国科学与人文委员会认可的德国第一所私立大学，当时在工程学、自然与社会科学，以及人文科学方向开设14个专业。2006年11月，学校迎来了发展中的重要转折点，不来梅国际大学获得了雅各布基金会（Jacobs Foundation）2亿欧元的捐赠，这是欧洲科研机构有史以来获得的数额最大的私人捐赠。2007年2月，为纪念雅各布基金会巨额的捐赠，不来梅国际大学改名为不来梅雅各布大学。

目前该校共有来自111个国家的1 244名学生攻读学士、硕士和博士学位，共有76名教授和28名以自由职业身份在学校工作的教师。德国高等教育发展中心（CHE）的大学排名榜单是德语国家中最全面与详细的高等教育机构排名榜单，雅各布大学一直在该排名中名列前位。[3]

---

[1] 早稻田大学的沿革与现状[DB/OL]. (2022-08-08)[2022-10-27]. https://wenku. baidu. com/view/ 0de96bfef705cc175527093c. html.

[2] 同上。

[3] 雅各布大学网站[DB/OL]. (2022-10-27)[2022-10-27]. https://cn. jacobs-university. de/.

（二）内部治理情况

1. 以有限责任公司（gGmbH）为主的管理

作为一所私立大学，不来梅雅各布大学的使命、战略方向和资源都不受政府的控制，而是受公司章程的约束。不来梅雅各布大学有限责任公司（gGmbH，指公益性的、有政府补贴的有限责任公司）是雅各布大学的法律实体，是一个注册的非营利组织。根据其章程，它包括四个机构：行政委员会、董事会、理事会和执行委员会，其中包括校长和大学的常务董事。执行委员会代表并管理不来梅雅各布大学。理事会是大学的主要决策机构，其决策包括任命校长和教授，它也是主要监督机构。该理事会由来自国际商界、政界和学术界的领军人物组成。作为机构的资源和使命的受托人，不来梅雅各布斯大学理事会负责监测不来梅雅各布斯大学指导原则的执行情况，确保大学的运作有足够的资源，并负责批准校长提出的预算和人事建议。

2. 以学术参议院、校长为主的学术治理

学术参议院是雅各布大学最重要的学术共同决定机构。其通过自己的议事规则参与和控制教学和研究中的所有学术事务。它由来自所有学术选区的代表组成。它负责所有学术指南、学术法规和大学教职员工的任命。其组成和选票的分配如下：主席（无票），学术运作（四票），教师理事会（九票），学生代表（一票），研究生代表（一票），讲师和研究代表（一票），行政代表（一票）。学术参议院的决议按照多数票规则。校长担任学术参议院主席，教师委员会任命一名联合主席。学术机构的投票权由学术运营负责人和院长（或同等职能）行使。

校长负责大学的所有行政和学术运作，并在全球学术界代表雅各布大学。校长担任学术参议院主席。理事会委派一个提名委员会来任命新主席。新主席的遴选得到学术参议院的支持。

3. 以教师委员会为主的学术选区

教师委员会承担学院在学术参议院的责任，代表学院，主持学院大会。教师委员会的成员至少3名，最多9名。它通常负责研究和教学，发展学术，有在全球学术界的代表权，保护学术自由，确保良好的学术氛围。教师委员会选定成员参加学术参议院的会议。教师的一般决议，特别是选举代表，一般在教师大会上进行。所有教职员工拥有相同的投票权。教师大会上按照多数票规则授予雅各布大学附属学者教师会员资格，包括投票权。教师委员会任命一名发言人和学术参议院的联合主席，其工作人员代表的任期为两学年，学生代表的任期为一学年。教师委员会和学术参议院的所有代表都是按照由各自学术成员规范并遵循民主原则的程序选举产生的。

五、墨西哥蒙特雷科技大学的内部治理

（一）学校基本情况

墨西哥蒙特雷科技大学（The Monterrey Institute of Technology and Higher Education, TEC）建于1943年，位于墨西哥蒙北部新莱昂州的首府特雷，是墨西哥历史上成立的第四所私立大学。其创校者是蒙特雷市的著名企业家沙达（Sada），他认识到该地区公司里的工程师和中层管理人员稀缺，而当时所设立的公立大学模式无法满足该需求，沙达决定率领一群实业家建立一所大学以直接满足他们的需要。沙达是麻省理工学院的毕业生，为了培养墨西哥现代社会和经济建设所需的专业型人才，想要在国内建立一所优秀的私立大学。蒙特雷科技大学便于1943年7月14日正式成立。

蒙特雷科技大学成立之初，共有227名学生和14名教师分布在两个本科学院，目前蒙特雷科技大学在整个墨西哥共有26个校区，是拉美地区最大的私立大学。该校有6个学院，分别为建筑、艺术和设计学院、学科和管理学院、人文和教育学院、工程和科学学院、医学与健康科学学院、商学院。该校包含3个高中专业、61个本科专业、32个硕士专业、12个博士专业、15个医学专业以及4个其他学科的专业。TEC共有近9万学生，含26 000余名高中生、55 000名本科生，以及近8 000名研究生；有教师10 117名，其中副教授和讲师近8 000人，教授2 200余人。①

根据2022年最新发布的QS世界大学排行榜，蒙特雷科技大学排名第161位，在拉美地区名列第五位，在墨西哥位列第二位。在QS研究生就业率榜单上位列世界第26名、拉美地区第一名。该校商科与管理专业排名为世界第36位、机械工程专业排名第100位、社科与管理专业排名第56位、计算机专业排名第114位。

（二）内部治理情况

萨尔米指出，世界一流研究型大学的三个主要特征之一为管理规范，即"鼓励发展战略愿景、勇于创新和灵活机动"。②在这方面，蒙特雷科技大学的组织结构和管理模式遵循了此种说法。

蒙特雷科技大学深受其创校者的商业取向的影响，其组织结构表现为一个相对简单的、扁平的、灵活的分层式结构。整个蒙特雷科技大学系统的最高行政权力掌握在由董事会任命的总校长手中，系统内部的管理权力又分属于4个区域校长。每个校园的最高

---

① 墨西哥蒙特雷科技大学交换生项目 [EB/OL]. (2022-4-18)[2022-12-26]. https: //abroad. bit. edu. cn/xmfl/alx/jhs/afdd 090be7ea4d7a9ba45ba6f7a9f510. htm.

② 贾米尔·萨尔米. 世界一流大学: 挑战与途径 [M]. 孙薇, 王琪, 译. 上海: 上海交通大学出版社, 2009: 12-24.

行政权力属于分校校长或总管，他们向相应的区域校长报告分校情况。通常每个分校校长下设4个部门，分别负责学术事务、商业服务和推广、社会发展与学生发展，以及高中部课程项目等。在蒙特雷分校，这4个部门的院长向校长报告，每个学院又分设学术部门和研究生学院，还设有各种研究中心。

蒙特雷科技大学领导的长期稳定性是其发展的重要影响因素。建校60多年以来，蒙特雷科技大学仅有过3任董事会主席和3任校长。蒙特雷科技大学遵循外部利益相关者组成董事会的治理模式。董事会享有重要权力，并负责任命主要管理人员。而墨西哥的大多数公立高等教育机构很少有外部人员参与学校治理，大部分学校的重要决策由师生抉择。董事会有权通过其执行委员会指定总校校长，批准总预算、批准教学课程开设及学位授予。成为董事会成员须由现有成员投票通过。目前，董事会成员中大多数是知名的商界人士和学校的捐助者。在机构内部，基于大学总校长的提议，每位区域校长和3位蒙特雷科技大学系统的副校长也由执行委员会任命。大学总校长通过咨询相关的区域校长来指定各分校校长。学院院长则由分校校长在其内部予以任命。

对于教师管理，蒙特雷科技大学在每个地区都有学术委员会（academic senate）。学术委员会由区域校长任主席，其他成员包括各分校校长和选举产生的教授，选举是由同行基于每30位全职和兼职教师选取一名评议员的比例选取。学术委员会负责制定相关的学术政策和规则，其中包括专业课程、学生入学、学术相关性问题、学生评价、学生处罚、学位授予、专业学术要求、教师休假，并对优秀学生和教师进行认可和肯定等。此外，各分校拥有教师大会，作为对地区学术委员会提供咨询和为其提交学术计划的论坛。在学生层面，蒙特雷科技大学的学生联合会虽然没有正式参与学校的管理，但可以称之为代表学生的论坛。[①]

六、新加坡管理发展学院的内部治理

（一）学校基本情况

新加坡管理发展学院（Management Development Institute of Singapore, MDIS）是新加坡历史最为悠久的私立高校，于1956年成立，是一所致力于终身学习的非营利专业学府。MDIS一直保持高质量、高水准的课程以帮助毕业生走向成功，来自全球69个国家的16 500名学生在MDIS享受高品质的教育。2010年，MDIS获得由新加坡私立教育领事会（Council for Private Education）颁发的四年期"EduTrust"教育信托认证，这一认证是对学校优质教育和

---

① 菲利普·阿特巴赫, 贾米尔·萨尔米. 世界一流大学: 发展中国家和转型国家的大学案例研究[M]. 上海: 上海交通大学出版社, 2011: 204-215.

卓越管理高度认可。MDIS还是第一批获得新加坡私立教育领事会强化注册框架（Enhanced Registration Framework）的学校之一。

（二）内部治理情况

学校成立了MDIS管理委员会、MDIS参议院（评议会），充分体现了学术治校和教授治学，设立了学术顾问委员会、学术质量和考试委员会，以及各学院的专业顾问委员会，如MDIS商学院工业顾问委员会、时装与设计学院工业顾问委员会、健康与护理学院工业顾问委员会、生命科学学院工业顾问委员会、传媒学院工业顾问委员会、旅游与酒店行业顾问委员会等。

学校采取集约、高效的教学资源运作和管理机制。学校的硬件设施主要是一幢教学楼（包括图书室）、实训平房、一幢学生公寓、一个食堂、一个健身房等。按照国内大学规定的平均教学资源的比例，该校的教学资源最多能满足两三千名学生的上课之用，但学校在读学生却达到了12 000名，这是因为学校通过集约、高效的教学资源配置与管理机制克服了学生众多与教学资源有限这一矛盾。一是通过建立多层次的聘任制度统筹学校师资问题，学校教师有400多名，管理人员200名，其中全职身份的仅占20%，其余为长期兼职教师和短期兼职教师。二是通过实行灵活的教学时段安排机制，最大限度地利用教室、食堂等校内硬件资源。学校每学年实行三学期制，每天分为三个教学时段（上午、下午、晚上）组织教学，每门课每次授课连续安排三个课时。三是通过学生服务中心集中提供学生管理与服务事宜，尽可能地降低管理成本。学校管理人员被划分为学术服务、学生入学和服务以及公司服务三部分。学校特别重视学生服务，设有一个学生服务中心，分为班级管理、心理咨询、个人理财、实习就业、生活服务等多个服务类别及窗口，学生在校内的各种服务需求都可以在这里集中解决；班主任大都是非全职的，学校不多设置一个管理机构和岗位，不养一个闲人。学校的后勤服务管理实行市场化、社会化的运作方式。①

七、中国香港树仁大学的内部治理

（一）学校基本情况

20世纪70年代，我国香港地区大专学位严重不足，1971年由香港贤达胡鸿烈律师及浸会文学院院长钟期荣联合，在香港跑马地成和道自资创立树仁书院，树仁书院于1976年正式注册为专上学院，定名树仁学院。树仁学院于2006年12月19日根据《专上学院

---

① 徐永安. 新加坡管理发展学院的办学理念及特色[J]. 中国职业技术教育, 2014, (09): 72-75.

条例》(第320章),获香港特别行政区区政府行政长官会同行政会议,批准改名为"香港树仁大学"(简称仁大),成为香港首间私立大学。

仁大一直秉持校训敦仁博物的精神,推行仁者教育,在培育学生拥有卓越知识及技能的同时,也培养其成为仁人君子。仁大拥有全职教学人员约有144人,在校生近4 000人。[①]学校拥有商学院、文学院、社会科学院三个学院。2015年、2016年其在香港最佳大学民意排名中均维持第8名。2020年,香港树仁大学在QS世界大学排行榜中排名第401至450位之内,此次亦是树仁大学首次上榜,2021年其QS排名提升至301~350名内。

(二)内部治理情况

学校具有十分健全且突出学术主导的治理结构。校董会是学校的最高决策机构,设主席一名(香港开达集团董事长)、副主席一名(香港泰昇集团主席),以及具有相当知名度和影响力的成员,如有全国政协委员、工商文化教育界知名人士、知名大学教授等。

学校成立了校务委员会,成员主要来自校内,但组成人员广泛,有主席一名,校长及副校监、副校长共4名,另有高等教育专家2名,大学管理委员会代表2名,由学术委员会提名的系主任代表3名,校友代表1名,校长资深顾问代表担任成员及秘书。校务委员会负责处理学校大部分日常工作,学术、教学上的工作都由校务委员会来处理。

学校成立学术委员会,由学术副校长担任主席,成员由校监兼校长、学务副校监常务副校监、首席副校长、行政副校长、协理学术副校长,各学系主任及代表共26名,2名学生代表组成。设立各专门委员,如校理事会辖下的荣誉博士遴选委员会、校务委员会辖下教员评核委员会、学术委员会辖下考试成绩委员会、课程评审及复审委员会、质量保证委员会(QAC)、大学研究事务委员会、研究生院院务会;学术相关的委员会有教与学发展委员会、研究伦理(人类对象)委员会、图书馆管理及发展委员会。学校重视与学生相关的事务管理,设有与学生相关的系列委员会,如新生入学委员会、学生事务委员会、学生纪律委员会、学生财务委员会、性骚扰调停/投诉委员会等。在制定政策时,学校管理层通过各种委员会等,利用正式及非正式渠道来广泛征求意见,或进行相关咨询。

为落实仁大的策略目标,仁大行政管理部门精简高效,行政部门主要发挥带动及支援的作用,提供资源和服务。这些部门在确保仁大能顺畅和有效地运作、造就学生成就,以及提升并扩展仁大的影响力各方面发挥了重要作用。仁大目前主要设有5个行政部门,分别是注册处、招生事务处、学生事务处、设施管理处和电脑服务中心。[②]

---

① 香港树仁大学官网 [EB/OL]. (2022-06-30)[2022-10-20]. https://www.hksyu.edu/.
② 香港树仁大学官网 [EB/OL]. (2022-06-30)[2022-10-20]. https://www.hksyu.edu/.

◆ 第 二 节 ◆

对民办高校内部治理变革的几点启示

上一节介绍的七所私立（民办）高校均是有影响力的高校，其内部治理在体现其个性的基础上，也显示出一些共性的特点。这些共性可以说是支撑了学校的优质发展，对正在努力进行内部治理变革的我国高校来讲，很有借鉴意义。

一、建立外部人参与的董（理）事会制度及各专家委员会

在现代社会里，大学被誉为人类社会发展的动力站。大学的发展既是社会进步的产物，也是社会进步的组成部分。美国当代著名教育家德里克·博克（Deck Bok）的《走出象牙塔——现代大学的社会责任》一书，是西方论述大学社会服务功能的经典之作。他提出现代大学已不是传统意义上的象牙塔，一方面，高等教育越来越依赖政府、企业、基金会和个人等外来的经济资助；另一方面，高等教育的发展极大地推动了国家政治、经济、科技的进步。①显然，大学与社会的联系已经越来越密切。以上七所高校董（理）事均吸纳了外部人士参与，例如美国麻省理工学院章程规定任何在MIT工作的人（除了法人管理层），无论有无薪资，任何被MIT录取攻读本科生或研究生学位的学生，都不能成为法人成员。私立大学董（理）事会跳出内部人控制的限制，可以获得社会的更多信任和支持。

董（理）事会主要是决策机构，但是决策容易受到限制。一个正常的决策过程通常包含面临选择、分析选项、做出选择、接受结果四个步骤。我们看到，每个阶段都有一个陷阱：面临选择时，思维狭隘限制了你的选择范围；分析选项时，"证实倾向"使你搜集利于自己的资料；做出选择时，"短期情绪"的信息容易让人做出错误判断；接受结果时，又会对未来的走势过度自信。为了使董（理）事会决策更加科学，前期调研更加充分，很多私立高校都在董（理）事会下设置各专门委员会。

高校一般通过章程或者相关制度明确董（理）事会工作制度和议事规范。例如就董事会议召开的频率和时间而言，据全美大学与学院董事会协会（AGB）2004年的统计，

---

① 德里克·博克. 走出象乐塔：现代大学的社会责任[M]. 徐小洲、陈军，译. 杭州：浙江教育出版社，2001.

私立高校董事会平均每年开4次会议，有的私立高校甚至每年仅开会1~2次；私立高校董事会会议每次平均时间为7小时，有时甚至持续1~2天，这样就能够对学校发展的重大问题进行比较深入的探讨。就董事会议的议题和议程而言，决策议题由校长和各功能委员会提交，由董事会主席和校长在充分协商并广泛吸收各利益相关者的基础上达成，并由董事会下设的功能委员会完成。

二、建成以校长牵头的行政管理团队和以教授为主的学术治理团队

这些私立高校基本上都是以大学校长作为大学的首席执行官，并通常是由董事会遴选并任命，对大学的行政事务进行全面的管理和监督。其遵循董事会既定的学校发展目标，校长负责学校的一切行政工作。同时，校长在一定程度上受到董事会的监督，避免其滥用权力做出不利于大学发展的决策。

大学治理中十分重视教授的参与，教授治学的途径也各有特色，较为完善。麻省理工学院最高学术治理决策机构是教职工大会，这些成员由相当比例的普通教授、师生代表组成。早稻田大学学部的决策机构是教授会，德国不来梅雅各布斯大学教师委员会承担学院在学术参议院的责任，这些大学给予了教授参与学校治理和学术管理的权利，有力地保障了学校教师的教育教学积极性，有利于教授保持高度的责任心，保证学校教育教学质量；同时也有利于汇聚教授的智慧，共同为学校的发展建言献策。这些高校还非常重视学生作为主体参与到内部治理中。例如，麻省理工学院职工大会的常设和专门委员会中都有普通学生代表参加。

三、设置高效精干的内部组织机构并进行科学授权

科层制的管理结构容易形成部门和人员、教师和学生的隔膜，产生互不信任的工作环境。上节介绍的私立大学往往有完善的大学内部规章制度，组织结构规范化程度很高，组织结构权责体系分明，各级机构及人员的管理职责明确而具体，强调管理人员精干高效，以服务学生和教师为中心设置职能机构，强化部门间的整合。管理手段科学化，注重利用现代技术，建立信息网络管理系统，加强组织成员间的信息共享和沟通，实现高度的数据共享。如浦项科技大学为了解决私立大学官僚作风和决策拖延问题，在建校开始就有选择地引进浦项制铁公司先进高效的管理技术和体系，采用跨学科、重基础的扁平组织机构。新加坡管理发展学院依靠集约、高效的教学资源运作和管理机制，克服了学生众多与资源有限这一矛盾。香港树仁大学行政管理部门精简高效，行政部门

主要发挥带动和支援的作用，提供资源和服务，仅围绕服务师生设置5个行政部门。

一直以来，我国大学的整体概念和形象在许多场合被视为事业单位，高校内部管理的官僚化被视为我国大学的痼疾。民办高校有天然的体制、机制优势和优化内部治理的原发动力，我国民办高校可以很好地借鉴代表性私立高校内部治理中的优势做法。

第十一章

组织变革模型在民办高校内部治理中的应用

——在Z学院的实践案例

组织发展是实践性很强的行为科学，组织变革模式强调在调查的基础上，通过减轻变革的阻力，来构建新的行为观念和方式，并形成一种新的平衡状态。在实践过程中，通过持续的调查反馈、共同的行动计划，将组织从当前状态向期望状态转变。本研究将部分研究成果在一所民办高校内部进行实证研究，运用卢因的三步模式，同时结合科特（Kotter）的八步变革模式，通过组建变革团队和确定变革目标，实施变革过程，在优化内部治理结构，平衡政治权力、学术权力、行政权力、民主权力，进行工作再设计和流程精减、再造，以及在建设高度参与组织上进行了系统干预，并通过干预前后的对比量化分析得出相关结论。

行动研究设计及过程

本案例的Z学院是一所经教育部批准设立的全日制普通本科院校。该校创办于我国改革开放之初，经过40余年的发展，已经成长为一所在国内有较高知名度和影响力的高校，在校师生达近2万人。作为一所民办高校，学校实行"理事会领导下的校长负责制"这一领导体制。学校理事会是学校最高决策机构，理事会赋予校长办学行政权，校长是学校日常管理的第一责任人，党委发挥政治核心作用，把握办学方向，学校党政联席会议是学校日常领导与决策机构。学校实行校院两级管理模式，有17个行政处室，200多名行政管理人员，每个组织机构和成员按照管理权限和岗位责任被固定在不同的层级上，由高到低层层节制，呈金字塔状分布。学校管理制度比较健全，校级行政管理制度共260余项，涉及教学、科研、学生管理、财务、后勤等方面。

进入内涵式发展时期，学校深刻认识到内部治理是民办高校增强自身核心竞争力的重要因素，成为民办高校实现健康可持续发展的关键。学校适时提出了两个转变，即由规模扩张向内涵建设转变、由行政话语权主导向由学术话语权引领转变，致力于构建现代大学治理体系。2018年，学校以组织开展提升治理效能为主要目标的"作风建设年"活动为契机，成立由校长、学校党委书记任组长、有关校领导任副组长，各职能部门和相关学院负责人为成员的领导小组，将治理重心下移，全面推进民办高校内部治理变革。我们运用卢因的三步模式，同时结合科特的八步模型，开展自上而下及自下而上的互动式变革（见图11-1）。

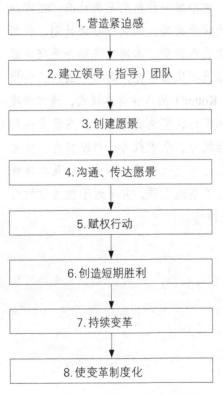

图11-1　科特的八步变革模型

1. 营造紧迫感

2. 建立领导（指导）团队

3. 创建愿景

4. 沟通、传达愿景

5. 赋权行动

6. 创造短期胜利

7. 持续变革

8. 使变革制度化

一、实施前——为变革奠定基础

（一）营造紧迫感

组织变革必然会导致从已知向未知的变化。

人们对变革的意愿取决于能否创造一种感觉得到的变革需求，人们对现状不满并被激发去尝试新的工作流程、新的技术或者是新的行为方式。自2018年3月开始，学校通过对师生的问卷调查、召开座谈会、上级单位巡视情况的反馈，梳理出了269项问题。通过分析揭示治理现状和理想之间的差距，为改善组织行动提供动力；最后传递变革能够带来的可信的正面效果，引导管理人员为成功变革努力。在这个过程中，学校积极采取有效办法克服组织成员对变革的抵制，通过移情和支持，变革者从对方的角度来看待问题并"积极倾听"，进行有效的沟通，让组织成员直接参与变革的计划和执行等。

（二）建立领导团队

组建强大的群体来引导变革的努力，成立由校长、学校党委书记任组长、有关校领导任副组长，各职能部门和相关学院负责人为成员的领导小组，形成一个强大的联盟来领导变革的过程，明确工作职责等。

（三）创建愿景

创建愿景有助于领导工作，并可以向团队展示重点。清晰的愿景将有助于团队看到未来的发展规划及其好处，以便人们理解它，也可以向其他人解释为什么他们应该帮助实现这一变化。本案例实践研究的愿景是通过优化工作作风、提高治理效能，进而增强组织发展的核心竞争力，为"打造民办大学卓越品牌，建设百年名校梦想"奠定组织结构的基础和保障。

（四）沟通、传达愿景

召开全体动员大会，开展基层调研，建立领导联系制度等，让组织成员认同变革是必需的并且是值得努力的，由此产生很强的情感动力。

（五）赋权行动

设定目标、行动计划、时间表和资源分配，制订具体行动方案，积极发动更多的教职工参与到行动中来。

二、具体实施——逐项落实变革举措

（一）优化顶层治理结构设计

学校积极探索与实行"党委政治领导、理事会决策、教育家管理、教授治学、民主监督"的领导体制与运行机制。

一是完善决策机制。学校修订理事会章程，明确理事会职责范围，理事会依法对学校行使章程规定的事项决定权；规范理事会组成人员，严格按照《民办教育促进法》要求，在理事会的内部结构方面，对理事会的组成人数、产生办法、任期和任职资格、权力范围等做详细规定，理事会由11人组成，其中由举办方委派6人，由学校委派5人，学校校长、党委负责人及主要校领导进入理事会，另有2名教师代表，理事会成员中的50%以上具有5年以上教育教学经验，人员名单报省教育厅备案。规范理事会议事制度，对理事会年会次数、会议记录，会议记录的传送等都要做详细的规定。

二是落实校长负责制。保障校长行政管理权力的依法取得和自主行使，加强校长团队建设，制订《校级领导任职规定》并推进领导换届工作。校级领导共8人，均具有高级职称，长期在大学教育、管理岗位任职，教育教学和行政管理经验丰富。坚持正副校长分工负责制，校长按照民主集中制的原则办事，凡是涉及教学、科研、学生等重大问题，均需提交党政联席会议集体决策。

三是健全监督机制。设立监事会，监事在举办单位及学院代表中产生和更换，负责对理事会成员及其他管理人员进行监督。除此之外，学校还发挥纪检、监察、审计等党政系统内部监督机构以及其他多种形式的内外部监督的作用，形成内外兼治的合力，强化监督成效。

四是党组织发挥政治核心作用。学校党委坚持教育公益性，坚持社会主义办学方向，落实立德树人根本任务，形成了民办高校党组织政治核心作用在学校建设发展中得以充分发挥的党建工作机制。学校落实全面从严治党要求，实现党组织和党的工作全面覆盖，各学院建立专职党委书记、专职学工书记和专兼职组织员制度，实行党政共同负责制，形成"思想工作共同管、行政工作共同抓，出现问题共同负责"的治理格局。

（二）推动师生共同参与（授权）

一是推动二级管理试点。2017年6月，学校在开展二级学院财务管理试点办法的基础上，下移管理重心，建立以体制机制创新为核心、责权利相结合的校院两级管理模式，逐步探索二级学院享有相对的人事、财务和办学自主权，集教学、科研和行政于一身，对全院各项工作全面负责的模式。

二是建设高度参与组织。完善师生意见反馈机制，利用信息化手段拓展意见和建议反馈渠道，充分保障师生的知情权、参与权和监督权；进一步发挥工会会员代表大会、教职工代表大会在学校治理中的作用。牢固树立"以生为本"理念，深入推进作风建设，学校领导、机关部处深入教学一线、深入学生，以专题调研、交流座谈等形式，听实话、察实情、办实事，对学生反映的问题与合理诉求，当场办、跟踪办、一办到底，有效提高学生满意度、获得感和幸福感。强化校友、用人单位、家长等其他利益相关者的参与。

三是精简会议，改革会风。会议尽量精简，不开没有实质性议题的会议，能合并一起的会议尽可能统一时间、地点，让各级干部、有关教职工腾出时间，深入院系为师生多办实事。按工作管辖范围，需召集正处级干部参加的会议，应经校长或书记同意；需召集副处级干部参加的会议，应经分管校领导同意；各种全校性教学、科研、学工、纪检等例会统一在会前报校长（党委）办公室备案。改革会议会风，会议议题在上会前应提前给各参会人员，各参会人员应认真阅读有关讨论稿，形成基本意见。议而不决的问题应限时再议，限时解决。

（三）实现工作流程的精减和再造

它强调温和的循序渐进的变革，相对比较平稳的梳理和对局部的优化。它通常是指建立以流程为中心、面向师生的流程体系，以方便信息的传递和提高学校对师生需求和市场环境变化的反应灵敏度。[①]可按照以下步骤操作。

一是整体流程识别与规划。对流程现状进行调研、诊断与分析，运用流程映射原理，即根据上一级流程关键影响因素或控制点，进一步分解下一级流程，同时组合运用迈克尔·波特（Michael Porter）的价值链理论。

二是关键流程（"瓶颈"流程）选择。运用标杆法、管理者经验选择法、加权选择法和实际工作评估法，对学校各职能部处的主要服务事项流程进行重新梳理和设计。

三是目标优化流程深度调研。找出需要改进的环节。流程的设计始于师生需求并终于师生需求。

四是目标优化流程的再设计。画出流程图和流程说明书，清除非必要的业务内容，合并和削减流程来简化现有流程，简化办事手续，提高办事效率。同时关注并运用新技术，按照流程最自然的顺序组织活动，倾听员工的声音。按照项目管理的思路，围绕某项行政事务，将相关的业务、步骤、环节整合在一起，建立"一门式"的综合业务流程，形成目标明确、协调一致的专门工作团队，共同完成相关工作。如优化师生服务一条街的建设，实行临街一门式服务，落实"最多跑一次"的理念，避免师生在行政事务的办理上来回奔波，以让他们获得便捷的服务，提高师生对行政管理的满意度。另外，学校加强电子校务建设，构建网上办事和信息传输系统，配合运用现代化的管理设备和手段，提供工作过程查询和监督服务，逐步推进无纸化办公，提高高校系统的办公自动化水平。学校开展电子校务"一站式"服务，建立"网上师生服务中心"，让信息多跑路、让师生少跑腿，将原本属于若干个管理环节、若干个流程的作业线重新进行整合，通过网络信息平台实现学校业务流程的重组与优化，进一步提高学校

---

① 王学刚. 民办高校流程管理体系的构建研究 [D]. 昆明：昆明理工大学，2014: 14.

公共服务电子化水平。[①]

五是优化流程运行规划，学校制订流程切换运行计划，对员工进行培训，对运行结果进行评估。

（四）加强岗位工作设计

一是明确岗位职责。运用角色期望理论，制订员工岗位职责、绩效标准等，汇编岗位说明书，增加员工对所从事岗位的角色认知，从而进一步增强角色认同，在此基础上让员工主动承担岗位职责。职责来源于流程，流程与职责之间要保持高度的吻合，流程与职责绩效、结果责任和驱动责任相结合。

二是职位丰富化。在职位设计时基于激励理论，丰富每个职务的工作范围，将职位设计为意义更高的工作内容，让员工有更大决策权（设计方法详见本书第七章第二节）。

三是实施目标管理。目标设定遵循SMART原则（specific、measure、attainable、relevant、time-bound）。目标管理的实施一般由几个关键环节构成，首先是对目标进行充分的论证，这是非常关键的一步，需要经过多轮的协商和讨论才能够确定，然后进行目标任务的分解，接下来进行目标的具体实施，最后落实考核的要求以强化目标的完成。制订每个岗位或每个系列岗位的目标管理责任书，明确岗位任职所需要的资格、责权范围界定、工作具体目标，以及对该岗位进行考评的主要指标，这样每个岗位都有具体需要承担的目标和任务。

（五）加快数字化校园建设

利用互联网受众面广、时效性强的特点，建设数字化校园。为避免基础数据重复建设，需要从源头一次性采集，这样可减少多次采集所带来的重复工作量。为避免形成"信息孤岛"，系统间如学校日常管理中经常使用的教务系统、学生管理系统、图书借阅系统、财务管理系统、人事管理系统、招生就业系统、档案管理系统、文件传递系统、资产管理系统等要实现联通和数据交换。加大数字化改革和"一库一表"建设力度，为进一步提高学校治理体系和治理能力现代化提供有力的网络信息保障。

三、实施后——巩固变革成果

行动实施以后，学校的内部治理产生了明显的效果。2018年，7个主要职能部门

---

① 孙荣, 陈莹. 高校行政流程再造：内涵、路径与影响因素[J]. 高等教育研究, 2012, 33(09): 30-35.

共精简流程25项，推出服务承诺21项，学生对学校的投诉率明显下降，师生对干部作风的投诉案件不超过2起。学校进一步巩固实施成果，形成了一系列制度文件，例如完善组织结构，梳理各类委员会和民主管理机构，明确人员组成、工作职责和运行机制；建立计划管理制度，分解学校年度工作计划，实施目标管理，实行目标考核；制订《岗位职责汇编》及工作流程清单；制订《规章制度管理办法》，对制度实行分类分级管理，对制度管理职责进行明确，对制度编制、会审、签发、学习宣传贯彻、执行检查、修订等进行统一规范。

虽然这个项目取得了一些成效，但也存在着一些不足之处，有些实质性工作尚待突破，尤其是有些职能部门间未形成联动机制，个别部门工作主动性不够，接下来项目将继续深化，将重点放在精减办事流程、增加部门协同、建立制度化工作机制等上，以此提升组织管理的有效性。

◆ 第二节 ◆

行动研究方法和结果分析

一、研究方法

为了科学全面地获取研究成果，本行动研究采用定性与定量相结合的研究方法。定性方法主要是通过集体座谈会、个别访谈和观察法，获得定性资料。定量方法主要是设计调查问卷，通过组织干预前后的问卷调查数据分析，得出定量结果。研究结合定性和定量分析，来对研究对象进行符合实际的综合判断，更准确地把握被评价者的基本特征。

1. 问卷调查（questionnaires）

本研究对内部治理结构的测量主要是从规范化、专门化、权力分配、整合机制四个维度进行。调查问卷中整合机制的测量借鉴米勒（Miller）的量表；专门化、权力分配的测量借鉴米勒、林（Lin）、皮尤（Pugh）的量表；规范化的测量借鉴米勒、林的量表。组织效能的评估借鉴目标法测量方法，重点关注组织目标的实现以及师生的满意度。目标完成情况主要根据职能部门确定的年度工作计划完成情况进行评估。教师满意度问卷用于评估组织效能。研究者对两份问卷进行了效度和信度检验，组织治理结构问卷的KMO（Kaiser Meyer Olkin）值为0.759；组织效能问卷的KMO值为0.820。组织结构问卷的可靠性为0.928（Cronbach α）。组织效能问卷的可靠性为0.972

（Cronbach α）。[①]

本研究采用抽样调查，将总体样本框定在全部行政管理人员200余人、专任教师700余人、学生16 000余人；采用分层抽样，根据本研究特点，以对行政管理人员进行抽样调查为主，按照处级、科级、科员不同职级抽取60人，教师中按照高级、中级、初级不同职级抽取代表40人，主要调查组织治理结构和组织效能现状。对学生的抽样调查使用浙江省教育评估院和学校已开展的学生满意度测评的结果。采用网上问卷形式，定点发送给样本人员，收集后对回答"完全不符合、基本不符合、说不清楚、基本符合、完全符合"的分别赋值"1、2、3、4、5"进行量化，使用SPSS软件进行数据处理。

2. 访谈（interview guide）

它是指研究者事先列好研究访谈提纲，受访者针对问题做出回答。本研究采用记录、转录、内容分析三步法。个人访谈，主要是与学校领导、部门主要负责人和主要管理人员进行一对一的个别交谈。团体访谈是从不同的职能部门和不同的管理层挑选10~15人组成小集体召开座谈会。

3. 观察（observation guide）

本研究对观察法的具体应用是到各部门办公场所，察看工作环境布置、工作人员现场工作状况、接待师生来访处理相关工作的情况，了解工作人员的现场服务态度、工作积极性和效率，以及规范化运作情况。

4. 内部材料（internal documents）

本研究收集了目前组织内部治理的相关信息，如组织结构图、学校领导讲话、工作制度和会议记录和档案。另外，收集了组织有效性的相关支撑材料和权威数据，如年度工作总结，在校生及毕业生满意度、在校生保持率、员工保持率等数据。

二、结果分析

研究者收集干预前后的两次问卷调查数据，使用统计分析软件对两次问卷调查的数据进行分析。首先，研究者进行配对简单T检验，以查看干预前后阶段的结果是否有差异。其次，研究者进行回归分析，以了解组织治理结构与组织效能之间是否存在因果关系。所有分析均以平均值和标准差进行分析。最后，研究者还根据问卷的原始利克特量表分数建立了解释量表。由于每个量表的解释是单独确定的，因此下文将对其进行单独解释。

---

① NUNNALLY J C. Psychometric theory[M]. New York: McGraw-Hill, 1994.

研究者使用定性研究方法（包括访谈和观察）获得了数据，对组织治理结构（规范化、权力配置、专门化和整合机制）和组织效能（目标实现和教师满意度等）进行了定性分析，为定量分析寻找支持。

1. 干预前后组织治理结构的量化数据分析

表 11-1 干预前后组织治理结构量化分析表

规范化	干预前	干预后	t-test	
	Mean	Mean	Sig.	Significant
1. 我很清楚本部门需要履行的工作职责	4.23	4.46	0.00	Significant
2. 我很清楚自己需要履行的岗位职责	4.26	4.50	0.00	Significant
3. 我在执行工作时都有章可循	4.04	4.38	0.00	Significant
4. 我可以依据已经明确的工作流程进行	4.10	4.33	0.00	Significant
5. 我认为目前大部分管理流程是清晰简便的	3.68	4.23	0.00	Significant
6. 我所在的部门通常能够得到客观而公正的考核评价	3.75	4.15	0.00	Significant
7. 我的工作通常能够得到客观而公正的考核评价	3.78	4.11	0.00	Significant
权力分配	Mean	Mean		
8. 我对学校的重要决策都有机会表达意见或建议	3.00	3.76	0.00	Significant
9. 我很清楚自己的职权（权力）范围	3.44	3.94	0.00	Significant
10. 我参与同级员工的聘用决策	2.83	3.31	0.00	Significant
11. 在对同级员工的考核中，我能够参与并表达意见	3.34	4.01	0.00	Significant
专门化	Mean	Mean		
12. 在本岗位上我有足够的专业知识和技能	4.08	4.14	0.00	Significant
13. 我清楚自己的晋升和成长通道	3.58	3.98	0.00	Significant
14. 学校给我提供了我所需要的岗位培训和学习机会	3.71	3.98	0.00	Significant
整合机制	Mean	Mean		
15. 我经常与其他部门的行政管理人员跨部门合作	3.94	4.18	0.00	Significant
16. 我需要参加一些因特定项目、由多部门组成的临时团队	3.74	3.91	0.00	Significant
17. 我所需要的信息一般可以通过学校的信息共享平台获得	3.40	4.06	0.00	Significant
平均值	3.70	4.08		

从表 11-1 的数据分析可以看出，Sig.value<0.05，它表示干预前后组织治理结构的规范化、权力分配、专门化、整合机制四个维度存在显著差异。

2.干预前后教师满意度的量化数据分析

表11-2　干预前后教师满意度量化分析表

教师满意度	干预前	干预后	t-test	Significant
	Mean	Mean	Sig.	Significant
1.您对目前各职能部门职责的明确程度是否满意？	3.22	4.26	0.00	Significant
2.您对目前学校规章制度的合理性是否满意？	3.08	4.17	0.00	Significant
3.您对目前学校整体管理流程的清晰度是否满意？	3.16	4.09	0.00	Significant
4.您对目前各职能部门的办事效率是否满意？	3.15	3.95	0.00	Significant
5.您对目前各职能部门工作相互配合情况是否满意？	3.16	3.92	0.00	Significant
6.您对目前各职能部门服务教师情况是否满意？	3.17	4.14	0.00	Significant
7.您对目前行政管理人员的专业化水平是否满意？	3.20	3.89	0.00	Significant
8.您对目前学校公开信息获取情况是否满意	3.10	4.37	0.00	Significant
9.您对目前教师参与学校管理情况是否满意？	3.46	4.10	0.00	Significant
10.您对学校发展现状是否满意？	3.40	4.42	0.00	Significant
平均值	3.21	4.13	0.00	Significant

从表11-2的数据分析可以看出，Sig.value<0.05，它表示干预前后教师满意度存在显著差异。

3.干预前后学校主要办学目标实现情况分析

表11-3　干预前后学校主要目标完成情况量化分析表

	2018年完成情况（干预前）	2019年完成情况（干预后）
1.经济收入	4	5
2.省级重点专业数	4	4
3.省级一流学科	4	4
4.省部级以上立项课题	4	4
5.副高及以上教师占比	3	5
6.在校博士数	3	4
7.国际合作院校	3	4
8.赴海外学校交流人数	3	4
9.学生省市级以上学科竞赛获奖数	4	5
10.毕业生对母校的满意度	2	3
Mean	3.4	4.2
SD	69921	63246

从表11-3可以看出，干预前后组织目标的实现情况存在显著差异。

4. 组织治理结构的标准化、权力分配、专业化、整合机制和组织效能之间的相关关系分析

表11-4　标准化、权力分配、专业化、整合机制和组织效能之间的相关关系

		标准化	权力分配	专业化	整合机制
组织效能	Pearson correlation	0.580**	0.521**	0.704**	0.822**
	Sig.（2-tailed）	0.000	0.000	0.000	0.000
	N	100	100	100	100

注：**表示变量相关性很显著。

通过表11-4可以看出，标准化与组织效能呈正相关（$r= 0.580, p < 0.05$），权力分配与组织效能呈正相关（$r = 0.521, p < 0.05$），专业化与组织效能呈正相关（$r = 0.704, p < 0.05$），整合机制与组织效能呈正相关（$r = 0.822, p < 0.05$）。

表11-5　组织治理结构和组织效能之间的相关关系分析

		治理结构
组织效能	Pearson correlation	0.808**
	Sig.（2-tailed）	0.000
	N	100

注：**表示变量相关性很显著。

通过表11-5可以看出，组织治理结构与组织效能呈正相关（$r = 0.808, p < 0.05$）。

5. 组织治理结构的标准化、权力分配、专业化、整合机制和组织效能之间的回归分析

表11-6　组织治理结构的标准化、权力分配、专业化、整合机制和组织效能之间的回归分析

Model	Unstandardized Coefficients		t Stat	Sig.
1	B	Std.Error		
（constant）	8.11	2.44	3.320	0.001
标准化	0.47	0.74	0.637	0.525
权力分配	0.99	0.46	2.172	0.032
专业化	1.59	0.77	2.058	0.042
整合机制	5.19	0.73	7.116	0.000
a. Dependent Variable：组织效能				

通过表11-6可以看出，经过回归分析，Sig值大于0.05（$p>0.05$），标准化对组织效能没有影响；Sig值小于0.05（$p<0.05$），权力分配、专业化、整合机制对组织效能有影响。

6.组织结构和组织效能的回归分析

表11-7　组织结构和组织效能的回归分析

Model	Unstandardized Coefficients		t Stat	Sig.
1	B	Std.Error		
（constant）	0.58	0.46	1.242	0.221
治理结构	0.88	0.12	7.602	0.000
Dependent Variable：组织效能				

由表11-7可以看出，经过回归分析，Sig值小于0.05（$p<0.05$），可以证明组织内部治理结构对组织效能有影响。

结论和启示

通过本研究的实践和量化数据分析，我们得出如下结论。

一、组织治理结构优化是提高组织效能的重要途径

组织结构影响组织效能，决定教师对组织的满意度。通过组织干预，优化了组织结构的权力配置、整合机制等。它使组织的目标更明确，流程更清晰，沟通更有效，参与度更高。此外，组织的目标得到了更好的实现，教师的满意度得到了有效提高。Z学院的行动研究表明，专业化程度越高，整合机制、权力配置越有效，教师对组织的满意度越高，组织的目标实现程度也越高。

二、组织变革模型是组织结构优化的有效工具

组织变革模型提供了实施方法，即包括诊断、进入、组建变革团队、确定变革目标，实施变革计划、巩固变革成果等关键步骤。在实施变革过程中，变革模型尤其注重问题的诊断和分析，并随时反馈过程中的信息，根据搜集发现的问题灵活调整干预的方法和进程。组织变革方法在固化（冻结）变革成果的同时，又开始根据变化了的环境酝酿下一轮变革。这一模型适用于希望在变革的时代打开新局面的民办高校，对于变革的目标主体产生了积极的作用和影响。

三、运用组织发展方法克服变革阻力

在本研究中，Z学院更加关注个体和组织抵制变革的原因。例如，个人抗拒改变的原因有习惯、安全、经济因素、对未知的恐惧、选择性信息处理；组织抵制变革的原因有结构惯性、有限的变革点、群体惯性、对专业知识的威胁、对现有权力关系的威胁、对现有资源分配的威胁。克服变革阻力的方法是：通过宣传，明确变革的必要性和重要性；吸收组织成员的广泛参与，形成群体权力；通过沟通减轻改革给员工带来的压力；加强培训，提高员工的应变能力；注意改变的机会。通过同理心和支持，改革者从另一方的角度看待问题，并积极倾听、有效沟通，让组织成员直接参与变革的计划和实施。[①]

四、民办高校内部治理变革需要更加关注利益相关者的需求

作为一个术语，学者将利益相关者定义为"没有他们的支持就无法生存的各种群体"。[②]民办高校需要充分尊重并赋予教师和管理者权力。影响权力成功下放有两个因素，一是员工需要具备一定的知识和技能；二是建立有效的信息反馈沟通系统和激励机制。民办高校需要调动教师参与的积极性，积极模式主要通过一个叫作"欣赏性询问"（appreciative inquiry，AI）的过程应用于计划性变革，它在分析和改变组织时注入了积极的价值取向。它促进成员广泛参与，就组织的积极潜力创造共同愿景。这种共同的欣赏为该组织的未来提供了强有力的指导性形象。

本实践案例的研究有助于将组织发展理论应用于中国民办高校的内部治理结构发

---

① ROBBINS S P. Organization behavior: Concepts, controversies, applications [M]. New Jersey: Prentice Hall, 1996.
② 郑福余. 社会矛盾纠纷多元化解决机制研究 [D]. 杭州：浙江工业大学，2019: 15.

展，并有助于探索中国民办高校内部治理的创新策略，对我国民办高校校本管理的研究和实践具有借鉴意义。但是，目前本案例研究只是对组织结构局部问题的行动研究，没有扩展到整个组织治理。在现实中，民办高校把有更灵活的组织结构作为自身的办学优势。如何使这一优势随着环境的变化不断激发新的活力，需要做进一步的系统思考。如何全面、系统地认识现实变化，在数智时代推进大学治理范式的转型，构建融集权与分权、扁平化与柔性、网络化与信息化为一体的系统化、开放式的组织治理结构，是值得深入研究和探讨的课题。研究人员还可以对其他大学进行案例研究。根据大学组织的类型学和阶段理论，不同阶段具有不同的组织结构特征，因此，未来研究者可以加强案例研究，从而找出共同的规律，为优化内部治理、提高组织效能服务。

参考文献

References

［1］ 李青.民办高校政府管制模式重构研究[M].北京：北京师范大学出版社,2011.

［2］ 徐绪卿.我国民办高校治理及机制创新研究[M].北京：中国社会科学出版社,2017.

［3］ 彭宇文.中国高校法人治理结构研究[M].北京：中国社会科学出版社,2006.

［4］ 董圣足.民办院交的良治之道：我国民办高校法人治理问题研究[M].北京：教育科学出版社,2010.

［5］ 刘建银.准营利性民办学校研究[M].北京：北京师范大学出版社,2010.

［6］ 张文国.中国民办学校法人制度研究[M].北京：教育科学出版社,2012.

［7］ 金锦萍.非营利法人治理结构研究[M].北京：北京大学出版社,2005.

［8］ 宣勇.大学组织结构研究[M].北京：高等教育出版社,2005.

［9］ 王利平.管理学原理[M].北京：中国人民大学出版社,2003.

［10］ 周祖城.管理与伦理[M].北京：清华大学出版社,2000.

［11］ 冯淑娟,徐绪卿.论建立和完善民办高校法人治理结构[J].黑龙江高教研究,2008（08）：127-130.

［12］ 杨炜长.完善民办高校法人治理结构的现实思考[J].高等教育研究,2005（08）：51-56.

［13］ 汪莉.刍议我国民办高校法人治理结构之完善：利益相关者权利平衡的视角[J].天津市教科院学报, 2011（06）：16-18.

［14］ 苗庆红.公司治理结构在我国民办高校管理中的应用[J].经济经纬,2004（06）：139-142.

［15］ 曾志平,杨秀英.民办高校法人治理结构的比较[J].教育学术月刊,2009（12）：62-67.

［16］ 陈伟鹏.民办高校监事会制度的建设问题研究[J].法制与社会,2012（18）：176+180.

［17］ 郭晓玲,梁谨.投资设立的民办高校法人制度研究[J].学理论,2012（17）：123-124.

［18］ 王梅雾.民办高校法人治理结构问题研究[D].南昌：江西师范大学,2008.

［19］ 操道斌.论民办高校法人地位的异化与回归[D].武汉：华中师范大学,2008.

［20］ 施文妹,周海涛.民办高校内部治理的变革特征、基本模式和未来走向[J].现代教育科学,2019（01）：11-17.

［21］ 陈璐.善治理念下非营利性民办高校的内部治理研究[D].武汉：华中师范大学,2012.

［22］ 杨树兵.关于提升民办高校核心竞争力的战略和政策研究[D].苏州：苏州大学,2007.

［23］ 马文·彼得森.大学和学院组织模型：历史演化的视角[J].北京大学教育评论,2007（01）：109-137, 191.

［24］ 郑文.大学组织结构：权力的视角[J].高教探索,2006（03）：12-14.

［25］ 徐海涛.中国地方性教学型大学组织整合机制的案例研究[J].高等教育研究,2006（01）：64-69.

［26］ 朱新卓.后现代大学组织模式：松散联合与非线性管理[J].江苏高教,2005（04）：17-20.

［27］ 任少波.重构细胞：大学管理组织架构改革的基础[J].高等教育研究,2004（05）：31-35.

［28］ 刘少林.论民办高校管理模式的科学选择[J].陕西师范大学学报(哲学社会科学版),2003（S1）：125-128.

［29］ 金顶兵.大学组织结构及其对行为模式的影响[J].高等教育研究,2003（02）：40.

［30］ 吴志功.国外大学组织结构设计理论研究概述[J].比较教育研究,1995（04）：44-47.

［31］ 李芬.国外大学学术组织理论的发展、比较及其启示[D].武汉：华中师范大学,2005.

［32］ 曾小军,陈潭.民办高等教育政府干预研究[M].北京：中国社会科学出版社,2014.

［33］ 董玉川.论中国大学与政府和社会的关系[M].云南：云南大学出版社,2004.

［34］ 阚明坤.美、日、韩私立大学对我国建设高水平民办大学的启示[J].中国石油大学胜利学院学报,
2014,28（01）：52+55+80.

［35］ 彼得·S. 潘德,罗伯特·P. 纽曼,罗兰·R. 卡瓦纳. 6δ管理法：追求卓越的阶梯[M]. 北京：机械工业
出版社,2001.

［36］ 罗伯特·卡普兰,大卫·诺顿.平衡计分卡：化战略为行动[M].刘俊勇,孙薇,译.广州：广东经济出版
社,2013.

［37］ 切斯特·I. 巴纳德.组织与管理[M].杜建芳,译.北京：北京理工大学出版社.2014.

［38］ 赫伯特·A.西蒙.管理行为[M].詹正茂,译. 北京：机械工业出版社,2016.

［39］ BABBIEE.The Practice of Social Research[M].11th ed. Belmont, CA : Thomson Wadsworth, 2009.

［40］ BEER M. Organization Change and Development : A Systems View[M]. Santa Monica, Calif :
Goodyear Publishing, 1980.

［41］ BELBIN R M. Management Teams : Why they Succeed or Fail[M]. London : Butterworth
Heinemann,1981.

［42］ ARGYRIS C, PUTNAM R, MCLAIN S D. Action Science : Concepts, Methods, and Skills for Research
And Intervention[M]. San Francisco, CA : Jossey-Bass, 1985.

［43］ BURKE W. Organization Development : Principles and Practices[M].Boston : Little, Brown, 1982.

［44］ BURTON R M, OBEL B, HAKONSSON D D. Organization Design [M]. 3rd ed. New York, NY :
Cambridge University Press, 2015.

［45］ BUSHE G, SHANI A. Parallel Learning Structures : Increasing Innovation in Bureaucracies[M].
Reading, MA : Addison-Wesley, 1991.

［46］ CAMERON E, GREEN M. Making Sense of Change Management : A Complete Guide to the Models,
Tools and Technologies of Organizational Change[M]. London : VA Kogan Page, 2004.

［47］ AMBURGEY T L, KELLY D, BARNETT W P. Resetting the Clock : the Dynamics of Organizational
Change and Failure[J]. Administrative Science Quarterly, 1993, 38（1）：51-73.

［48］ ANDERSEN J A, JONSSON P. Does Organization Structure Matter? On the Relationship Between
the Structure, Functioning and Effectiveness[J]. International Journal of Innovation and Technology
Management,2006, 03（3）：237-263.

［49］ ANDREEVA, TATIANA E. Can Organizational Change be Planned and Controlled? Evidence from
Russian Companies[J]. Human Resource Development International, 2008, 11（2）：119-134.

［50］ ANDRIOPOULOUS C, LEWIS M W. Exploitation-Exploration Tensions and Organizational
Ambidexterity : Managing Paradoxes of Innovation[J]. Organization Science, 2009（20）：696-717.

［51］ ARGYRES N S, SILVERMAN B S. Organization Structure and the Development of Corporate
Technological Knowledge[J].Strategic Management Journal, 2004（25）：929-958.

［52］ ARNOLD J A, ARAD S, RHOADES J A, DRASGOW R F. The Empowering Leadership
Questionnaire : the Construction and Validation of a New Scale for Measuring Leader Behaviors[J].
Journal of Organizational Behavior, 2000, 21（3）：249-269.

［53］ BAER M, OLDHAM G R. The Curvilinear Relation Between Experienced Creative Time Pressure and
Creativity : Moderating Effects of Openness to Experience and Support for Creativity[J]. Journal of
Applied Psychology, 2006, 91（4）：963-970.

［54］ BALAY R. Effect of Learning Organization Perception to The Organizational Commitment : a
Comparison Between Private and Public University[J]. Educational Sciences Theory & Practice, 2012,
12（4）：2474-2486.

［55］ BECK N, BRUDERL J, WOYWODE M. Momentum or Deceleration? Theoretical and Methodological Reflections on the Analysis of Organizational Change[J]. The Academy of Management Journal, 2008, 51（3）: 413-435.

［56］ BHARGAVA S, SINHA B. Prediction of Organizational Effectiveness as A Function of Type of Organizational Structure[J]. Journal of Social Psychology, 1992, 132（2）: 223-231.

［57］ BIRNBAUM R, EDELSON P J. How Colleges Work : The Cybernetics of Academic Organization and Leadership[J]. Physical Review C, 1989, 104（4）: 287.

［58］ BOREN D L. A Modern Wpa : A Proposal to Empower Our People and Rebuild Our Country[J]. Yale Law & Policy Review, 1993, 11（1）: 232-247.

［59］ BRADFORD D L, BURKE W W. Introduction : Is OD in Crisis?[J]. Journal of Applied Behavioral Science, 2004, 40（4）: 369-373.

［60］ BUCHANAN D, DAWSON P. Discourse and Audience : Organizational Change as Multi-story Process[J]. Journal of Management Studies, 2007, 44（5）: 669-686.

［61］ BUCKNER, ELIZABETH. The Worldwide Growth of Private Higher Education : Cross-National Patterns of Higher Education Institution Foundings by Sector[J]. Sociology of Education, 2017, 90（4）: 296-314.

［62］ BULLOCK R J, BATTEN D. It's Just a Phase We're Going Through : A Review and Synthesis of OD Phase analysis[J]. Group and Organization Studies, 1985（lO）: 383-412.

［63］ BUONO A F, KERBER K W. Creating a Sustainable Approach to Change : Building Organizational Change Capacity[J]. SAM Advanced Management Journal, 2010（75）: 4-21.

［64］ BURNES B. No Such Thing as ⋯ A "One Best Way" to Manage Organizational Change[J]. Management Decision, 1996, 34（10）: 11-18.

［65］ BURNES B. Managing Change : A Strategic Approach to Organizational Dynamics[M]. London : Pitman, 1996.

［66］ BURNES B. Kurt Lewin and the Harwood Studies : The Foundations of OD[J]. Journal of Applied Behavioral Science, 2007, 43（2）: 213-231.

［67］ CAI L N. Japanese Private University Management Model and Its Enlightenment on the Reform and Development of Private Universities in China[J]. Education Modernization, 2016（28）.

［68］ CHIANG H T, LIN M C.The Board Structure and Performance of Private Universities[J]. Advances in Management & Applied Economics, 2012, 2（4）: 185-208.

［69］ CLARK B R. The Higher Education System : Academic Organization in Cross-national Perspective[J]. London Review of Education, 1986, 30（4）: 229-237.

［70］ COHEN D K, HILL H C, EBRARY I. Learning Policy : When State Education Reform Works[M]. London : Yale University Press, 2001.

［71］ COHEN M, SPROULL L（Eds.）. Organizational Learning[M]. Thousand Oaks, CA : Sage Publications, 1996.

［72］ CRESWELL J. Educational Research : Planning, Conducting, and Evaluatingquantitative and Qualitative Research[M] .3rd ed. Upper Saddle River, NJ : Pearson Education, 2008.

［73］ DAFT R L. Organization Theory and Design[M].10th ed. Michigan, USA : South-WesternCengage Learning, 2010.

［74］ DAVIS K A. Organizational Behavior : Human Behavior at Work[J]. McGraw-Hill series in management, 2007, 14（2）: 204-11.

[75] DAWSON P. Reshaping Change; A Processual Perspective[M]. London : Routledge, 2003.

[76] DENGERINK H A. Institutional Identity and Organizational Structure in Multi-Campus Universities[J]. Metropolitan Universities An International Forum, 2001, 12（2）: 20-29.

[77] DESS G G, LUMPKIN G T, TAYLOR M L. Maximum Flexibility with Primis Cases[M]. New York : McGraw Hill Irwin, 2005.

[78] DOBREV S D, KIM T Y, HARNIAN M T. Dynamics of Niche Width and Resource Partitioning[J]. American Journal of Sociology, 2001, 106（5）: 1299-1337.

[79] DUAN L H, BAI H X. Innovation of Internal Management System of Private Universities[J]. Journal of Ningbo university（education science edition）, 2012（3）: 115-118.

[80] FOSS N. Selective Intervention and Internal Hybrids : Interpreting and Learning from the Rise and Decline of the Otico Sphaghetti Organization[J]. Organization Science, 2003（14）: 331-349.

[81] GRAVETTER F J, FORZANO L B. Research Methods for the Behavioral Sciences[M] .3rd ed. Belmont, CA : Wadsworth. Gross, J. J, 2009.

[82] HAO Q, KASPER H, MUEHLBACHER J. How Does Organizational Structure Influence Performance through Learning and Innovation in Austria and China?[J]. Chinese Management Studies, 2007, 6（1）.

[83] HARRIS I C, RUEFLI T W. The Strategy/Structure Debate : An Examination of the Performance Implications[J]. Journal of Management Studies, 2000, 37（4）: 587-603.

[84] HARRIS M, HARRIS J. Achieving Organizational Collaboration in the Nonprofit Sector : An Action Research Approach[J]. Organization Development Journal, 2001, 20（1）: 28-35.

[85] HUANG L. Research on the Connotation of Process Reengineering in Colleges and Universities with Customer Satisfaction[J]. Productivity Research, 2008, 180（19）: 91-93.

[86] ISLAMI X, MULOLLI E, MUSTAFA N. Using Management by Objectives as A Performance Appraisal Tool for Employee Satisfaction[J]. Future Business Journal, 2018, 4（1）: 94-108.

[87] JAMES E. The Public/Private Division of Responsibility for Education : An International Comparison[J]. Economics of Education Review, 2006, 6（1）: 1-14.

[88] JEFFREY P, HATANO T, SANTALAINEN T. Producing Sustainable Competitive Advantage Through the Effective Management of People[J]. The Academy of Management Executive, 2005, 19（4）: 95-108.

[89] KAISER B U. Productivity Effects of Organizational Change : Micro Econometric Evidence[J]. Management Science, 2004, 50（3）: 394-404.

[90] KAISER T. Six Ingredients for Collaborative Partnerships[J]. Leader to Leader, 2011（61）: 48-55.

[91] KUCINSKAS V, PAULAUSKAITE A. Organization Culture and Its Development in Private Colleges[J]. Quality of Higher Education, 2005（2）: 22.

[92] LINES R, SELART M, ESPEDAL B, JOHANSEN S T. The Production of Trust During Organizational Change[J]. Journal of Change Management, 2005, 5（2）: 221-245.

[93] MANNING K. Organizational Theory in Higher Education[J]. Carbon Balance & Management, 2013, 4（1）: 1-6.

[94] MATTHEWS R A, DIAZ W M, COLE S G. The Organizational Empowerment Scales[J]. Personnel Review, 2003, 32（3）: 297-318.

[95] MELO A I, SARRICO C S, RADNOR Z. The Influence of Performance Management Systems on Key Actors in Universities[J]. Public Management Review, 2010, 12（2）: 233-254.

[96] MERRIAM S B, TISDELL E J. Qualitative Research : A Guide to Design and Implementation[M]. San Francisco : Jossey-Bass, 2016.

［97］ MEYER C B,STENSAKER I G. Developing Capacity for Change[J]. Journal of Change Management, 2006, 6（2）：217-231.

［98］ MINTZBERG H,WESTLEY F. Cycles of Organizational Change[J]. Strategic Management Journal, 2010,13（S2）：39-59.

［99］ MORAN J W, BRIGHTMAN B K. Leading Organizational Change[J]. Career Development International, 2001, 6（2）：111-119.

［100］ MORGAN D, ZEFFANE R. Employee Involvement, Organizational Change and Trust in Management[J]. International Journal of Human Resource Management, 2003, 14（1）：55-75.

［101］ MOZOTA B B D. Structuring Strategic Design Management：Michael Porter's Value Chain[J]. Design Management Review, 2010, 9（2）：26-31.

［102］ RAZIA M. A Comparative Analysis of Organizational Structure and Effectiveness between Public and Private Universities：A Case of University of East AfricaBaraton and Moi University in Kenya[J]. International Journal of Humanities and Social Science Invention, 2015, 4（8）：15-25.

［103］ REN S B. Reconstructing the Primary Unit：the Foundation of Management Organization Framework Reformation in University[J]. Journal of Higher Education, 2004（5）：31-35.

［104］ REZAEEIAN A. Principles of Management and Organization[M]. Tehran：SAMT Organization, 2008.

［105］ ROTHWELL W J, STAVROS J M, SULLIVAN R L and SULLIVAN A. Practicing Organization Development：A Guide for Leading Change[M]. 3rd ed. San Francisco, CA：Pfeiffer, 2010.

［106］ SARANI N, PAKTINAT E, MOHAJERI Z. Investigation of Correlation between Organizational Structures and Effectiveness in Zahedan University of Medical Sciences[J]. International Research Journal of Applied and Basic Sciences, 2013, 6（4）：465-474.

［107］ SCHEIN E H. Organizational Culture and Leadership[M]. 3rd ed. San Francisco：Jossey-Bass,2004.

［108］ SCOTT W G. Organization Theory：A Reassessment[J]. Academy of Management Journal, 1998, 17（2）：242-254.

［109］ STRASSER S, EVELAND J D, CUMMINS G, DENISTON O L, ROMANI J H. Conceptualizing the Goal and System Models of Organizational Effectiveness-Implications for Comparative Evaluation Research[J]. Journal of Management Studies, 2007, 18（3）：321-340.

［110］ STRASSER S, EVELAND J D,CUMMINS G, DENISTON O L, ROMANI J H. Conceptualizing the Goal and System Models of Organizational Effectiveness—Implications for Comparative Evaluation Research[J]. Journal of Management Studies, 2010, 18（3）：321-340.

［111］ TORRACO R J, HOOVER R E. Organization Development and Change in Universities：Implications for Research and Practice[J]. Online Submission, 2005, 7（3）：8.

［112］ TURKULAINEN V, KETOKIVI M. The Contingent Value of Organizational Integration[J]. Journal of Organization Design, 2013,2（2）：31-43.

［113］ VIELMETTERG, SELL Y. Leadership 2030：The Six Megatrends You Need to Understand to Lead Your Company Into the Future[M]. New York：AMACOM Div American Mgmt Assn, 2014.

［114］ ZAND D E, HAWK T F. Formulating Policy With A Parallel Organization：How A CEO Integrated Independent Divisions[J]. Strategy & Leadership, 2010, 38（5）：33-38.

［115］ GLASER B G, STRAUSS A L.Discovery of Grounded Theory：Strategies for Qualitative Research[M]. New York：Routledge, 2017：282.

［116］ TRAKMAN L. Modelling University Governance[J]. Higher Education Quarterly, 2008, 62（1-2）：63-83.

索 引
Index